2020年国家级一流本科课程配套教材
2021年教育部课程思政示范课程配套教材
高等院校物流专业"互联网+"创新规划教材

仓储与库存管理

张旭凤 主编

刘 俐 梁 晨
赵 琨 解晓灵 副主编

内容简介

本书对应的课程"仓储与库存管理"以及课程组,曾获得 2020 年国家级一流本科课程(线下)、2020 年北京市优质本科课程、2021 年普通本科教育课程思政示范课程及课程思政教学名师和团队。

本书系统地介绍了仓储与库存管理,共分 8 章。其主要内容如下:仓储与库存管理概述、库存运作管理、库存战略管理、库存分类管理、仓库库内优化、物流需求预测、仓库选址、仓储与库存绩效管理。本书中各章节都安排了配套案例与课后思考题,便于读者加深对仓储与库存管理的理解和应用。

本书可以作为高等院校物流管理、物流工程、供应链管理等物流类专业的教材,也可供经济管理类其他相关专业的学生学习参考。

本课程配套资源有教学视频、电子课件和单元测验等,登录中国大学 MOOC 平台在线开放课程"仓储与库存管理"(https://www.icourse163.org/course/bwu-1461106167)即可学习。

图书在版编目(CIP)数据

仓储与库存管理/张旭凤主编. —北京:北京大学出版社,2022.2
高等院校物流专业"互联网+"创新规划教材
ISBN 978-7-301-32843-9

Ⅰ. ①仓… Ⅱ. ①张… Ⅲ. ①仓库管理—高等学校—教材 Ⅳ. ①F253.4

中国版本图书馆 CIP 数据核字(2022)第 016253 号

书 名	仓储与库存管理 CANGCHU YU KUCUN GUANLI
著作责任者	张旭凤 主编
策划编辑	郑 双
责任编辑	郑 双
数字编辑	金常伟
标准书号	ISBN 978-7-301-32843-9
出版发行	北京大学出版社
地 址	北京市海淀区成府路 205 号 100871
网 址	http://www.pup.cn 新浪微博:@北京大学出版社
电子邮箱	编辑部 pup6@pup.cn 总编室 zpup@pup.cn
电 话	邮购部 010-62752015 发行部 010-62750672 编辑部 010-62750667
印刷者	河北文福旺印刷有限公司
经销者	新华书店
	787 毫米×1092 毫米 16 开本 20 印张 479 千字 2022 年 2 月第 1 版 2025 年 6 月第 4 次印刷
定 价	58.00 元

未经许可,不得以任何方式复制或抄袭本书之部分或全部内容。
版权所有,侵权必究
举报电话:010-62752024 电子邮箱:fd@pup.cn
图书如有印装质量问题,请与出版部联系,电话 010-62756370

前 言

　　仓储与库存管理是物流系统的关键环节,在物流管理与工程类专业人才培养计划中占有核心地位。"十四五"时期,我国物流业将进一步向补短板、重质量、提质增效方向发展,高水平的仓储与库存管理对构建高质量流通体系的重要支撑作用将更加凸显。加快发展物联网,建设高效顺畅的流通体系,降低物流成本,也是党的二十大报告中提到的。因此,本书作为国家级一流本科课程(线下)和教育部课程思政示范课程的配套教材,较全面地总结了仓储与库存相关领域理论与实践的新进展,在编者自编教材《库存管理》(北京大学出版社,2013年)的基础上重新编写而成。

　　本书的主要特色如下。

　　1. 突出新文科特色,将物联网、电子商务等信息技术融入仓储与库存管理的课程体系,及时将行业新知识、新技术、新成果纳入教材。注重通过行业优秀案例讲好中国物流故事,引导学生扎根中国大地,树牢中国情怀,注重将国家物流现代化发展、物流与供应链发展前沿等融入知识体系,塑造学生敢闯敢拼的劳动精神,淬炼敢为人先的创新精神,引领一流物流人才培养。

　　2. 本书从物流系统化的角度入手,按照运作、管理和战略规划三个层级设计,课程内容突出了仓储与库存管理和决策能力,加强了定量分析和优化模型的内容,按照以问题导向的学习理念,强化案例与知识点有机融合。学习者可以建立课程学习小组,利用翻转课堂、研究性学习的方式,通过挑战从企业实际中提炼的研究案例,有效提升发现问题、分析问题和解决仓库布局规划、储位优化以及实施运作等复杂问题的能力,提高自身的知识应用能力和综合素质。

　　3. 在《库存管理》的基础上,丰富和完善了仓储管理的内容,包括仓库选址、仓库内部规划等理论、方法及应用。通过系统地学习本书,学习者可以掌握库存管理计划与决策、库存运作与计价、库存需求预测、仓储选址决策、仓储布局规划等前沿理论知识。

　　4. 本书二维码素材内容与中国大学 MOOC 平台上的教学视频、案例、习题和作业形成立体化资源体系,可实现理论与实践的有机结合。

本书共分为 8 章，主要内容如下。

第 1 章：仓储与库存管理概述，包括仓储管理、库存管理的基本概念、基本目标、主要作用等。

第 2 章：库存运作管理，包括库存计价与记录，库存量的影响因素，再订货点、订货批量、订货周期和最大库存量的确定，以及降低库存量水平的途径。

第 3 章：库存战略管理，包括供应链环境下的库存管理所面临的挑战和库存管理模式，以及基于供应链环境下的采购提前期管理和几种先进生产方式的分析。

第 4 章：库存分类管理，包括常见的库存管理方法——ABC 分析法，以及 ABC 与 FMR 结合应用的库存管理办法、卡拉杰克矩阵分类法等。

第 5 章：仓库库内优化，包括库存布局规划、储位规划和拣选策略等。

第 6 章：物流需求预测，包括专家判断法和德尔菲法两种定性预测法，以及时间序列预测法和因果分析法两种定量预测法。

第 7 章：仓库选址，包括仓库选址概述、选址方法的基本思路和步骤，以及重心法、中值法、鲍摩-瓦尔夫选址模型和仓库选址决策分析方法。

第 8 章：仓储与库存绩效管理，包括仓储与库存绩效评价的意义、原则、构建步骤，库存管理绩效评价指标体系，仓储管理绩效评价指标体系，仓储与库存绩效标杆管理和实例分析等。

本书的具体分工如下：解晓灵编写第 1、2 章，张旭凤编写第 3、4 章和第 5 章的 5.1 节，梁晨编写第 5 章的 5.2、5.3 节和第 7 章，赵琨编写第 6 章，刘俐编写第 8 章，全书由张旭凤统稿。

本书编写过程中，参阅了国内外同行的学术研究成果，主要参考文献已列于书后，在此一并表示衷心感谢。

由于实践经验、理论水平的制约，本书难免存在不妥甚至疏漏之处，恳请专家、同行、读者给予指正。

编　者

课程思政元素汇总

本书课程思政元素从"格物、致知、诚意、正心、修身、齐家、治国、平天下"的中国传统文化角度着眼,再结合社会主义核心价值观"富强、民主、文明、和谐、自由、平等、公正、法治、爱国、敬业、诚信、友善"设计出课程思政的主题,然后紧紧围绕"价值塑造、能力培养、知识传授"三位一体的课程建设目标,在课程内容中寻找相关的落脚点,通过案例、知识点等教学素材的设计运用,以润物细无声的方式将正确的价值追求有效地传递给学生,以期培养学生的理想信念、价值取向、政治信仰、社会责任,全面提高学生缘事析理、明辨是非的能力,把学生培养成为德才兼备、全面发展的人才。

每个思政元素的教学活动过程都包括内容导引、展开研讨、总结分析等环节。在课堂教学中,教师可结合下表中的内容导引,针对相关的知识点或案例,引导学生进行思考或展开讨论。

序号	章节	知识点	研讨重点	思政落脚点
1	第1章	仓库管理的现状	1.了解仓储管理的发展现状和趋势。 2.理解仓库建设规划的意义、内容、特征和流程。	民族自豪感,敬业奉献
2	第1章	库存管理的任务	1.不良库存产生的原因是什么? 2.如何减少不良库存?	专业使命感
3	第2章	1.库存计价的基本方法 2.库存记录的要点	1.掌握库存计价的基本方法。 2.理解库存记录的重要性和要点。	法律意识,诚实守信
4	第2章	1.确定的订货点 2.安全库存的确定	1.了解订货点法的基本原理。 2.掌握订货点和安全库存的多种计算方法。	家国情怀,职业精神
5	第2章	经济订货批量模型	1.掌握独立需求库存控制系统模型——不允许缺货、允许缺货、价格折扣等经济订货批量模型。 2.如何利用订货批量模型对特定企业进行建模并分析?	勇于创新,科学精神
6	第2章	1.企业自身降低库存量水平的途径 2.培育有利于企业降低库存水平的外部环境	1.理解降低库存水平的重要性。 2.掌握降低库存水平的关键技术和方法。 3.在特定企业库存运作管理案例分析中灵活应用所学知识。	思辨能力,科学素养

续表

序号	章节	知识点	研讨重点	思政落脚点
7	第3章	库存管理模式	1.理解供应链管理环境下的库存管理所面临的挑战。 2.掌握供应链管理环境下的库存管理模式。	国家战略,职业素养
8	第3章	1.采购提前期管理 2.缩短提前期技术	1.理解企业生产模式对采购提前期的影响。 2.掌握用于缩短提前期及降低提前期不确定性的技术。	讲好中国故事
9	第3章	生产模式	1.了解生产模式对库存的影响,掌握库存管理技术。 2.在牛鞭效应、精益生产、延时制造专题案例分析中,根据库存特点,合理选择生产模式。	国际视野,时代精神
10	第4章	ABC分析法的原理	提升库存管理效率的做法有哪些?	环保意识,家国情怀
11	第4章	ABC分析法的应用	1.掌握ABC分析法在库存管理中应用的步骤。 2.理解与掌握ABC与FMR的结合应用。	职业素养,科学精神
12	第5章	仓库布局规划	1.掌握仓库布局规划的原理、利用SLP方法对仓库布局进行优化。 2.掌握EIQ分析的关键步骤。	团结协作,职业素养
13	第5章	储位规划	1.掌握储位规划的策略。 2.理解定位储放、随机储放、分类储放等各自的特点。	思辨精神、职业使命感
14	第5章	拣货路径优化	1.分析拣货的形式。 2.理解库内拣货路径设计方法。 3.掌握库内拣货策略。	创新思维、社会责任感
15	第6章	库存需求预测法	1.掌握库存需求预测模型的建模和求解方法。 2.了解各预测法的优缺点和适用性。	科学精神,职业素养
16	第6章	大宗商品库存预测案例	1.理解大宗商品库存预测的意义。 2.合理选用预测模型与工具。 3.掌握预测结果的合理评价方法。	家国情怀,四个自信

续表

序号	章节	知识点	研讨重点	思政落脚点
17	第7章	仓储设施选址方法	1.了解仓库网点布局和选址问题。 2.理解仓库网点配置的实质,明确仓库网点配置的原则。 3.重点掌握仓储选址模型的建模和求解方法。	时政要事,科学精神
18	第7章	冬奥会物流中心选址案例	1.掌握案例的物流需求分析。 2.理解选址要素分析。 3.掌握合理选用选址模型。 4.理解选址方案评价标准。	国家战略,新发展理念
19	第8章	仓储与库存管理绩效分析	1.绩效管理的重点。 2.建立合理的绩效管理指标体系。	国际视野,职业素养
20	第8章	库存绩效管理案例	1.如何确定绩效管理指标? 2.如何获取和统计分析数据? 3.如何合理选用绩效管理评价方法?	思辨精神、职业使命感

/ 目 录 /

第1章 仓储与库存管理概述 1

1.1 库存的基本概念 3
1.1.1 什么是库存 4
1.1.2 库存的作用与弊端 7

1.2 库存管理概述 10
1.2.1 库存管理的概念 10
1.2.2 库存管理的基本目标 10
1.2.3 库存管理的层次 10
1.2.4 库存管理的重要性和任务 11

1.3 仓储管理概述 13
1.3.1 仓储管理的概念 13
1.3.2 仓储管理的作用和模式 13
1.3.3 仓储管理的任务、原则和特点 18

1.4 案例分析 20
练习题 21

第2章 库存运作管理 22

2.1 库存计价与记录 24
2.1.1 库存计价的基本方法 24
2.1.2 库存记录 30
2.1.3 库存记录的要点 36

2.2 库存量的影响因素 36
2.2.1 影响库存水平的因素 37
2.2.2 合理库存量的确定 38
2.2.3 库存服务水平的确定 41
2.2.4 安全库存量的计算 47
2.2.5 算例分析 49

2.3 再订货点的确定 50

		2.3.1　依据经验公式确定的再订货点 50
		2.3.2　统计需求规律和确定再订货点 54
	2.4　订货批量的确定 56
		2.4.1　基本的经济订货批量的确定 56
		2.4.2　价格折扣对经济订货批量的影响 66
	2.5　订货周期和最大库存量的确定 69
		2.5.1　订货周期的确定 70
		2.5.2　最大库存量的确定 72
	2.6　降低库存量水平的途径 75
		2.6.1　企业自身降低库存量水平的途径 75
		2.6.2　培育有利于企业降低库存水平的外部环境 77
	2.7　案例分析 78
	练习题 79

第 3 章　库存战略管理 82

	3.1　供应链环境下的库存战略 84
		3.1.1　供应链环境下的库存管理所面临的挑战 84
		3.1.2　供应链环境下的库存管理模式 86
	3.2　采购提前期管理 96
		3.2.1　企业生产模式对采购提前期的影响 96
		3.2.2　用于缩短提前期及降低提前期不确定性的技术 100
	3.3　生产方式 109
		3.3.1　精益生产 110
		3.3.2　JIT 生产 113
		3.3.3　延迟制造 116
	练习题 120

第 4 章　库存分类管理 122

	4.1　常见的库存管理办法——ABC 分析法 125
		4.1.1　ABC 分析法的定义 125
		4.1.2　ABC 分析法的特点与原理 125
		4.1.3　ABC 分析法在库存管理中应用的步骤 126
		4.1.4　ABC 分析法小结 130
		4.1.5　关键因素分析法 131
		4.1.6　ABC 分析法的典型案例 131
	4.2　其他库存管理办法 135
		4.2.1　ABC 分析法与 FMR 法的结合应用 135

　　　　4.2.2　卡拉杰克矩阵分类法 137
4.3　案例分析 139
　　　　4.3.1　ABC分析法案例分析 139
　　　　4.3.2　卡拉杰克矩阵分类法案例分析 142
　　练习题 145

第5章　仓库库内优化 146

5.1　仓库布局 148
　　　　5.1.1　仓库基本类型 148
　　　　5.1.2　仓库布局目标 150
　　　　5.1.3　仓库布局影响因素 152
　　　　5.1.4　典型布局形式 153
　　　　5.1.5　仓库布局方法 158
5.2　储位规划与管理 167
　　　　5.2.1　储位规划目标 168
　　　　5.2.2　储位规划要素 168
　　　　5.2.3　储位规划策略 171
　　　　5.2.4　储位规划原则 174
　　　　5.2.5　储放形式考量 176
　　　　5.2.6　储位指派方式 180
　　　　5.2.7　储位规划实例 183
5.3　拣选策略 185
　　　　5.3.1　拣选技术 186
　　　　5.3.2　具体拣选过程 190
　　　　5.3.3　拣选的单位与方式 191
　　　　5.3.4　分拣优化 197
　　　　5.3.5　订单拣选路线战略 198
　　练习题 203

第6章　物流需求预测 204

6.1　定性预测法 206
　　　　6.1.1　专家判断法 207
　　　　6.1.2　德尔菲法 208
6.2　定量预测法 211
　　　　6.2.1　时间序列预测法 211
　　　　6.2.2　因果分析法 221
　　练习题 227

第 7 章　仓库选址 ... 229

7.1　仓库选址概述 ... 231
7.1.1　仓库选址的重要性 ... 231
7.1.2　仓库选址的基本原则 ... 232
7.1.3　仓库选址的影响因素 ... 233
7.1.4　仓库选址策略 ... 235

7.2　选址方法 ... 236
7.2.1　选址的依据和基本思路 ... 236
7.2.2　选址的具体方法 ... 238
7.2.3　仓库选址的基本步骤 ... 239
7.2.4　仓库选址的注意事项 ... 241

7.3　重心法选址模型 ... 242
7.3.1　重心法模型解析 ... 242
7.3.2　重心法模型的优缺点 ... 249

7.4　中值法选址模型 ... 250
7.4.1　P-中值模型 ... 250
7.4.2　交叉中值模型 ... 255

7.5　鲍摩-瓦尔夫选址模型 ... 258
7.5.1　鲍摩-瓦尔夫模型概述 ... 258
7.5.2　鲍摩-瓦尔夫模型的优缺点 ... 266

7.6　仓库选址决策分析方法 ... 267
7.6.1　层次分析法 ... 267
7.6.2　加权评分法 ... 273

练习题 ... 275

第 8 章　仓储与库存绩效管理 ... 276

8.1　仓储与库存绩效评价 ... 278
8.1.1　仓储与库存绩效评价的意义 ... 278
8.1.2　仓储与库存绩效评价指标制定应遵循的原则 ... 279
8.1.3　仓储与库存绩效评价指标体系的构建步骤 ... 280

8.2　库存管理绩效评价指标体系 ... 281
8.2.1　保证供应评价指标 ... 281
8.2.2　成本费用评价指标 ... 281
8.2.3　财务影响评价指标 ... 282

8.3　仓储管理绩效评价指标体系 ... 283
8.3.1　仓储服务能力评价指标 ... 283

  8.3.2 仓储服务质量评价指标 284
  8.3.3 仓储流程效率评价指标 285
  8.3.4 仓储生产效率评价指标 287
  8.3.5 仓储管理经济性评价指标 289
  8.3.6 仓储管理安全性评价指标 290
8.4 仓储与库存绩效标杆管理 292
  8.4.1 标杆管理概述 292
  8.4.2 标杆管理流程 293
  8.4.3 标杆管理基本工具 294
  8.4.4 绩效管理的突破点 300
8.5 仓储与库存绩效管理的实例 301
  练习题 303

参考文献 305

第 1 章
仓储与库存管理概述

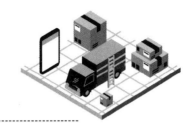

【本章学习目的与要求】

1. 理解库存的基本概念。
2. 了解库存的分类。
3. 掌握库存管理的概念。
4. 掌握仓储管理的概念。
5. 了解仓储与库存管理的基本目标。

【思维导图】

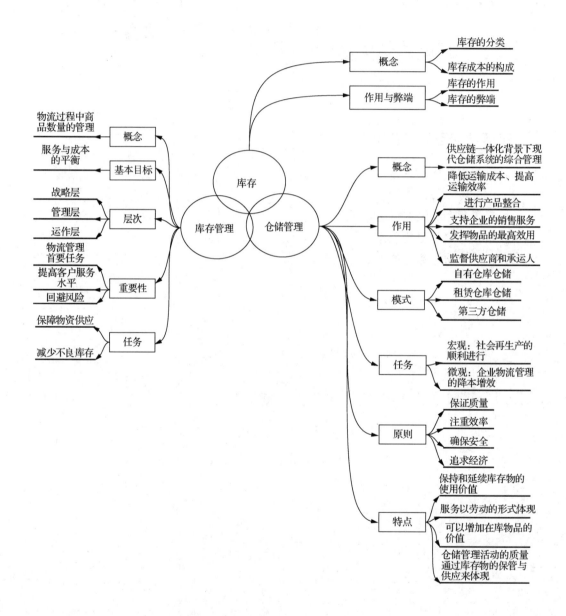

第1章
仓储与库存管理概述

【导入案例】

某仓库管理人员长期受到以下几个问题的困扰。

1．商品摆放混乱，只有大体分区，新补商品哪里有空地就随意堆放在哪里。

2．库存量基本只在一个仓库人员的脑袋里，他说有货就有货，说没货就没货，实际上有货的，但找不到也认为是没货。只有经常在出货的商品才会相对清楚些。

3．客服一问三不知，只要问是否有货的问题，回答都是有的，实际有没有谁也不知道，只有在按订单找完货后才能通知客户缺货情况。

即使在如此混乱的状态下，每月仍有不错的利润，因此很难下狠心寻求改变。

如果能实现最基本的仓储管理，肯定能挖掘出更多的利润空间。

那如何实现最基本的仓储管理呢？对不同的货物如何分类管理？库存到底有多少种类？对不同的货物选用何种计价方法？在做库存记录的时候要注意些什么问题呢？

案例来源：http://bbs.paidai.com/topic/20558.[2021-09-21].

1.1 库存的基本概念

企业经营中的各个环节都是存在库存的，也正是因为库存的存在，才使采购、生产、销售各环节独立运行成为可能。库存可以调节各个环节之间由于供求品种和数量不一致而发生的变化，把采购、生产和销售等环节连接起来并起到润滑剂的作用。对于库存在企业中的角色，不同的部门有不同的看法。例如，库存管理部门力图保持最低的库存水平以减少资金占用、节约成本。而销售部门则希望维持较高的库存水平和尽可能多的商品品种来提高顾客满意程度。采购部门为了降低单位购买价格，就希望维持大的库存量。制造部门愿意对同一商品进行长时间的大量生产，这样可以降低单位产品的固定费用，这也会导致高的库存水平。运输部门趋向于大批量运送，运用运量折扣来降低单位运输成本，这样也会增加每次运输过程中的库存量，可见库存管理部门的目标和其他部门的目标冲突。为了实现最佳库存管理，需要协调和整合各个部门的活动，使每个部门不仅以实现本部门的功能为目标，更要以实现整个企业的效益为目标。

如果把视野从单个企业扩大到由供应商、制造商、批发商和零售商组成的供应链范围来考虑库存的问题的话，就会发现有问题的库存数量将大大增加。组成供应链的各个企业之间的关系在过去是买卖关系，不习惯互相交流信息，不习惯互相协调库存管理，更不用说在整个供应链水平上进行信息共享和协调管理了，这样就损害了整个社会的福利。例如，过去组成供应链中的各企业之间对各自供应商及时、准确交货的承诺并不完全信赖，因而企业的库存量会超过实际需要的量，以防万一出现供应商延期交货或不能交货的情况,这种超过实际需求量的库存常常被称为"缓冲库存",过多的库存量势必会加大企业的运作成本,有效地管理库存,成为企业的一个重要的利润源泉。现在,库存管理环节在供应链中发挥着越来越重要的作用。

1.1.1 什么是库存

根据国家标准 GB/T 18354—2021《物流术语》,库存(Stock)是指储存作为今后按预定的目的使用而处于备用或非生产状态的物品。通俗地说,库存是指企业在生产经营过程中为现在和将来的耗用或者销售而储备的资源。广义的库存还包括处于制造加工状态和运输状态的物品。

1. 库存的分类

(1)按库存在生产过程中所处的状态,可分为原材料库存、在制品库存、维修库存和产成品库存四类,如图 1-1 所示。

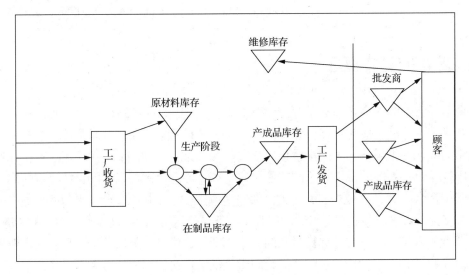

图 1-1 库存的分类示意图

(2)按库存的作用,可分为周转库存、安全库存、调节库存和在途库存四类。

① 周转库存。

周转库存是由采购批量或生产批量周期性形成的。采购批量或生产批量越大,单位采购成本和生产成本就越低,因而采用批量购入,这种由周期性批量购入的库存成为周转库存。

周转库存和订货周期、订货批量有关。由于周转库存的大小与订货频率成反比,因此需要在库存成本和订购成本之间进行权衡选择。

② 安全库存。

安全库存是为了防止意外情况发生而比需要的时间提前订货,或订货量大于需求量而产生的。安全库存可分为为应对供应商的延迟交付、货物质量、返工等问题而设置原材料、外购件、非生产原料性质的工业用品（Maintenance，Repair and Operations，MRO）的安全库存；为应对设备故障、员工病事假等不确定性而设置在制品安全库存；为应对无法预知的需求和生产事故而设置产成品安全库存,有资料表明,这种安全库存约占零售业库存的1/3。

设置安全库存通常要注意两个问题：第一,比正常订货时间提前一段时间订货；第二,使每次的订货量大于到下次订货为止的需求量。

③ 调节库存。

调节库存是为调节市场需求或供应的不均衡、生产速度与供应速度不均衡、各个生产阶段的产出不均衡而设置的。

④ 在途库存。

在途库存是指从一个地方到另一个地方处于运输过程中的物品,发生在运输过程中的库存。它与供应商、顾客、企业内部各运送点相连,与地理位置和运输模式有关。

企业所要管理的在途库存,主要有采购在途、销售在途、内部转移的在途。对于现在的集团性企业中,因为各个分支机构分布较广,管理内部转移的在途库存也变得重要起来,如果不管理在途库存,则有可能造成一边出库,但另一边未入库,这部分库存不论是从财务上还是从实物上,企业内都看不到,导致库存数据不准,库存管理出现漏洞。所以管理在途库存在当前尤其重要。

（3）按库存生成的原因,可分为周期库存、在途库存、安全库存、投资库存、季节性库存和闲置库存六类。

其中,投资库存是指持有库存不是为了满足目前的需求,而是出于其他原因,如由于价格上涨、物料短缺或是为了预防罢工等囤积的库存。

季节性库存本质上是投资库存的一种形式,指的是生产季节开始之前累积的库存,目的在于保证稳定的劳动力和稳定的生产运转。

闲置库存指在某些具体的时间内不存在需求的库存。

（4）按企业库存管理的目的的不同,可分为经常库存、安全库存、加工和运输过程库存、季节性库存、沉淀库存（又称积压库存）、促销库存和时间效用库存等。

其中,经常库存可以称为周转库存,这种库存是指为满足客户日常的需求而产生的。经常库存的目的是衔接供需,缓冲供需之间在时间上的矛盾,保障供需双方的经营活动都能正常进行。这种库存的补充是按照一定的数量界限或时间间隔进行的。

加工和运输过程库存中,处于流通加工或等待加工而暂时被存储的商品称为加工库存；处于运输状态（在途）或为了运输（待运）而暂时处于存储状态的商品称为运输过程库存。

沉淀库存或积压库存是指因商品品质出现问题或发生损坏，或者是因没有市场而滞销的商品库存，超额存储的库存也是其中一部分。

促销库存是指为了与企业的促销活动相配合而产生的预期销售增加所建立的库存。

时间效用库存是指为了避免商品价格上涨给企业带来亏损，或为了从商品价格上涨中得到利益而建立的库存。

Tips

不同产业的主要库存货物。
零售业：消耗品及产成品。
批发业：消耗品及产成品。
制造业：消耗品、原材料、在制品及产成品。

2. 库存成本的构成

库存成本是在建立库存系统时或采取经营措施时所造成的结果。库存系统的成本主要有购入成本、订购成本、储存（保管）成本及缺货成本。

（1）购入成本。

购入成本包括以下两种含义。

第一，当物品从外部购买时，购入成本指单位购入价格与购入数量的乘积。

第二，当物品由企业内部制造时，购入成本指单位生产成本与生产数量的乘积。

单位成本始终要以进入库存时的成本来计算。对于外购物品来说，单位成本应包括采购价加上运费。对于自制物品来说，单位成本则包括直接人工费、直接材料费和企业管理费用等。

（2）订购成本（或称订货费用）。

订购成本是从需求的确认到最终的到货，通过采购或其他途径获得物品或原材料的时候发生的费用。

订购成本包括提出订货申请单、分析货源、填写采购订货单、来料验收、跟踪订货等各项费用。

内部各部门人员的费用，如采购、财务、原材料控制与仓库管理人员的工资等。

管理费用，如办公用品、电话、计算机系统的应用。

① 订购成本的主要特征是和采购次数直接有关，而与订货量的大小几乎无关。

② 不同公司的平均订购成本相差很大。

③ 确定订购成本并不是一件容易的事情，通常要参考历史数据。

（3）储存（保管）成本。

物品在仓库储存过程中所发生的各种成本，包括存储费用、人员费用、库存记录的保存费用、安全与保险费用，以及库存物品变质、损坏和过时所发生的费用等。

（4）缺货成本。

缺货成本是由于外部或内部中断供应所产生的成本。当企业的用户得不到它们的全部订货时，叫作外部缺货；而当企业内部某一个班组或一个部门得不到它的全部订货时，叫作内部缺货。外部缺货可导致延期付货成本、当前利润损失和未来利润损失。内部缺货则可能导致停工待料损失和完工日期的延误。

1.1.2 库存的作用与弊端

库存对一个企业有双重的影响：一是影响企业的成本，也就是影响物流的效率；二是影响企业的生产和销售的服务水平。

库存是物流总成本的重要方面，库存越多成本越高；同时库存水平越高，则保障供应的水平也越高，生产和销售的连续性越强。随着供应链管理思想和库存管理技术的提高，这个问题将被更合理地解决，"零库存"管理思想成为众多企业所追求的物流管理目标。

1. 库存的作用

（1）库存使企业能够实现规模经济。

库存能够让企业实现规模经济，降低缺货成本，分摊生产准备费用，同时库存能够提高企业的服务质量，增加企业的顾客忠诚度，给企业带来更多的客户，因而增加企业的订单，给企业扩大规模生产带来了有利条件，实现规模经济。库存能使销售型的企业争取到数量折扣，还能分摊订货费用。

（2）库存能够平衡供应与需求。

企业在采购材料、生产用料、在制品及销售物品的物流环节中，库存起着重要的平衡作用。采购的材料会根据库存能力（资金占用等），协调来料收货入库。同时对生产部门的领料应考虑库存能力、生产线物流情况（场地、人力等）平衡物料发放，并协调在制品的库存管理。另外，对销售产品的物品库存也要视情况进行协调（各个分支仓库的调度与进货速度等）。

库存能够预防不确定性的、随机的需求变动，还能够预防订货周期的不确定性。企业按销售订单与销售预测安排生产计划，并制订采购计划，下达采购订单。由于采购的物品需要一定的提前期，这个提前期是根据统计数据或者是在供应商生产稳定的前提下制定的，但存在一定的风险，有可能拖后而延迟交货，最终影响企业的正常生产，造成生产的不稳定。为了降低这种风险，企业就会增加材料的库存量。

库存能够维持销售产品的稳定，销售预测型企业对最终销售产品必须保持一定数量的库存，其目的是应对市场的销售变化。这种方式下，企业并不预先知道市场真正需要什么，只是对市场需求的预测进行生产，因而产生一定数量的库存是必要的。但随着供应链管理的形成，这种库存也在减少或消失。

(3)平衡流通资金的占用。

库存的材料、在制品及成品是企业流通资金的主要占用部分,因而库存量的控制实际上也是进行流通资金的平衡。例如,加大订货批量会降低企业的订货费用,保持一定的在制品库存与材料会节省生产交换次数,提高工作效率,但这两方面都要寻找最佳控制点。

(4)消除供需双方地理位置上的差距。

库存可以消除供需双方地理位置上的差距。一种产品的供应地和产出地大多数情况下都不在一个地区,对于一些需求比较频繁的商品来说,每当需求地产生产品需求后,才从产出地进一次货,这势必会大幅增加采购成本、运输成本以及时间成本。而库存可以有效地解决这一问题,一次采购较多的产品,存在仓库中,当有需求时从仓库中提取商品,这样可以提高服务质量,提高客户的响应度,也能节约大量的成本。

2. 库存的弊端

以上是库存有益的一面,但是库存的作用是相对的。客观来说,任何企业都不希望存在任何形式的库存,无论是原材料、在制品,还是成品,企业都会想方设法降低库存。库存的弊端主要表现在以下几个方面。

(1)占用企业大量资金。

库存商品会占用企业大量的流动资金,增大企业的机会成本。

(2)增加了企业的产品成本与管理成本。

库存材料的成本增加直接增加了产品成本,而相关库存设备、管理人员的增加也加大了企业的管理成本。库存的维持费用,如场地费用等,还会影响企业的利润。

(3)掩盖了企业众多管理问题。

库存掩盖了企业众多管理问题,如计划不周、采购不力、生产不均衡、产品质量不稳定及市场销售不力。用比较形象化的比喻来说,高水位掩盖了海水下的礁石,但如果海水退去,这些礁石就暴露出来了,容易造成触礁事故。

▶ 典型案例1-1 ◀

海尔的零距离、零库存

海尔认为,企业之间的竞争已经从过去直接的市场竞争转向客户的竞争。海尔CRM 系统就是要实现端对端的零距离销售。海尔已经实施的 ERP 系统和正在实施的 CRM 系统,都是要拆除影响信息同步沟通和准确传递的"墙"。ERP 是拆除企业内部各部门的"墙",CRM 是拆除企业与客户之间的"墙",从而达到快速获取客户订单、快速满足用户需求的目的。

传统管理下的企业根据生产计划进行采购,由于不知道市场在哪里,所以是为库存采购,企业里有许许多多"水库"。海尔现在实施信息化管理,通过三个JIT打通这些"水库",把它们变成一条流动的"河",不断地流动。JIT采购就是按照计算机系统的采购计划,需要多少,采购多少。JIT送料指各种零部件暂时存放在海尔立体库,然后由计算机进行配置,把配置好的零部件直接送到生产线。海尔在全国建有物流中心系统,无论在全国什么地方,海尔都可以快速送货,实现JIT配送。

库存不仅仅是资金占用的问题,最主要的是会形成很多的呆坏账。现在电子产品更新很快,一旦产品换代,原材料和产成品价格跌幅均较大,产成品积压的最后出路就只有降价,所以会形成现在市场上的价格战。不管企业说得多么好听,降价的压力就来自库存。海尔用及时配送的时间来满足用户的要求,最终消灭库存的空间占用。海尔的做法符合高质量创新发展的要求,正如党的二十大报告中提到的,着力提升产业链、供应链的韧性和安全水平,推动经济实现质的有效提升和量的合理增长。

案例来源:http://info.jctrans.com/xueyuan/czal/2008319613985.shtml.[2021-09-29].

3. 企业持有库存的原因

由于各种原因,导致企业持有库存,以满足下游的需求。表1-1列举了企业持有库存的原因。

表1-1 企业持有库存的原因

企业持有库存的原因	进一步理解
需求预测失误	需求的不准确性,企业需要保持一定的缓冲或安全库存,以满足未预料到的、大于预期的需求
供货的不确定性和延迟	由于在供货过程中出现的不确定性和交货的延迟,需要预留一部分库存以满足需求方的需求
最小订货批量	供应商最小订货批量或生产批量与企业的经济订货批量可能并不相等,这就要求企业保持库存
交货间隔	从订货到交货有一定的间隔,在间隔期内需要有一定的库存来满足订货间隔期内的要求
战略性存储	企业针对战略性物资,有时需要一定的储备,以应对紧急需求
采购价格优势	企业为了获得一定的价格折扣,需要大量采购,从而库存增加
预留或预防性库存	当存在季节性需求高峰,而供应能力约束又使供应商无法满足高峰需求时,需要建立这种库存

库存管理的概念和主要任务

1.2 库存管理概述

1.2.1 库存管理的概念

库存理论研究始终围绕着在什么时间，以什么数量，从什么来源补充库存，使得保持库存和补充采购的总费用最少。库存管理是指在物流过程中商品数量的管理。

1.2.2 库存管理的基本目标

库存管理的总目标是：在合理的库存成本范围内达到满意的客户服务水平。为了达到这个目标，应尽量使库存水平在两者间寻求平衡。库存管理的基本目标就是在满足客户需求的前提下，通过对企业的库存水平进行控制，尽可能降低库存水平，提高物流系统的效率，以强化企业的竞争力。

理解了库存管理的基本目标以后，需要企业的管理者在客户服务水平和库存的成本之间寻求平衡，如图 1-2 所示。

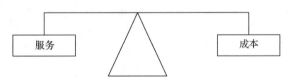

图 1-2　服务与成本的平衡图

1.2.3 库存管理的层次

库存管理的层次如表 1-2 所示。

表 1-2　库存管理的层次

库存管理的层次	具体的工作
战略层	供应链管理； 采购提前期的管理； 需求预测； 确定合适的生产方式
管理层	库存分类管理； 库存信息管理； 库存绩效管理

续表

库存管理的层次	具体的工作
运作层	安全库存的确定； 库存服务水平的确定； 经济订货批量的确定； 再订货点的确定

1. 战略层

库存管理的战略层是指企业从战略的层面对库存进行管理，通过采用较高层次的战略理念，利用库存使企业有一定的竞争优势。例如，通过缩短订货时间、加强供应链管理，生产厂商与供应商一起参与制订生产计划，以便供应商能够降低生产的前置期，减少前置期的可变性。战略层主导着企业库存战略的方向。作为库存战略管理的制定者与执行者，需要具备较高的管理知识，还必须具备先进的战略观念，并用这些观念来指导库存管理实践，创新思维模式，改变落后的库存方式，从而保持竞争优势，在竞争激烈的市场中赢得一席之地。

2. 管理层

库存管理的管理层是连接战略层和运作层的纽带，通过制定的战略来明确库存管理的基本目标和任务，并通过对需求进行分析，制定合理的库存服务水平，并对库存产品进行分类。库存管理层的管理者首先需要具备一定的管理素质，包括组织协调能力、评估能力、策划能力和控制能力；其次，要有丰富的商品知识，具有现代物流管理的知识和较强的物流运作管理能力，对于所经营的商品要充分熟悉，掌握其理化性质和保管要求，能有针对性地采取管理措施，熟悉仓储设备，能合理地安排使用仓储设备，还要掌握现代仓储管理技术，能熟练掌握现代信息技术的应用；最后，应该具备一定的财务管理能力，可以查阅财务报表，进行经济核算，成本分析，进行成本管理和决策。

3. 运作层

库存管理的运作层是对库存产品具体数量的确定过程，如根据需求特点、前置期、库存服务水平和库存成本等确定安全库存、再订货点、最大库存等因素。库存管理层的人员需要有一定的统计学知识，能够利用计算机进行计算，确定各种物料的相关库存数量。

1.2.4 库存管理的重要性和任务

1. 库存管理的重要性

（1）库存管理是物流管理的核心内容。库存管理之所以重要，首先在于库存领域存在着降低成本的广阔空间，对于中国的大多数企业尤其如此。

物流管理的首要任务是通过物流活动的合理化降低物流成本。例如，通过改善采购方式和库存控制方法，降低采购费用和保管费用，减少资金占用库存；通过合理组织库内作业活动提高搬运装卸效率，减少保管装卸费用支出等。

（2）库存管理是提高客户服务水平的需要。在激烈的市场竞争中，不仅要有提供优质商品的能力，而且还要有提供优质物流服务的能力。再好的商品，如果不能及时供应到客户手中，同样会降低商品的竞争能力。要保证客户订购时不发生缺货，并不是一件容易的事情。虽然加大库存可以起到提高客户服务率的作用，但是，加大库存不仅要占用大量资金，而且要占用较大的储存空间，会带来成本支出的上升，如果企业的行为不考虑成本支出，则是毫无意义的，对经营本身并不会起到支持作用，在过高成本下维持的高水平服务也不会长久。因此，必须通过有效的库存控制，在满足物流服务需求的情况下，保持适当的库存量。

（3）库存管理是回避风险的需要。随着科学技术的发展，新商品不断出现，商品的更新换代速度加快。如果库存过多，就会因新商品的出现使其价值缩水，严重的情况下可能会一文不值。从另一个角度看，消费者的需求在朝着个性化、多样化方向发展，对商品的挑剔程度在增大，从而导致商品的花色、品种越来越多，这给库存管理带来一定难度，也使库存的风险加大。一旦消费者的需求发生变化，过多的库存就会成为陷入经营困境的直接原因。因此，在多品种、小批量的商品流通时代，更需要运用现代库存管理技术科学地管理库存。

2．库存管理的任务

对于任何一个企业来说，无论库存过高或过低，都会给企业的生产或经营带来麻烦，因此，库存控制的任务主要包括以下几个方面。

（1）用最低的费用在适宜的时间和适宜的地点获得适当数量的原材料、消耗品、半成品和最终商品，即保持库存量与订购次数的均衡，通过维持适当的库存量，使企业资金得到合理地利用，从而实现盈利目标。

（2）减少不良库存。在大多数企业中，库存占企业总资产的比例都非常高，许多企业都存在库存过剩、库存闲置、积压商品、报废商品、呆滞品等不良库存问题。这是因为人们只重视库存保障供应的任务，忽视库存过高所产生的不良影响。

① 库存过高的不良影响。

第一，使企业资本固化。库存过高将使大量的资本被冻结在库存上，当库存停滞不动时，周转的资金越来越短缺，使企业利息支出相对增加。

第二，加剧库存损耗。库存过高的必然结果是使库存的储存期增长，库存发生损失和损耗的可能性增加。

第三，增加管理费用。企业在维持高库存、防止库存损耗、处理不良库存方面的费用将大幅度增加。

② 不良库存产生的原因。

第一，计划不周。计划不周或制订计划的方法不当，就会出现计划与实际的偏差，使计划大于实际，从而导致剩余库存。

第二，生产计划变更。企业生产计划的变更会带来一定数量的原材料或产成品的过剩，如果不及时进行调整，就会转变为不良库存。

第三，销售预测失误。销售部门对客户可能发生的订单数量估计错误，也将使采购、生产等部门的采购计划和生产计划与实际需求产生偏差，进而出现库存剩余的情况。

1.3 仓储管理概述

1.3.1 仓储管理的概念

根据国家标准 GB/T 18354—2021《物流术语》，仓储（Warehousing）是指利用仓库及相关设施设备进行物品的入库、储存、出库的作业。

仓储管理的最基本任务就是对仓库及相关设施设备的各项作业进行管理。然而，现代的仓储管理并不是简单地对仓库进行管理，而是在供应链一体化背景下现代仓储系统的综合管理。现代仓储管理以满足供应链上下游的需求为目的，在特定的有形或无形的场所运用现代技术对物品的进库、存储、分拣、包装、出库及其信息进行有效地计划、执行和控制的物流活动。

1.3.2 仓储管理的作用和模式

仓储管理可以在时间上协调原材料、产成品的供需，对供应起着缓冲和平衡作用。通过有效的仓储管理，企业或部门可以为客户在需要的时间和地点提供适当的产品，从而提高产品的时间效用和空间效用。可见，仓储管理是一个企业、部门或地区的物流系统中不可缺少的一部分。

1. 仓储管理的作用

仓储管理的重要作用主要表现在以下五个方面。

（1）降低运输成本、提高运输效率。

在供应物流中，企业将从多个供应商小批量购买的原材料运至原料仓库，然后将其拼箱，以整车运输的方式送到工厂；在销售物流中，企业将各工厂的产品大批量运至市场仓库，然后根据客户的要求，小批量运到各客户。这种利用整车运输带来的运输经济性，仓储管理的调解性，不仅可以大大降低运输成本，提高运输效率，还可以按照客户要求进行产品整合，开展增值服务。

（2）进行产品整合。

如果考虑到颜色、大小、形状等因素，企业的一个产品线包括了若干种不同的产品，这些产品经常在不同工厂生产，如果从各工厂直接订货，则会带来不同的交货期，难以协调产品线的生产节拍。企业可以根据客户要求，先将产品在仓库中进行配套、组合、打包，然后运往各地客户。

（3）支持企业的销售服务。

仓库合理地靠近客户，使产品适时到达大客户手中，将提高客户的满意度并扩大企业销售，这一点对于企业产成品仓库来说尤为重要。

（4）使物品在效用最高的时候发挥作用。

由于生产和消费之间或多或少存在时间或空间上的差异，仓储可以提高产品的时间效用，调整均衡生产和集中消费或均衡消费和集中生产在时间上的矛盾。例如，可以利用气调贮藏提高水果附加值，对即将上市的水果进行精选、清洗、打蜡、防腐保鲜、惊喜包装等商品化处理，这样可提高售价，还可反季节上市。

（5）对供应商和承运人进行监督。

存储活动作为生产流通中的重要节点，仓库通过对入库物品进行验收，对供应者的产品质量和承运者的运输服务质量进行监督，拒绝不合格产品进入，同时还可以通过出库业务管理对生产企业消耗定额等的执行进行监督。

2. 仓储管理的模式

仓储管理的模式按照仓储活动的运作方可以分为自有仓库仓储、租赁仓库仓储和第三方仓储三类。合理地选择仓储管理模式，既可以保证企业的资源供应，又可以有效地控制仓储成本。

（1）自有仓库仓储。

自有仓库仓储就是企业自己修建仓库进行仓储。自有仓库仓储模式的优点主要有以下几点。

① 可以更大程度地控制仓储。

由于企业对仓库拥有所有权，所以企业作为货主能够对仓储设施更大程度地控制，而且有助于与其他系统进行协调。

② 自有仓储的管理更具灵活性。

这里的灵活性并不是指能迅速增加或减少仓储空间，而是指由于企业是仓库的所有者，可以按照企业要求和产品特点对仓库进行设计与布局。

③ 长期仓储时，自有仓储的成本低于公共仓储。

如果仓库得到长期的充分利用，可以降低单位货物的仓储成本，实现规模经济效益。

④ 可以为企业树立良好形象。

当企业将产品储存在自有自建的仓库时，会给客户树立一种企业长期持续经营的良好形象，从而获得客户的信赖和认可，有助于企业提高竞争优势。

自有仓库仓储模式的缺点主要有以下几点。

① 自有仓库固定的容量和成本使得企业的一部分资金被长期占用。

由于自有仓库的容量是固定的，并不能随着企业对仓储空间的需求变化而做出相应的调整，就容易出现在需求减少时，仓库中闲置的空间造成成本的浪费；当企业对仓储空间有额外需求时，仓库却无法满足。

② 自有仓库还存在位置和结构上的局限性。

自有仓库一旦投入运营，就难以根据市场的大小、市场的位置和客户的偏好做出快速的调整，容易丧失商业机会。

③ 由于自有仓库的成本高，所以许多企业因资金问题而难以修建自有仓库。

自建前期的固定成本很高，企业要根据自身情况综合决策。

（2）租赁仓库仓储。

租赁仓库仓储就是租用营业性仓库，但仍由企业自己进行仓储管理。租赁仓库仓储模式的优点主要有以下几点。

① 企业不需要仓储的固定成本投资。

租赁仓库仓储可以使企业避免资本投资和财务风险，可以不对仓储设施和设备做任何投资，只需支付相对较少的租金即可得到仓储服务。

② 可以满足企业在库存高峰时大量额外的库存需求。

许多企业由于产品的季节性、促销活动或其他原因而导致存货水平变化，利用租赁仓库仓储，则没有仓库容量的限制，能够满足企业在不同时期对仓储空间的需求，尤其是库存高峰时大量额外的库存需求。仓储的变动成本将直接随着储存货物数量的变化而变动，从而便于管理者掌握成本。

③ 可以避免管理上的困难。

工人的培训和管理是仓储管理的重要内容之一，尤其是对于产品需要特殊搬运或者产品具有季节性的企业来说，很难维持一个有经验的仓库员工队伍，而租赁仓库仓储则可以避免这一问题。

④ 租赁仓库仓储的规模经济可以降低货主的仓储成本。

由于租赁仓库仓储为众多企业服务，保管大量库存，与企业自有仓库相比，租赁仓库仓储的仓容利用率更高，有利于拼箱作业，节约运输成本，具有规模经济效应，也有更先进的物料搬运设备，可以提供更好的库内作业服务。

⑤ 企业的经营活动更加灵活。

租赁仓库仓储的合同通常都是有期限的，企业可以根据客户的位置和需求的变化，灵活地调整下一个租期仓库的地理位置和租赁面积。

⑥ 便于企业掌握保管和搬运成本。

企业可以根据每月得到的仓储费用单据，清楚地掌握保管和搬运的成本，由此作为精益管理的依据。

租赁仓库仓储模式的缺点主要包括以下几点。

① 增加企业的包装成本。

租赁仓库仓储的货主多，物品规格和理化性质不尽相同，因此企业有必要增强货物的保护性包装，减少货损风险，从而增加了包装成本。

② 增加了企业控制库存的难度。

在日常管理中，租赁仓库仓储面临着更多破损、丢失、商业机密泄露等风险，无形中增加了企业控制库存的难度。

（3）第三方仓储。

第三方仓储又称合同仓储，是指企业将仓储管理等物流活动转包给外部公司，由外部公司为货主提供综合物流服务。

第三方仓储不同于一般的租赁仓库仓储，不仅提供存储服务，而且还可为货主提供一整套物流服务。其中包括存储、卸货、拼箱、订货分类、现货库存、在途混合、存货控制、运输安排、信息和货主要求的专业化分销服务。

第三方仓储模式的优点主要包括以下几点。

① 有利于企业有效利用资源。

第三方仓储比自有仓储更能有效地处理季节性产业普遍存在的产品淡旺季存储问题，能够有效地利用设备和空间。此外，第三方仓储公司的管理专家还用更具创新性的分销理念和降低成本的管理方法，对企业提供仓储咨询服务，有助于企业实现降本增效。

② 有利于企业扩大市场。

由于第三方仓储企业具有战略性选址的设施与服务，因此，货主在不同位置的仓库得到的仓储管理和一系列物流服务都是有统一标准的。许多企业将其自有仓库数量减少到有限几个，而将各地区的物流转包给第三方仓储公司。通过这种自有仓库仓储和第三方仓储相结合的网络，企业在保持对集中仓储设施直接控制的同时，还能利用第三方仓储来降低直接人力成本、扩大市场的地理范围。

③ 有利于企业进行新市场的测试。

货主企业在促销现有产品或推出新产品时，可以利用短期第三方仓储来考察产品的市场需求。当企业试图进入一个新的市场区域时，要花很长时间建立一套分销设施。然而，通过第三方仓储网络，企业可利用第三方仓储在该区域的现有设施为客户服务。

④ 有利于企业降低运输成本。

第三方仓储企业可以将不同货主的产品经过拼箱作业后大规模发货，大大降低了运输成本。

第三方仓储模式的缺点表现在货主对物流活动和人员失去直接控制，这是企业很担心的问题，因此，在储存高价值物品时要谨慎使用。

(4)仓储管理模式的决策依据。

一个企业(或组织)选择自有仓库仓储、租赁仓库仓储或第三方仓储,决策的主要依据是物流的总成本最低。

自有仓库仓储的总成本包括自建仓库的固定成本,以及随着库存周转量而增加的可变成本两项构成。

而租赁仓库仓储和第三方仓储都属于公共营业型仓储,由于不需要前期投入仓库建设的固定成本,其仓储管理的总成本可以认为仅包括随着库存周转量而增加的可变成本。

由于公共营业型仓储的经营有营利性质,其单位可变成本的增长速率往往高于自有仓储,如图 1-3 所示,当总库存周转量达到一定规模时,两条总成本线相交,即自由仓储和公共仓储的总成本相等。这表明在库存周转量降低时,选择租赁仓库储存或第三方仓储较好,随着库存周转量的增加,可以把固定成本均摊到大量存货成本中,此时自有仓库更经济。

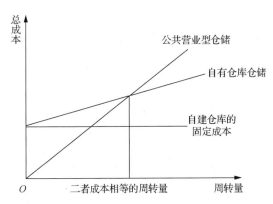

图 1-3 自有仓库仓储与公共营业型仓储的总成本对比

仓储管理模式决策需要考虑的三大因素包括周转量、需求稳定性和市场密度。仓储模式的适用条件如表 1-3 所示。

表 1-3 仓储模式的适用条件

仓储模式	周转量		需求稳定性		市场密度	
	大	小	是	否	集中	分散
自有仓库仓储	√	×	√	×	√	×
租赁仓库仓储	√	√	√	√	√	√
第三方仓储	√	√	√	√	√	√

在周转量上，只有自有仓库仓储受前期仓库建设阶段的固定成本投入影响，只适用于周转量大的情形；而租赁仓库仓储和第三方仓储则同时适用于大需求量或小需求量的多种情形。

在需求稳定性上，自有仓库仓储在仓库建设规划阶段就一定要做好充分的市场需求调研，只有经过严密论证，在产品需求稳定性较强的基础上，才能做出自建仓库的决策；而租赁仓库仓储和第三方仓储则同时适用于需求稳定或具有明显淡旺季的多种情形。

在市场密度上，自有仓库仓储适合市场密度较大或者供应商相对集中的情形，企业对成本和仓储管理的控制能力较强；反之，当供应商和用户非常分散时，则应当在不同的供应商或用户所在地，根据区域的需求量选择公共营业型仓储更具有经济性。

由上可见，自有仓库仓储的适用条件较为苛刻，租赁仓库仓储和第三方仓储具有更大的灵活性，符合物流社会化的发展趋势。

1.3.3 仓储管理的任务、原则和特点

1. 仓储管理的任务

宏观方面，良好仓储管理的作用不仅体现在社会再生产过程得以顺利进行的必要条件，是保存物资原有使用价值的必要环节，而且还体现在它是促进资源合理配置的重要手段。

当一个企业的库存超过了保证再生产所需的界限时，就是对资源的一种浪费，因此应当积极响应供给侧结构性改革，从产品结构、流通体制和仓储管理等方面多管齐下，进行"去库存"改革。

微观方面，仓储管理是企业物流管理的一项重要组成部分，在保证服务质量的前提下，提高仓储效率、降低储运成本、减少仓储损耗是仓储管理的主要任务。具体内容包括以下几点。

（1）合理组织收发，保证收发作业准确、迅速、及时，使供货单位及用户满意。

（2）采用科学的保管保养方法，创造适宜的保管环境，确保在库物品数量准确、质量完好。

（3）合理规划并有效利用各种仓储设施，搞好革新、改造，不断扩大储存能力，提高作业效率。

（4）积极采取有效措施，保证仓储设施、库存物品和仓库职工的人身安全。

（5）搞好经营管理，开源节流，提高经济效益。

2. 仓储管理的原则

仓储管理的原则包括保证质量、注重效率、确保安全、追求经济四个方面。

（1）保证质量。

仓储管理的首要原则就是以保证在库物品的质量为中心。没有质量的数量是无效的，甚至是有害的，因为呆滞的库存依然会占用资金，产生管理费用，占用仓库空间。

在经济全球化和区域经济一体化下，现代仓储管理应执行我国的国家标准，以及国际质量标准的认证。

（2）注重效率。

仓储成本是物流成本的重要组成部分，直接影响整个物流系统的效率。在仓储管理过程中要充分发挥仓储设施和设备的作用，提高其利用率，要充分调查仓库生产人员的积极性，提高劳动生产率，要加速在库物品的周转率，缩短物品的在库时间，实现快进快出。

（3）确保安全。

仓储活动的不安全因素，有时来自库存物，如有毒性、腐蚀性、辐射性、易燃易爆性等；有时来自装卸搬运过程中，违反机械的操作过程造成人身安全事故；还有人为破坏。因此一定要加强安全教育，提高认识，制定安全制度，贯彻执行"安全第一，预防为主"的仓储管理安全生产方针。

（4）追求经济。

仓储活动中所耗费的物化劳动和活劳动的补偿是由社会必要劳动量决定。为实现一定的经济效益目标，必须力争以最少的人、财、物消耗，及时准确地完成更多的储存任务。

3. 仓储管理的特点

仓储管理活动包括仓储管理人员和作业人员利用仓储设施和设备，对库存物进行出入库作业和存储作业。与一般的物质生产活动相比有以下四个特点。

（1）仓储管理活动所消耗的物化劳动和活劳动不改变劳动对象的功能、性质和使用价值，而要保持和延续其使用价值。

（2）仓储管理活动的服务作为其产品虽然没有实物形态，却有实际内容，即仓储劳动以劳动的形式，为他人提供的某种特殊使用价值。

（3）仓储管理活动可以增加在库物品的价值，具体的最佳价值取决于设备必要劳动量。

（4）仓储管理活动的质量通过在库物品的数量和质量的完好程度、保证供应的及时程度来体现。

1.4 案例分析

典型案例1-2

通过第三方物流（3PL）实施VMI的案例

供应商管理库存（Vendor Managed Inventory，VMI）是一种供应链库存管理技术，广泛应用在制造和非制造供应链。这种技术能提高供应链库存管理水平，降低库存成本，提高市场响应性。VMI的基本理念主要体现在两个方面。首先，VMI改变了传统的用户管理库存的方法，把库存管理权交给供应方，即实现了库存管理权的转移。其次，VMI提高了信息共享的程度，供应商通过与用户连接的信息系统共享用户库存信息，从而决定库存补给。这个过程需要在双方建立一定合作协议框架的基础上实施。

在当前竞争日益激烈的市场中，降低成本已经是所有企业的必修课，尤其是制造型企业，庞大的固定成本和人力成本受制于当地的环境、政策等因素，已经没有多少下降的空间了，而作为"第三利润源泉"的物流系统，却还有很大的挖掘空间。

本案例在改革前的运作模式为：H公司根据T公司的运输委托，以集装箱为单位至指定的L公司进行提货，利用虎门港至上海港的船舶，将货物运输至上海港，运作至今，发现了以下两个问题，一是集装箱转载率低下，二是上海港安全库存无法应对复杂多变的外部环境。

因此也产生了严重的后果，部分时间由于安全库存不足，生产线经常处于紧急状态，需要采取补救措施；部分时间又由于安全库存过高，造成码头堆存超期，无论哪方面都产生了许多额外成本。

为了解决这些问题，H公司跨出了关键一步，具体内容如下。

结合日益复杂的国际物流大环境，H公司为T公司实施VMI的方法，以集装箱为单位，将客户需求订单转化为供应商交货订单，设计专用包装方案，充分利用集装箱空间，以上海港中的集装箱为安全库存，根据客户需求随时进行调整，H公司利用自身3PL对运输过程的熟悉和高强度管控，根据运输过程中的不可抗力或变化，在上海港的集装箱数量管控中，加入运输变量，得到合理的安全库存数，起到降低成本的效果。

同时，3PL结合VMI后，可进一步缩短客户订单的提前期，除了必要的供应商生产响应时间，在途运输时间和安全库存，其他不必要的提前期都可以缩短甚至消除，从而进一步达到降低成本的目的。

案例来源：朱粟毅. 通过3PL实施VMI的案例[J]. 企业改革与管理, 2017(10): 54.

典型案例1-3

一家成品油销售公司的仓管人员,在对公司的库存进行盘点时,发现该企业2020年度账面盘点油品盘亏70吨,其中汽油25吨、柴油45吨;而现货盘点油品盘盈50吨,其中汽油18吨、柴油32吨。仓管人员对于盘亏的油品进行了账务处理,但对于盘盈的却是直接转出仓库,据为己有,没有进行账务处理。

防范技巧如下。

(1)存货审计非常重要,也非常复杂,仅通过简单的盘点发现存货舞弊是困难的,但存货盘点又是存货审计不可或缺的部分。证实存货数量的最有效途径是尽量对其进行整体盘点,合理、周密地安排盘点程序并谨慎地予以执行,使盘点的时间尽量接近年终结账日,在盘点时应尽可能采取措施提高盘点的有效性,各存放点尽量同时盘点,停止存货流动以及盘点数额达到合理的比例等,这将会对发现存货舞弊大有帮助。

(2)库房管理过程中加强5S管理工作。所谓"5S"起源于日本,是Seiri(整理)、Seiton(整顿)、Seiso(清扫)、Seiketsu(清洁)、Shitsuke(修养)的第一个字母"S",所以统称为5S。5S通常被使用在库房管理过程中。整洁良好的库房环境,可以有效预防货物盘点环节的潜在舞弊风险。5S活动不仅能够改善生产环境,还能提高生产效率、产品品质、员工士气,而且还有预防采购舞弊风险的作用。

资料来源:http://www.purise.com/article/10174.html.[2021-09-28].

练习题

1. 什么是库存?库存的分类有哪些?
2. 库存的作用与弊端分别是什么?
3. 简述库存管理的过程。
4. 库存管理的意义是什么?
5. 仓储管理的作用是什么?
6. 举例说明仓储管理在企业、组织或区域物流系统中的作用。
7. 一个合格的仓储管理人员应当具备哪些能力?

第 2 章
库存运作管理

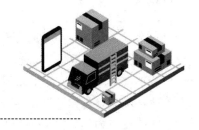

📖 【本章学习目的与要求】

1. 掌握库存计价方法。
2. 掌握库存的盘点方法。
3. 了解库存记录的要点。
4. 理解库存量的影响因素。
5. 掌握安全库存受哪些因素影响。
6. 掌握安全库存的不同计算方法和使用条件。
7. 掌握在不同条件下订货批量的确定。

第 2 章
库存运作管理

【思维导图】

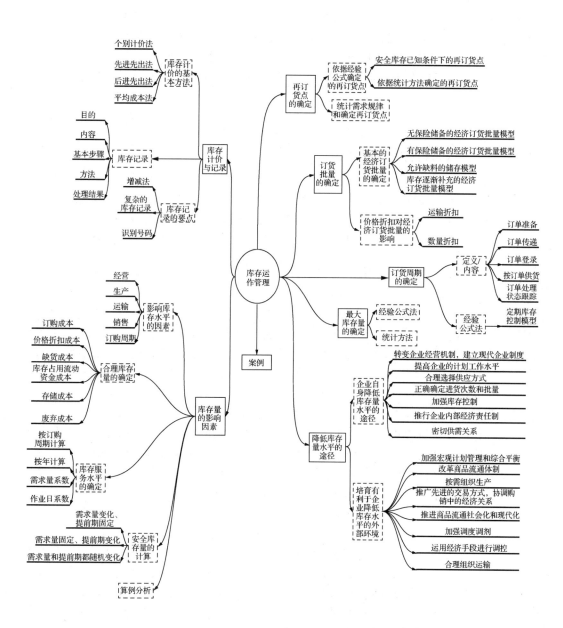

【导入案例】

在海尔，仓库不再是储存物资的水库，而是一条流动的河，河中流动的是按单采购来生产必需的物资，从根本上消除了呆滞物资、消灭了库存。目前，海尔集团每个月平均接到 6000 多个销售订单，这些订单的定制产品品种达 7000 多个，需要采购的物料品种超过 15 万个。海尔物流整合以来，呆滞物资降低 73.8%，仓库面积减少 50%，库存资金减少 67%。海尔国际物流中心货区面积仅为 7200 平方米，但它的吞吐量却相当于 30 万平方米的普通平面仓库，海尔物流中心只有 10 个叉车司机，而一般仓库完成这样的工作量需要上百人。本章就来介绍一些减少库存的方法，来实现零库存管理。

2.1 库存计价与记录

库存计价方法又称存货计价方法，是一种企业会计财务处理方法。主要的库存计价方法包括个别计价法、先进先出法、后进先出法、平均成本法等。不同的库存计价方法将会得出不同的财务报告利润和库存价值，并影响企业的缴税金额和现金流量。

2.1.1 库存计价的基本方法

个别计价法的补充案例

1. 个别计价法

个别计价法也称个别认定法、分批实际法、具体辨认法，采用这一方法是假定存货具体项目的成本流转和实物流转一致，按照各种存货逐一辨认各批发出存货和期末存货成本的方法。在这种方法下，是把每一种存货的实际成本作为计算发出存货成本和期末存货成本的基础。

按照实际发出的存货成本计价，采用时必要要有详细的记录，在各批存货上也要有一定的标记以便确认收货批次，从而确定该批发出存货的实际成本。采用这种方法必须有进货和出货的详细的数量和单价的记录，存货的存放位置也要有准确的记录。

在发出商品时，需要分清发出的是哪一批存货，再按其记录的单价来计算该批发出存货的成本价和金额。如果发出的存货包含了不同批次的存货，则要分批次计算，但不一定按次序确认。这种方法最为客观和准确。

个别计价法的特点和典型应用

个别计价法适用于企业中不能互换批次使用的存货、为特定的项目专门购入或制造的并单独存放的存货以及贵重的存货的计价。应用这种方法最多的是汽车代理商。因为汽车代理商首先需要严格地将进货商品成本与销售商品的收入一一对应。其次，分辨每辆汽车的商品号和与之对应的发票价格比较容易，因此确定每辆汽车的销售毛利也相对比较容易。个别计价法还适用于房产、船舶、飞机、重型设备、珠宝、名画等贵重物品。

个别计价法的优点：计算发出存货的成本和期末存货的成本比较合理、准确。

个别计价法的缺点：实务操作的工作量繁重，困难较大。因此，个别计价法适用于容易识别、存货品种数量不多、单位成本较高的存货计价。

个别计价法的计算公式如下。

发出存货的实际成本＝各批（次）存货发出数量×该批次存货实际进货单价

【例2-1】某工厂本月生产过程中领用A材料2000kg，经确认其中1000kg属第一批入库，单位成本为25元；其中600kg属第二批入库，单位成本为26元；其中400kg属第三批入库，单位成本为28元。本月发出A材料的成本计算如下。

发出材料实际成本＝1000×25+600×26+400×28=51800（元）

2. 先进先出法

先进先出法是指根据先入库先发出的原则，对于发出的存货以先入库存货的单价计算发出存货成本的方法。采用这种方法的具体做法是：先按存货的期初余额的单价计算发出的存货的成本，领发完毕后，再按第一批入库的存货的单价计算，以此从前向后类推，计算发出存货和结存存货的成本。

先进先出法的补充案例

先进先出法是存货的计价方法之一。它是根据先购入的商品先领用或发出的假定计价的。用先进先出法计算的期末存货额，比较接近市价。

先进先出法是以先购入的存货先发出这样一种存货实物流转假设为前提，对发出存货进行计价的一种方法。采用这种方法，先购入的存货成本在后购入的存货成本之前转出，据此确定发出存货和期末存货的成本。

【例2-2】在表2-1中假设产品A在6月底的库存量为零。已知7月1日收到100件产品A，进货单价为20美元/件。在10月1日又收到100件产品A，进货单价为25美元/件。

先进先出法的特点

产品A的发货情况是8月1日发出50件，9月1日发出20件，11月1日发出50件。

显然，在10月1日收到100件产品A之前的发货都是以7月份的进货价20美元/件计价的。

然而，11月发出的50件产品A中，一部分进价为20美元/件，一部分进价为25美元/件。

表2-1 产品A进货、发货和库存统计

日期	单位进货价格/美元	进货数量/件	发货数量/件	库存数量/件
7月1日	20	100		100
8月1日			50	50
9月1日			20	30
10月1日	25	100		130
11月1日			50	80

10月1日有130件产品A的库存。其中30件以7月份的进价20美元/件计算，100件以10月份的进价25美元/件计算。11月1日发出的50件产品的价值如表2-2所示。

表2-2　产品A的发货价值

发货件数/件	发货总价值/美元
30（每件20美元）	600
20（每件25美元）	500
50	1100

由于这批发货已经用尽了7月份收到的货物，11月剩余的库存价值如表2-3所示。

表2-3　11月份剩余库存价值

库存数量/件	库存总价值/美元
80（每件25美元）	2000

3. 后进先出法

假定存货成本按照其发生的相反次序流动，首先发生的成本作为期末存货成本，即先买进来的后卖出去。

采用后进先出法的具体方法是：在存货的流动中计算销售和耗费的存货成本时，以最后收进存货成本作为最先发出存货成本的原则，以此类推，用来确定本期发出存货成本。

在后进先出法下，期末存货按最早发生的成本计价，销货成本按最近发生的成本计价。在不同的盘存制度下，后进先出法的计价结果是不同的。在实地盘存制下，整个会计期间作为一个单一的时期，假定所有销售发生时记录。这样，每发生一笔销售业务，就要计算一次销货成本，因此，每一笔销售发生时的最近成本，并非整个会计期间的最近的购货成本。

【例2-3】利用后进先出法求解例2-2。

11月1日发出的货物的价值如表2-4所示。

表2-4　11月1日发出的货物的价值

发货件数/件	发货总价值/美元
50（每件25美元）	1250

这是由于该批发货，是按照10月份最后收到的100件的价值，即25美元/件计算的。因此，余下库存的价值如表2-5所示。

表2-5 余下库存的价值

库存数量/件	库存总价值/美元
30（每件20美元）	600
50（每件25美元）	1250
80	1850

4. 平均成本法

（1）加权平均法。

加权平均法也称全月一次加权平均法，或月加权平均法，是指在月末以月初结存货数量和本月收入存货的数量作为权数，一次计算月初结存存货和本月收入存货的加权平均单位成本，从而确定本月发出存货成本和月末结存存货成本的一种方法。这种方法计算比较简便，但是成本不能及时计算，就无法随时反映出存货的实际成本。加权平均法可在永续盘存制和实地盘存制下使用。

加权平均法的计算公式如下。

$$加权平均单价 = \frac{月初结存存货的实际成本 + 本月收入存货的实际成本}{月初结存存货数量 + 本月收入存货数量}$$

本月发出存货成本 ＝ 本月发出存货数量 × 加权平均单价

月末结存存货成本 ＝ 月末结存存货数量 × 加权平均单价

考虑到计算得出的加权平均单价不一定是整数，往往要在小数点后四舍五入，为了保持账面数据之间的平衡关系，一般采用倒挤成本法计算发出存货的成本，计算公式如下。

月末结存存货成本 ＝ 月末结存存货数量 × 加权平均单价

本月发出存货成本 ＝ 月初结存存货成本 + 本月收入存货成本 - 月末结存存货成本

【例2-4】在本例中，11月1日的库存价值如表2-6所示。

表2-6 11月1日的库存价值

库存数量/件	库存总价值/美元
30（每件20美元）	600
100（每件25美元）	2500
130（每件23.85美元）	3100

各批发货的价值按库存的平均价值计算。在本例中，11月1日所发货物的价值如表2-7所示。

表 2-7　11 月 1 日所发货物的价值

发货件数/件	发货总价值/美元
50（每件 23.85 美元）	1192.5

此次发货后，库存价值如表 2-8 所示。

表 2-8　库存价值

库存数量/件	库存总价值/美元
80（每件 23.85 美元）	1908

本单位价值将继续适用以不同的价格接收新货。此时，需重新计算平均库存价值。

（2）移动加权平均法。

移动加权平均法是指每次存货入库后，要以新入库存货的数量加上原存货数量作为权数，去除本次收入存货和原结存存货成本，据此计算加权平均单位成本，并以此对下一次发出存货进行计价的一种方法。这种方法的计算结果比加权平均法更加正确、合理，但是核算的工作量有所增加，适用于在购入批次少，发出存货批次多的企业。

移动加权平均法只可在永续盘存制下使用。

移动加权平均法的计算公式如下。

$$存货加权平均单位成本 = \frac{本次存货入库前结存的存货实际成本 + 本次入库存货的实际成本}{本次存货入库前结存的存货的数量 + 本次入库存货的数量}$$

【例 2-5】仍以例 2-2 资料为例，采用移动加权平均法计算存货成本如下。

已知期初库存量为零，7 月 1 日以 20 美元的单价第一次进货 100 件，代入存货加权平均单位成本计算公式，可得 7 月 1 日的平均单位成本（平均价格）= $\frac{0 + 100 \times 20}{0 + 100}$ = 20（美元）。

又知在 8 月 1 日和 9 月 1 日均没有再次进货，所以库存的平均价格不变，仍等于第一次进货的价格 20 美元。

而 10 月 1 日以 25 美元的单价第二次进货 100 件，再次代入存货加权平均单位成本计算公式，可得第二次进货后的平均单次成本（平均价格）= $\frac{30 \times 20 + 100 \times 25}{30 + 100}$ = 23.85（美元）。

同理，11 月 1 日没有进货，所以库存的平均价格与上一期相同，仍是 23.85 美元。

计算结果如表 2-9 所示。

表 2-9 基于移动加权平均法的库存价值表

日期	单位进货价格/美元	进货数量/件	发货数量/件	库存数量/件	平均单位成本/美元	库存总价值/美元
7月1日	20	100		100	20	2000
8月1日			50	50	20	1000
9月1日			20	30	20	600
10月1日	25	100		130	23.85	3100.5
11月1日			50	80	23.85	1908

（3）计划成本法。

计划成本法是指存货的收入、发出和结存均采用计划成本进行日常核算，同时另设有关成本差异账户（财务做账用，如"材料成本差异"账户）反映实际成本与计划成本的差额，期末计算发出存货和结存存货应负担的成本差异，将发出存货和结存存货由计划成本调整为实际成本的方法。

存货成本差异随着存货的入库而形成，随着存货出库而减少。月初和本月形成的存货成本差异，应在本月已发出存货和月末结存存货之间进行分配，属于应由已消耗存货负担的成本差异，从有关成本差异账户转入有关账户。企业通常在月末计算存货成本差异率，据以分配当月形成的存货成本差异。

存货成本差异率的计算公式如下。

$$存货成本差异率 = \frac{月初结存存货的成本差异 + 本月收入存货的成本差异}{月初结存存货的计划成本 + 本月收入存货的计划成本} \times 100\%$$

企业也可以按上月存货成本差异率计算存货成本差异率，其计算公式如下。

$$上月存货成本差异率 = \frac{月初结存存货的成本差异}{月初结存存货的计划成本} \times 100\%$$

计算出各种存货成本差异率后，即可求出本月发出存货和结存存货应负担的成本差异，从而将计划成本调整为实际成本，其计算公式如下。

发出存货应负担的成本差异 = 发出存货的计划成本 × 存货成本差异率
发出存货的实际成本 = 发出存货的计划成本 +/- 发出存货应负担的成本差异
结存存货的实际成本 = 结存存货的计划成本 +/- 结存存货应负担的成本差异

【例2-6】某企业2020年8月初结存材料的计划成本为9000元，本月收入材料的计划成本为21000元，本月发出材料的计划成本为18500元，月初结存材料成本差异额为178元，本月收入材料成本差异额为422元。材料成本差异率及发出材料应负担的成本差异计算如下。

$$材料成本差异率 = \frac{178 + 422}{9000 + 21000} \times 100\% = 2\%$$

发出材料应负担的成本差异 = 18500 × 2% = 370（元）
发出材料的实际成本 = 18500 + 370 = 18870（元）

Tips

存货的期末计价一般采用成本与可变现净值孰低法。在这种情况下，有单项比较法、分类比较法和总额比较法三种比较方法。

先进先出法的引导案例

2.1.2 库存记录

仓库中的库存始终处于不断地进、存、出动态中，在作业过程中产生的误差经过一段时间的积累会使库存资料反映复杂的数据与实际数量不相符。有些物品则因存放时间太长或保管不当会发生数量和质量的变化。为了对库存物品的数量进行有效控制，并查清其在库中的质量状况，必须定期或不定期地对各储存场所进行清点、查核，这一过程称为盘点作业。盘点的结果经常会出现较大的盈亏，因此，通过盘点可以查出作业和管理中存在的问题，并通过解决问题提高管理水平，减少损失。

1. 盘点作业的目的

（1）查清实际库存数量。盘点可以查清实际库存数量，并通过盈亏调整使账面库存数量与实际库存数量一致。账面库存数量与实际库存数量不符的主要原因是收发作业中产生的误差，如记录库存数量时多记、误记、漏记；作业中导致的损坏、遗失、验收与出货时清点有误；盘点时误盘、重盘、漏盘等。通过盘点清查实际库存数量与账面库存数量，发现问题并查明原因，及时调整。

（2）帮助企业计算资产损益。对货主企业来讲，库存商品总金额直接反映企业流动资产的使用情况，库存量过高，流动资金的正常运转将受到威胁，而库存金额又与库存量及其单价成正比，因此为了能准确地计算出企业实际损益，必须通过盘点。

（3）发现仓库管理中存在的问题。通过盘点查明盈亏的原因，发现作业与管理中存在的问题，并通过解决问题来改善作业流程和作业方式，提高人员素质和企业的管理水平。

2. 盘点作业的内容

（1）查数量。通过点数计数查明在库物品的实际数量，核对库存账面资料与实际库存数量是否一致。

（2）查质量。检查在库商品质量有无变化，有无超过有效期和保质期，有无长期积压等现象，必要时还必须对其进行技术检验。

（3）查保管条件。检查保管条件是否与各种物品的保管要求相符合，如堆码是否合理稳固、库内温湿度是否符合要求、各类计量器具是否准确等。

（4）查安全。检查各种安全措施和消防设备、器材是否符合安全要求，建筑物和设备是否处于安全状态。

3. 盘点作业的基本步骤

盘点作业的基本步骤如图 2-1 所示。

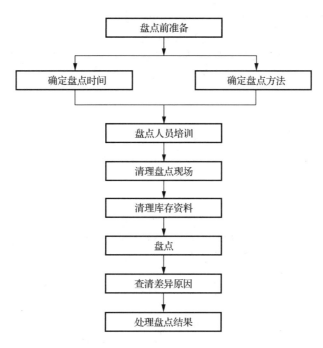

图 2-1 盘点作业的基本步骤

（1）盘点前的准备。盘点前的准备工作是否充分，直接关系到盘点作业能否顺利进行，甚至盘点是否成功。盘点的基本要求是快速准确，为了达到这一基本要求，盘点前的准备工作十分必要。其准备工作主要包括以下内容。

① 确定盘点的具体方法和作业程序。
② 配合财务会计做好准备。
③ 设计打印盘点用表单，盘点单格式可参考表 2-10。

表 2-10 盘点单

盘点日期：　　　　　编号：

物品编号	物品名称	存放位置	盘点数量	复核数量	盘点人	复核数量

④ 准备盘点用基本工具。

（2）确定盘点时间。一般来说，为了保证账物相符，盘点次数越多越好，但盘点需投入人力、物力、财力，有时全面盘点还可能引起生产的暂时停顿，所以，合理地确定盘点时间非常必要。引起盘点结果盈亏的关键原因是出入库过程中发生的错误，出入库越频繁，导致的错误越多。可以根据物品的不同特性、价值大小、流动速度、重要程度来分别确定不同的盘点时间。盘点时间间隔可以从每天、每周、每月、每年盘点一次不等。另外必须注意的问题是,每次盘点持续的时间应尽可能短,全面盘点以 2~6 天内完成为佳,盘点的日期一般会选择在以下两类时间节点。

① 财务决算前夕。通过盘点决算损益,以查清财务状况。

② 淡季。因淡季储货较少,业务不太频繁,盘点较为容易,投入资源较少,且人力调动也较为方便。

(3) 确定盘点方法。因为不同现场对盘点的要求不同,盘点的方法也会有差异,为尽可能快速准确地完成盘点作业,必须根据实际需要确定盘点方法。

(4) 盘点人员培训。全面盘点必须增派人员协助进行,这些人员通常来自管理部门,主要对盘点过程进行监督,并复核盘点结果,因此必须对他们进行熟悉盘点现场及盘点商品的训练;另外培训是针对所有盘点人员进行盘点方法及盘点作业流程的训练,必须让盘点作业人员对盘点的基本要领、表格、单据的填写十分清楚,盘点工作才能顺利进行。

(5) 清理盘点现场和库存资料。盘点现场也就是仓库或配送中心的保管现场,所以盘点作业开始之前必须对其进行整理,以提高盘点作业的效率和盘点结果的准确性。清理工作主要包括以下几方面的内容。

① 盘点前对已验收入库的物品进行整理归入储位,对未验收入库的物品,应区分清楚,避免混淆。

② 盘点场所关闭前,应提前通知,将需出库配送的商品提前做好准备。

③ 账目、单据、资料均应整理后统一结清。

④ 预先鉴别变质、损坏商品。对储存场所堆码的货物进行整理,特别是对散乱货物进行收集与整理,以方便盘点时计数。在此基础上,由保管人员进行预盘,以提前发现问题并加以预防。

(6) 盘点。盘点时可以采用人工抄表计数,也可以用电子盘点计数器。盘点工作不仅工作量大,而且非常烦琐,因此,除了加强盘点前的培训工作,盘点作业时的指导与监督也非常重要。

(7) 查清差异原因。盘点会将一段时间以来积累的作业误差,及其他原因引起的账物不符暴露出来,发现账物不符,而且差异超过容许误差时,应立即追查产生差异的原因,这些原因通常来自以下一些方面。

① 记账人员素质不高,登录数据时发生错登、漏登等情况。

② 账务处理系统管理制度和流程不完善,导致数据出错。

③ 盘点时发生漏盘、重盘、错盘现象,盘点结果出现错误。

④ 盘点前数据资料未结清,使账面数不准确。

⑤ 出入库作业时产生误差。

⑥ 货物损坏、丢失等原因。

(8) 处理盘点结果。查清原因后,为了通过盘点使账面数与实物数保持一致,需要对盘点盈亏和报废品一并进行调整。除了数量上的盈亏,有些商品还将会通过盘点进行价格的调整,这些差异的处理,可以通过填写盘点盈亏调整表(表 2-11)经有关主管审核签认后,登记库存账卡,调整库存账面数量。库存账卡格式可参考表 2-12。

表 2-11　盘点盈亏调整表

物品编号	物品名称	单位	账面数量	实存数量	单价	盘盈		盘亏		备注
						数量	金额	数量	金额	

表 2-12　库存账卡

编号：

物品名称：					货号：				
再订货点：					经济订货批量：				
日期		凭证及编号	订购数量	入库数量	单价	金额	出库数量	余额	
月	日							数量	金额

4. 盘点方法

为得到尽可能正确的库存资料，盘点分为账面盘点及现货盘点。

账面盘点又称永续盘存，就是把每天出入库商品的数量及单价记录在计算机或账簿的库存账卡上，并连续地计算汇总出账面上的库存结余数量及库存金额。

现货盘点又称实地盘点或实盘，就是实际去库内清点数量，再依商品单价计算出实际库存金额的方法。目前，国内大多数配送中心都已使用计算机来处理库存账务，当账面数与实存数发生差异时，有时很难断定是账面数有误还是实盘数有误，所以，可以采取账面盘点与现货盘点相结合的方法，即账面盘点法和现货盘点法，以查清误差出现的实际原因。

（1）账面盘点法。账面盘点法（永续盘存法）是将每一种物品分别设立库存账卡，然后将每一种物品的出入库数量及有关信息记录在账面上，逐笔汇总出账面库存结余数，这样随时可以从计算机或账册上查悉商品的出入库信息及库存结余量。

（2）现货盘点法。现货盘点法按照盘点时间频率的不同又可分为期末盘点法及循环盘点法。期末盘点法是指在会计计算期末统一清点所有物品数量的方法；循环盘点法是指在每天、每周清点一小部分商品，一个循环周期将每种商品至少清点一次的方法。

永续盘存法的特点

① 期末盘点法。由于期末盘点是将所有物品一次点完，因此工作量大、要求严格。通常采取分区、分组的方式进行，其目的是明确责任，防止重复盘点和漏盘。分区即将整个储存区域划分成一个一个的责任区，不同的区由专门的小组负责点数、复核和监督，因此，一个小组通常至少需要三人分别负责清点数量并填写盘存单，复查数量并登记复查结果，第三人核对前二次盘点数量是否一致，对不一致的结果进行检查。等所有盘点结束后，再与计算机或账册上反映的账面数核对。

② 循环盘点法。循环盘点通常对价值高或重要的物品检查的次数多，而且监督也严密一些，而对价值低或不太重要的物品盘点的次数可以尽量少。循环盘点一次只盘点少量物品，所以通常只需保管人员自行对照库存资料进行点数检查，发现问题按照盘点程序进行复核，并查明原因，然后调整。也可以采用专门的循环盘点单登记盘点情况。

常见的循环盘点法有以下三种。

方法一：ABC 分类法。物料的 ABC 分类的依据是帕累托分析原理。ERP 软件一般都有对物料进行 ABC 分类的功能。例如，A 类物料每月盘点一次，B 类物料每季盘点一次，C 类物料每半年盘点一次，于是得到 A、B、C 三类物料每年的盘点频率分别是 12、4 和 2。

方法二：分区分块法。为了提高盘点的效率，将库存项目按所在的区域分组，这种方法常用于分区存放系统以及在制品或中间库存的盘点。对每个区整个盘查一次，并与库存记录相比较，分区管理员以一个固定周期进行盘点。

方法三：存放地点审查法。通常每个库房内都有很多库位，如果物料放错了地方，正常的周期盘点就不能进行，存放地点审查法用于准确地确定物料的有效地点。使用这种方法时，所有的库位都做了编号，每个盘点周期对特定的物料进行检查，通过对每个库位上的物料代码与库存记录进行比较，核实每项物料所在的库位。

盘点方法的选择取决于库存系统的实际情况，对于快速周转的物料项目，分区分块法是有效的方法；对于有许多货位的库房，ABC 分类法和存放地点审查法结合在一起将会更有效。

ABC 物料划分及盘点常见分类标准如表 2-13 所示。

表 2-13 ABC 物料划分及盘点常见分类标准

ABC 分类	品种数占总品种数的比例（%）	价值占总价值的比例（%）	盘点间隔期	允许盘点误差（%）
A	10～20	60～80	每月一次	±1
B	15～30	15～30	每季一次	±2
C	60～80	10～20	半年一次	±5

循环盘点法是一种库存准确度审核方法。库存物料按计划轮流盘点，而不是一年才

盘点一次。库存循环盘点通常按确定的规律进行，价值高或流动快的物料盘点次数多；价值低或流动慢的物料盘点次数少。大多数有效的循环盘点系统都要求对每项物料规定一个盘点频率，而每个工作日清点一定数目的物料。循环盘点的主要目的在于发现有问题的物料项，然后研究、找出并消除出问题的原因。但仅作为一种事后处理方法，只能做到发现问题，纠正错误。从某种意义上讲，它是一项烦琐的工作，是一种人力上的浪费。重要的是通过循环盘点，找出产生差错的原因，改善和健全库存管理制度，严格遵循工作规程，避免出现误差；否则盘点的间隔期再短，也无济于改善库存记录的准确性。

5. 盘点结果的处理

盘点的主要目的是希望通过盘点来检查目前仓库中物品的出入库及保管状况，解决管理及作业中存在的问题。需要通过盘点了解的问题主要有以下几个。

（1）实际库存量与账面库存量的差异有多大？

（2）这些差异主要集中在哪些品种？

（3）这些差异对公司的损益造成多大影响？

（4）平均每个品种的商品发生误差的次数情况如何？

通过对上述问题的分析和总结，找出在管理流程、管理方式、作业程序要改进的地方，进而改善商品管理的现状，降低库存损耗，提高经营管理水平。

库存损耗的形式主要有自然损耗和异常损耗。

（1）自然损耗。自然损耗是指由于货物本身的物理化学变化和外界自然因素的影响所造成的不可避免的自然减量，主要表现为干燥、风化、挥发、散失、黏接、破碎等。

自然损耗虽然是不可避免的，但是采取一定的措施，自然损耗是可以得到有效控制的。衡量自然损耗是否合理的指标是自然损耗率，即某种物品在一定条件下和一定时间内，其自然损耗与库存总量之比。自然损耗由物品本身性质决定，并受包装状态、装卸搬运方式、储存地点、保管条件、保管季节、在库时间等因素的影响，因此，不同物品在不同的流通条件下的自然损耗也不同。

（2）异常损耗。异常损耗是指由于非正常的原因（如保管保养不善、装卸搬运不当、管理制度不严、计划不周等）造成物品的散失、丢失、破损、燃烧、爆炸、积压、报废等损耗。

Tips

库存盘点的基本原则如下。

1．经理负责，财务监督。

2．尽量减小对业务的影响。

3．定期进行。

2.1.3 库存记录的要点

1. 简单和复杂的库存记录

（1）简单的库存记录。简单的库存记录是利用"增减法"进行的，适用于存货集中的情况。例如，将一张纸夹在一个硬夹板上，沿着纸的左边列出所有不同的存货项目使用符号（如打钩或画线等），收到一件，就增加一个符号；发出一件就划掉一个符号。必要时，可带着记录单与仓库库存实物数量进行核对，纸上记载的符号数应与库存中货物的件数相同。

（2）复杂的库存记录。复杂的库存记录系统应用于存货分散储存于许多地点的情况。例如，美国联邦航空公司的各种飞机配件储存在遍及美国的各维修站。若芝加哥维修站的机修工需要更换一个飞机上使用的咖啡加热器，仓库保管员可利用维修站的计算机库存管理系统，查明所需维修配件的存储地址。即使该配件在芝加哥本站配件仓库，但对于仓库管理员来说，通过计算机查询，也比自己去仓库到处寻找快得多，计算机在几秒之内即可以告知仓库管理员哪里有这种配件，用什么方式能将所需配件很快地运到芝加哥。

2. 库存记录的识别号码

将物资标记识别号码随同库存记录一起登记，以便于跟踪查询。一旦这些产品发现质量问题强制回收，就可根据库存记录，按批号进行跟踪，而且所有这些不合格产品必须从仓库中以及零售商店的货架上全部撤走回收。

近年来库存管理已经更多地使用电子扫描器阅读印刷条码。扫描器记录下的数据，直接与计算机连接在一起，登记库存记录。条形码扫描器是当前使用最普遍的自动化识别系统。将条形码扫描器与计算机连接在一起，可将收到的货物记录下来。标准代码系统也用于连接供应商和顾客之间的物流业务活动，因为各自的扫描器可以阅读相同的标记，双方之间的货物买卖可以通过简单的电子设备记录下来。

为避免缺货，需要对已订购而尚未收到的货物估计它们可能收到的时间。允许的最小时间限度是当库存已降为零时能及时得到补充。

2.2 库存量的影响因素

我们在研究"应该订货多少？"这个问题时，是在理想状态下进行的。即只要我们发出订单，物料马上就会抵达，准备投入生产。然而，在现实条件下，这样的情况几乎不可能出现，并且在订货与交货之间存在着较大的时间延迟。这些延迟就形成了从订货到交货的周期,即在发出订单与拿到订货之间所需要的时间。

订货到交货的周期短则几分钟,长则几年,在通常情况下往往是几天到几周。大家都希望订货到交货的周期越短越好,客户希望所订购的货物越早到货越好,而供应商则希望始终保持高质量的客户服务水平,尽早交货给客户,不愿意积压大量的存货。在刚刚过去的几年里,人们付出了大量的努力,力图缩短订货至交货的周期。随着电子商务的出现,那些常规订单中的行政环节被取消了,这样做降低了再订购成本,使得供应商可实现更小批量、更高频率的供货模式。这样就降低了那些导致持有大量存货的需求波动和不确定因素的影响,进而降低了总体成本。此外,实施满足客户需求的快速灵活性运作以及提高运输效率,缩短在途时间的做法也同样会收到相似的效果。

2.2.1 影响库存水平的因素

影响库存水平的因素可谓众多,我们可以利用因果分析,从经营、生产、运输、销售和订货周期 5 个方面对库存要因进行分析,如图 2-2 所示。因果分析图也称石川图或鱼刺图,可以用每根鱼刺代表形成库存的阶段或环节,这些阶段或环节的库存问题,最终影响整个企业库存结构和水平是否适当。

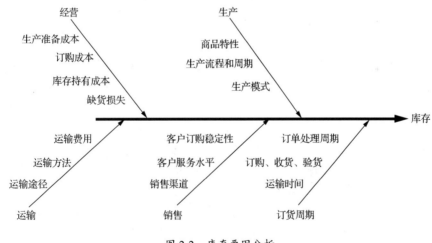

图 2-2 库存要因分析

1. 从经营方面看

经营的目标满足客户服务的要求,因而必须保持一定的预备库存,但要实现利润最大化,就必须降低订购成本、生产准备成本和库存持有成本,减少缺货损失因而库存量水平的高低需要在这些因素中进行权衡。

2. 从生产方面看

商品特性、生产流程和周期以及生产模式都将对库存产生影响。例如,季节性消费的商品——中秋节传统礼品、饰品等,就不能够完全等到节日到来之时才突击生产,通常都按订单提前进行均衡生产,这样就必然在一定时期内形成大量库存。

3. 从运输方面看

在运输问题上,运输费用、运输方法、运输途径对库存水平的影响都很大,运输效益与库存效益之间存在极强的二律背反关系。

4. 从销售方面看

销售渠道对库存的影响也是显著的,环节越多库存总水平就会越高,减少流通环节就能减少流通过程中的库存。客户服务水平与库存之间存在极强的二律背反关系,高的客户服务水平通常需要高库存来维持,但是库存管理成本不能超过由此带来的库存成本节约。客户订购的稳定性对销售库存的影响可以通过加强客户关系维护与管理、提高销售预测的精确度来纠正可能或已经发生的偏差。

5. 从订货周期看

订货周期是指从确定对某种商品有需求到需求被满足之间的时间间隔,也称提前期。其中包括了订单传输时间、订单处理和配货时间、额外补充存货时间以及订购装运交付运输时间四个变量。这些因素都在一定程度上对库存水平造成影响。

2.2.2 合理库存量的确定

库存管理者的主要责任就是测量特定地点现有库存的单位数和跟踪基本库存数量的增减。这种测量和跟踪可以手工完成,也可以通过计算机技术完成。其主要的区别是速度、精确性和成本。这个测量和跟踪的过程主要包括确定库存需求、补充订购、入库和出库管理等方面。其中库存需求量的确定需要在需求识别和需求预测的基础上进行。

企业确定库存量的依据很多,其中采用经济订货批量是最普遍的做法,但由于持有库存的目的是满足客户的服务需求,所以库存量与服务水平的平衡是在经济订货批量条件下最突出的问题,企业的年销售目标(计划)、商品月需求量的变动、毛利率与周转率的关系等也都是库存量决策的参考。不过,实际情况可能会更加复杂,例如,一些流行商品的库存决策完全不容进行太多的分析,还有许多企业的在库存商品上可使用的资金非常有限。对于库存的数量应该保有多少是最佳的状态,要根据整个运作成本来确定。配送中心从补货到入库再到库存管理,直至能否满足顾客的要求,都涉及一定的成本,对于任何一个企业来讲,追求的目标都是利润最大化,因此进行库存量控制的标准是整个供应到销售的过程中总成本最低。

(1)库存量的影响因素。

① 库存量与服务水平的平衡。对于大多数企业来讲,如果要增加销售额,就必须满足客户的需求,就需要增加商品库存。但是在增加库存的拥有量(拥有额)的同时,营业利润则会下降。商品处于库存形态时相当于流动资金被冻结,无法产生任何利润,而

且还要面对各种可能出现的损失。对于库存水平与服务质量之间的权衡很难用一个恰当的公式来计算，因此，能够保证客户服务需求的库存量就是一个比较合理的库存量。

② 企业的年销售目标。对于大多数企业来讲，经营首要的工作就是制订销售计划，设定企业全年的销售目标，然后就可以根据行业标准周转率的概念来计算年度平均库存量。计算公式为如下。

$$商品平均库存额 = \frac{年度计划销售额}{商品行业标准周转率}$$

商品行业标准周转率的选用可以利用自己企业所设立的目标周转率，也可以参考有关部门编制的经营指南。

【例 2-7】某企业 2020 年度的销售目标为 3000 万元，商品行业标准周转率为 15 次/年，那么该企业的年度平均库存额是 200 万元。计算过程如下。

$$商品平均库存额 = \frac{3000}{15} = 200（万元）$$

$$商品平均周转天数 = \frac{365}{15} \approx 24（天/次）$$

预算结果是该企业年度平均库存额为 200 万元，大约 24 天周转一次。

但是实际情况却并非如此，因为通常情况下企业不可能在一年中的任何时间都持有相等的库存。市场行情随时都在发生变化，并立即带来商品需求量的波动。此外还有许多商品的需求是有季节性的，消费者的喜好也在不断地变化中。这些不确定的因素导致了商品需求量的变动，因此企业不可能也不应该长时间保持固定库存量。

③ 月需求量的变动。商业结算通常都以月为结算周期，因此商品库存可以参照已经发生的月需求变动来推算下月初应有的库存额，计算公式如下。

$$月初库存额 = 年度平均库存额 \times \frac{1}{2}(1 + 季节指数)$$

$$季节指数 = \frac{该月销售目标（或计划）}{月平均销售额}$$

【例 2-8】某公司年度销售目标（计划）为 6 亿元，预计年度周转率为 15 次，由于市场需求量下降，一季度实现销售额每月平均 4000 万元，预计 4 月份销售额为 3760 万元，那么该公司 4 月初库存额应调整为 3880 万元。计算过程如下。

$$月初库存额 = 年度平均库存额 \times \frac{1}{2}(1 + 季节指数)$$

$$= \frac{600000000}{15} \times \frac{1}{2}\left(1 + \frac{37600000}{40000000}\right)$$

$$= 38800000（元）$$

④ 商品周转率与毛利率的关系。通常情况下，周转率高的商品毛利率低，而周转率低的商品毛利率则比较高。最显著的事例是价格昂贵的商品流转速度都比较慢，而日用消耗品的流转速度则比较快。因此企业可以依据商品的这种属性来制定不同的商品库存策略。这个问题可以利用交叉比率来进行分析。交叉比率是商品周转率和毛利率的乘积，计算公式如下。

$$交叉比率 = 商品周转率 \times 毛利率$$

通过上式可以看到，一旦商品毛利率下降，就必须采用提高周转率的对策才能保持良好的交叉比率。换个角度来讲，如果公司采用的是低价策略，就必须通过提高商品周转率来增加销售额，而足够的库存是保证销售的前提。

（2）确定库存量的依据。

由于进行库存量控制的标准是整个供应到销售的过程中总成本最低，在这一过程中，涉及的成本如下。

① 订购成本。

为补充库存而进行的每一次订货都涉及多种业务活动，这些活动都会给企业带来成本。这些成本包括准备订单及所有附属文件的办公及通信成本、安排货物接收成本，以及处理和保持所需信息的各种成本。

② 价格折扣成本。

在许多行业，供应商都对大批量采购提供价格折扣。对于小批量订货，供应商则可能收取附加费用。

③ 缺货成本。

如果因订货批量决策失误发生缺货，企业便会因不能满足用户需求而遭受损失。如果是外部用户，它们可能会向其他企业采购；如果是内部用户，缺货会导致生产设施闲置、低效率，以及最终不能满足外部用户需求。

④ 库存占用流动资金的成本。

在订购企业发出补充库存订单后，供应商将要求订购企业为其商品付款。当订购企业最终又向其用户供货时，又会从其用户处得到付款。然而，在向供应商付款与得到用户付款之间会存在时间差。在此期间中，库存占用了订购企业的流动资金，其成本体现为外借资金利息支出，或不能将资金投资于他处所导致的机会成本。

库存服务水平的引导案例

⑤ 存储成本。

存储成本是指货物实体存储所导致的费用。房租、供暖费、雇员工资和仓库照明费等可能是高昂的，当要求特殊仓储条件，如需要低温或高度保安的仓库时，尤其如此。

⑥ 废弃成本。

如果企业订货批量很大，库存产品便会在仓库中储存很长时间。在这种情况下，产品或者可能过时（如时尚变化），或者可能变质（如多数食品的情况）。

2.2.3 库存服务水平的确定

企业最常见的情况是并不知道或很难搞清楚缺货成本，或者即使大致地估计它们也感到困难。在这样的情况下，企业通常是设定库存服务水平，由此便可确定再订货点。库存服务水平表示用存货满足用户需求能力。

期望的库存服务水平决定了安全库存量。这可以通过对交货期需求波动的统计分析而加以计算。这取决于企业所属产业的需求变化性质，或者要在详细的存储单元水平进行分析，或者要在更为一般性的产品类别水平进行分析。

下面举例说明该统计方法。设想有一种采购品种在 100 个星期中的交货期需求状况如表 2-14 所示。

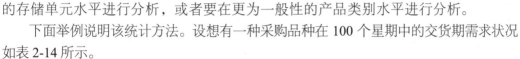

表 2-14 交货期需求状况

交货期期间需求							
周	需求	周	需求	周	需求	周	需求
1	280	22	300	43	320	64	260
2	230	23	320	44	280	65	250
3	130	24	380	45	280	66	400
4	190	25	350	46	340	67	220
5	350	26	160	47	240	68	290
6	350	27	300	48	450	69	310
7	370	28	290	49	390	70	310
8	400	29	280	50	240	71	340
9	170	30	320	51	210	72	360
10	200	31	340	52	290	73	450
11	210	32	320	53	320	74	270
12	320	33	420	54	310	75	230
13	280	34	200	55	360	76	440
14	300	35	260	56	270	77	410
15	300	36	390	57	140	78	150
16	320	37	370	58	190	79	300
17	450	38	230	59	420	80	310
18	290	39	310	60	180	81	300
19	300	40	380	61	300	82	410
20	210	41	460	62	300	83	180
21	250	42	300	63	350	84	250

续表

交货期期间需求							
周	需求	周	需求	周	需求	周	需求
85	330	89	290	93	310	97	290
86	300	90	350	94	230	98	370
87	290	91	290	95	280	99	280
88	360	92	250	96	270	100	310

首先要检查表 2-14 所示的需求数据，查看落于特定区间内的数值有多少，所占百分比是多少。在表 2-14 所示的例子中，所选择的数值区间如表 2-15 所示，各区间范围为 50 单位。显而易见，不同的交货期需求状况对应于不同的区间范围。则交货期需求数据分组后的结果如表 2-15 所示。

表 2-15 交货期需求数据分组结果

区间	周百分比
125～174	5%
175～224	10%
225～274	15%
275～324	40%
325～374	15%
375～424	10%
425～474	5%

将表 2-15 所示的结果转换成如图 2-3 所示的直方图。

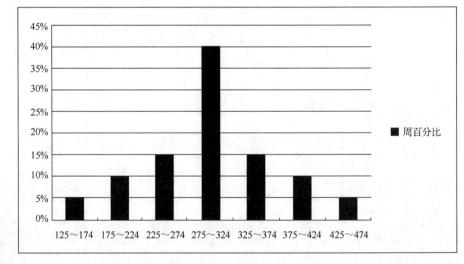

图 2-3 彩图

图 2-3 交货期需求数据分组直方图

第 2 章
库存运作管理

基于以上交货期需求状况，表 2-15 和图 2-3 表明了安全库存的增量将如何使库存服务水平的提高幅度越来越小。表 2-16 所基于的是平均交货期需求为 300 单位。这意味着，如果再订货点为 300 单位，平均缺货率便为 50%。随着再订货点的提高，缺货率将下降，服务水平将提高。即安全库存量增加导致库存服务水平提高，如图 2-4 所示。

表 2-16 安全库存增量和库存服务水平的变化

再订货点	平均安全库存	库存服务水平	安全库存增量	客户服务水平增量
300	0	50%	—	—
325	25	70%	25	20%
375	75	85%	50	15%
425	125	95%	50	10%
475	175	100%	50	5%

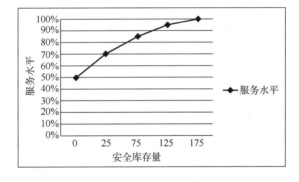

图 2-4 安全库存增量和库存服务水平的变化

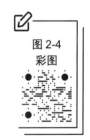

图 2-4 彩图

与采用直方图不同的是，利用计算机计算安全库存时，我们假设需求模式服从理论上的概率分布。最为常见的分布是正态分布。该分布所具有的一个性质是，最高概率所对应的数值即是平均需求。将本例中的直方图与正态分布曲线相结合，如图 2-5 所示。

正态分布以平均值为基准度量偏差，所使用的统计参数为标准差 σ。标准差的计算公式如下。

$$\sigma = \sqrt{\frac{\sum_{i=1}^{n}(x_i - \bar{x})^2}{n-1}}$$

可以利用 Excel 计算一系列数据的标准差。

当需求的确属于这一模式时，可以用正态分布计算达到特定库存服务水平所需要的标准差数量。在本例中，68% 的需求落在平均值两侧各一个标准差范围之内，95% 的需求落在平均值两侧各两个标准差范围之内。

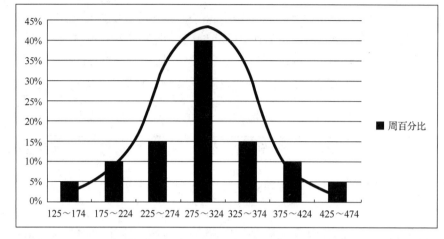

图 2-5 直方图与正态分布曲线合在一起的结果

在利用 Excel 计算时,库存管理者可以规定所需的库存服务水平。计算机将其转换成标准差所代表的安全库存量,该数量为实现规定库存服务水平所需的库存量。

通过将上述公式应用于前面的需求数据,我们得出标准差为 73 单位。由于平均值为 300,这意味着 68% 的需求将落于 300±73 的范围之内,即处于 227 至 373 单位之间。由于根据定义,50% 的需求处于平均值 300 以下,这意味着,84% 的需求(50%+68%的一半)将处于 0 至 373 之间。

本例的分析结论为,如果再订货点确定为 373(此时的安全库存为 73)时,库存服务水平为 84%;当再订货点为平均值以上一个标准差时,库存服务水平为 84%,如图 2-6 所示。

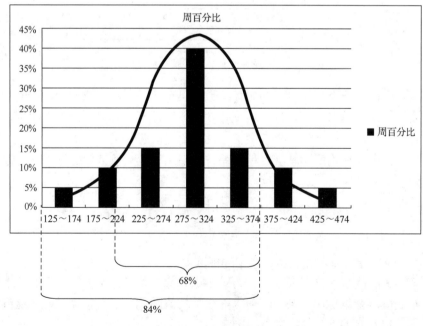

图 2-6 再订货点和库存服务水平的关系图

衡量库存服务水平有许多种方式。它可以按单位数、金额、交易额或订货次数来计算。当订货由存货来正常满足时，往往要规定一段时间。它一般可以按时（在收到用户订货单后的规定时期内）满足需求的百分率来规定。没有一种库存服务水平的衡量方式能适合所有的库存物品。

确定库存服务水平是一种基于方便而不是基于科学论证的主观判断。企业对库存服务水平的选择包含由于中断服务所直接或间接地引起的成本。

若客户总是在需要的时候就得到所需的订货，则库存服务水平为 100%。库存服务水平与缺货水平的和是 100%。保证随时都满足需求，不仅是极端困难的，而且很可能这种保证要付出巨大的代价。一点也不缺货的策略通常是不经济的。所以大多数的企业都设有某个可以接受的"合理的"缺货量，因为试图完全消除缺货的成本很高。

有些场合需要库存服务水平达到或接近 100%。在制造企业内中断提供所需的零件便可能引起生产线停工。这种场合的库存更适合物资需求计划法而非固定订货量法。

库存服务水平按其如何表示而具有不同的意义。常用的库存服务水平主要有按订货周期计算的库存服务水平、按年计算的库存服务水平、需求量系数和作业日系数四种。

不同库存服务的概念下计算出的再订货点或安全库存量是不同的。服务类型和水平的选择是一项经营策略的决策。

1. 按订货周期计算的库存服务水平

以订货周期为基础计算出的库存服务水平，表示在补充供应期（前置时期）内不缺货的概率。这种方法不关心缺货量有多大，仅仅关心发生在前置时间内的缺货是多长时间一次，它可以成为不缺货的补充供应周期的系数。

$$\text{按订货周期计算的库存服务水平系数} = 1 - \frac{\text{有缺货的订货期数}}{\text{订购期总数}} = 1 - P(M > B)$$

$$P(M > B) = P(s) = 1 - \text{按订货周期计算的库存服务水平系数} = \frac{\text{有缺货的订货期数}}{\text{订购期总数}}$$

式中：

M —— 订单需求量；

B —— 供应量；

s —— 库存服务水平；

$P(M > B)$ —— 缺货水平概率，即按订购周期计算，因订购期内需求量 M 大于供应量 B 造成缺货发生的概率；

$P(s)$ —— 按订货周期计算的缺货水平或在等待供应者交货时至少有一单位缺货的概率。它也是一种对需求量会超过再订货点的前置时期系数的计量方式。用这种方法时可不关心缺货量的大小。

当采取按订货周期计算的服务时,安全库存量可确定如下。

$$安全库存量 = M_a - \bar{M} = M_a - \bar{D}L$$

式中:

M_a——可接受库存服务水平的前置时间需求量,以单位计;

$\bar{M}$——前置时间平均需求量,以单位计;

L——不变前置期,以日计;

$\bar{D}$——平均日需求量,以单位计。

2. 按年计算的库存服务水平

以年为基础计算的库存服务水平,便于对不同的产品采取统一的处理方法。当库存服务水平以订货周期为基础时,因为每种产品可能有不同的前置时间,故不同产品的缺货概率是不可比的。幸而易于从近期订货周期计算的服务转化为按年计算。按年计算的库存服务水平系数通过一年的订货周期数(R/Q)乘以按订货周期计算的缺货水平系数,并从1中减去该乘积来得到按年计算的库存服务水平系数。

$$按年计算的库存服务水平系数 = 1 - \frac{RP(M>B)}{Q}$$

按年计算的缺货水平系数,得出按订货周期计算的缺货水平系数如下。

$$P(M>B) = \frac{Q}{R}(按年计算的缺货水平系数) = \frac{Q}{R}[1-(按年计算的库存服务水平系数)]$$

3. 需求量系数

通常,用存货来及时满足需求量(或需求金额)的系数是一项有意义的服务指标。需求量的库存服务水平系数的关系式如下。

$$需求量的服务水平系数 = \frac{供应量}{需求总量}$$

$$需求量的缺货水平系数 = \frac{短缺量}{需求总量}$$

上述关系式必须就某一时刻来计算,如一周、一月、一年或者是前置时间的延续时间。

在一个订货周期内的期望缺货数量如下。

$$E(M>B) = \int_B^{\infty}(M-B)f(M)dM$$

为得到订货周期内需求数量的缺货水平系数,需要除以订货周期内的需求量(Q)。

$$需求量的缺货水平系数 = \frac{E(M>B)}{Q}$$

对于标准正态分布,在一个订货周期内的期望缺货数量等于部分期望值$E(Z)$乘以标准差。

$$E(M>B) = \frac{\sigma E(Z)}{Q}$$

得出

$$需求量的缺货水平系数 = \frac{\sigma E(Z)}{Q}$$

上式适用于标准正态分布。根据已知的缺货水平系数、前置时间需求量的标准差和订货量，便可确定部分期望值 $E(Z)$。根据已获得的部分期望值便可求得标准正态偏差 Z。并由以下公式求得再订货点。

$$B = \bar{M} + Z\sigma$$

4. 作业日系数

缺货或供货不足的另一种计量是缺货状态存在的时间长度。缺货可用短缺系数来确定。这便得出以缺货时间为基础的库存服务水平策略，它可以写成如下公式。

$$作业日服务水平系数 = \frac{不确定的作业日数}{总缺货日数}$$

$$作业日缺货水平系数 = \frac{缺货的作业日数}{总作业日数}$$

合理的库存服务水平能使库存存储成本和服务成本之和达到最小。库存存储成本由存货持有成本来表示。存货持有成本是库存储存一年的成本，用产品成本的百分比表示。例如，某公司设定存货持有成本为 20%，那么持有一单位产品一年的成本等于该产品成本的 20%。存货持有成本包括资产的机会成本、处置成本、磨损、保险、存储等各种与持有存货有关的各种成本。

2.2.4 安全库存量的计算

对于安全库存量的计算，可以根据顾客需求量变化、提前期固定，提前期变化、顾客需求量固定，或者两者同时变化三种情况分别计算。

1. 需求量变化、提前期固定

假设需求的变化服从正态分布，由于提前期是固定的数值，因而可以根据正态分布图，直接求出在提前期内的需求分布均值和标准差，或通过直接的期望预测，以过去提前期内的需求情况为依据，确定需求的期望均值。在这种情况下，安全库存量的计算公式如下。

$$S = z\sigma_d \sqrt{L}$$

式中：

σ_d—— 提前期内的需求量的标准差；

L—— 提前期的时间；

z—— 一定库存服务水平下需求量变化的安全系数，可以根据预定的库存服务水平，由正态分布表查出。

表 2-17 是库存服务水平与安全系数对应关系的常用数据。

表 2-17　库存服务水平与安全系数对应关系的常用数据

库存服务水平	0.9998	0.99	0.98	0.95	0.90	0.80	0.70
安全系数	3.5	2.33	2.05	1.65	1.29	0.84	0.53

【例 2-9】某超市的某种食用油平均日需求量为 1000 瓶，并且食用油的需求情况服从标准差为 20 瓶/天的正态分布，如果提前期是固定值 5 天，如客户服务水平不低于 95%，那么可以计算出该食用油安全库存量约为 74 瓶，计算过程如下。

已知 $\sigma_d = 20$ 瓶/天，$L = 5$ 天，$F(z) = 95\%$，查表 2-17 可知 $z = 1.65$，代入公式。

$$S = z\sigma_d\sqrt{L} = 1.65 \times 20 \times \sqrt{5} \approx 74 \text{（瓶）}$$

2. 需求量固定、提前期变化

当提前期内的客户需求情况固定不变，而提前期的长短随机变化时，安全库存量的计算公式如下。

$$S = zd\sigma_L$$

式中：

z—— 一定库存服务水平下需求量变化的安全系数；

σ_L—— 提前期的标准差；

d—— 提前期内的日需求量。

【例 2-10】某超市的某种饮料的日需求量为 1000 罐，提前期随机变化且服从均值为 5 天，标准差为 1 天的正态分布，如果库存服务水平要达到 95%，那么该种饮料的安全库存量不能低 1650 瓶，计算过程如下。

已知 $\sigma_L = 1$ 天，$d = 1000$ 瓶，$F(z) = 95\%$，查表 2-17 可知 $z = 1.65$，代入公式。

$$S = zd\sigma_L = 1.65 \times 1000 \times 1 = 1650 \text{（瓶）}$$

3. 需求量和提前期都随机变化

多数情况下需求量和提前期都是随机变化的，如果可以假设需求量和提前期是相互独立的，那么安全库存量的计算公式如下。

$$S = z\sqrt{\sigma_d^2 \overline{L} + \overline{d}^2 \sigma_L^2}$$

式中：

σ_d，σ_L，z 的含义同上；

$\overline{d}$—— 提前期内平均日需求量；

$\overline{L}$—— 平均提前期。

第 2 章 库存运作管理

【例 2-11】 如果某超市的某种饮料的需求量和提前期都随机变化并服从正态分布，且需求量和提前期相互独立，日需求量为 1000 瓶，标准差为 20 瓶/天，平均提前期为 5 天，标准差为 1 天，那么为了保证这种饮料在夏季的库存服务水平达到 95%，就需要保持不低于 1652 瓶的安全库存，计算过程如下。

已知 $\sigma_d = 20$ 瓶/天，$\sigma_L = 1$ 天，$d = 1000$ 瓶/天，$F(z) = 95\%$，查表 2-17 可知 $z = 1.65$，代入公式。

$$S = z\sqrt{\sigma_d^2 \overline{L} + \overline{d}^2 \sigma_L^2} = 1.65 \times \sqrt{20^2 \times 5 + 1000^2 \times 1^2} \approx 1652 \text{（瓶）}$$

该方法的原理是，当实物库存水平（加上已订货库存）下降到预定再订货点时，进行再订货。

2.2.5 算例分析

【例 2-12】 某钢铁厂订购一批钢材，各个周期的期初库存、入库量、需求预测量、实际需求量已知（表 2-18），如果提前期是固定值 4 天，每周的需求量为变化值。试问 95% 的顾客满足率需要的安全库存量？

期末理论库存 = 期初库存 + 入库量 - 实际需求量

需求预测误差 = 需求预测量 - 实际需求量

表 2-18 某钢铁厂存货及订货数据

周期	期初库存	入库量	需求预测量	实际需求量	期末理论库存	需求预测误差
1	100	100	110	120	80	-10
2	80	100	110	80	100	30
3	100	100	110	130	70	-20
4	70	100	110	110	60	0
5	60	110	110	100	70	10
6	70	90	110	140	20	-30
7	20	140	110	90	70	20
8	70	120	110	80	110	30
9	110	100	110	120	90	-10
10	90	140	110	90	140	20
11	140	90	110	110	120	0
12	120	80	110	120	80	-10
13	80	120	110	140	60	-30
14	60	90	110	170	-20	-60

续表

周期	期初库存	入库量	需求预测量	实际需求量	期末理论库存	需求预测误差
15	0	110	110	140	-30	-30
16	0	120	110	90	30	20
17	30	140	110	80	90	30
18	90	150	110	120	120	-10
19	120	110	110	90	140	20
20	140	90	110	110	120	0
21	120	80	110	80	120	30
22	120	120	110	120	120	-10
23	120	90	110	130	80	-20
24	80	110	110	80	110	30
25	110	80	110	90	100	20
26	100	120	110	130	90	-20

$$需求的标准差 = \sqrt{\sum_{i=1}^{26} \frac{(D_i - \overline{D})^2}{26 - 1}}$$

其中，D_i 为第 i 周的实际需求量，$\overline{D}$ 为 26 周的平均需求量。

把 1 到 26 周的需求数据代入上式可求得需求的标准差为 24.2，顾客的满足率为 95%，查表 2-17 可知 $z=1.65$，则安全库存量如下。

$$S = z s_D \sqrt{L} = 1.65 \times 24.2 \times \sqrt{4} = 79.86 \approx 80$$

即在 95% 的顾客满足率的情况下，安全库存量约为 80。

可见，当市场需求具有不确定性，企业无法很好地进行准确预测时，为了能够实现一定的客户服务水平的目标，企业需要通过持有一定的安全库存来完成。从安全库存的计算公式可以看出，需求的波动性越大，即需求偏离平均值越多，则需要的安全库存量越高。

再订货点的概念

2.3 再订货点的确定

2.3.1 依据经验公式确定的再订货点

1. 安全库存已知条件下的再订货点

再订货点，即配送中心进行补货时的库存量，再订货点的确定则取决于交货期或订货提前期的需求量和安全库存量，计算公式如下。

再订货点=平均需求速度×交货期+安全库存量

再订货点（Reorder Level，ROL），直译为再订货水平，本书按行业习惯译为再订货点的数学表达式如下。

$$ROL=(R_dL)+S$$

式中：

R_d—— 需求或使用速度（每月/每天/每周）；

L—— 交货期（月/天/周）；

S—— 安全库存量。

例如，当需求或使用速度为每周100件，交货期为3周，安全库存为200件时，ROL的计算过程如下。

$$ROL=(100×3)+200=500（件）$$

图 2-7 表明了基本的再订货点计算模型。它显示了一种理想的情况，即库存以不变的速度被减少，而下一次到货正好发生于安全库存量。

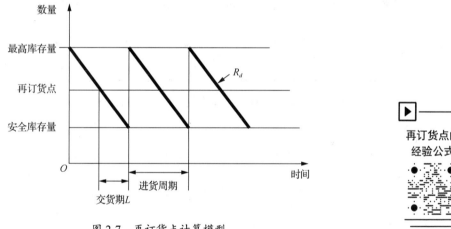

图 2-7 再订货点计算模型

如果需求量和企业采购的提前期都随时间波动，需要保有安全库存，即再订货点等于采购提前期的需求量加上安全库存，即 $ROL=(R_dL)+S$，如图 2-8 所示。

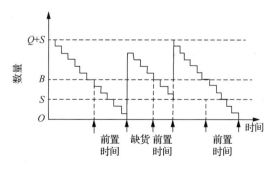

图 2-8 实际库存模型

2. 依据统计方法确定的再订货点

如果已经统计了交货期和使用速度的变化规律，根据联合概率的方法可以确定再订货点。下面以一个具体的实例来描述。某公司为其水表的生产进口阀门，公司计算得出的经济订货批量为 900 个。然而阀门到货时间不确定，以往两年的经验表明供应商的交货期概率分布如表 2-19 所示。

依据统计方法确定再订货点的补充案例

表 2-19　交货期概率分布

交货期/周	概率
1	10%
2	20%
3	40%
4	20%
5	10%

公司每周阀门的需求量在 100 至 150 之间，使用速度（每周使用数量）的概率分布如表 2-20 所示。

表 2-20　使用速度（每周使用数量）的概率分布

每周使用数量/个	概率
100	10%
110	15%
120	25%
130	25%
140	15%
150	10%

为使缺货概率小于 10%，该公司再订货点应为多少？

上述交货期和使用速度决定预期交货期期间使用量。因此，需要将两组概率分布结合在一起，如表 2-21 所示。

表 2-21 交货期和使用速度联合概率分布

使用速度	概率（%）	交货期概率				
		1周	2周	3周	4周	5周
		0.1	0.2	0.4	0.2	0.1
100	0.1	100(0.01)	200(0.02)	300(0.04)	400(0.02)	500(0.01)
110	0.15	110(0.015)	220(0.03)	330(0.06)	440(0.03)	550(0.015)
120	0.25	120(0.025)	240(0.05)	360(0.1)	480(0.05)	600(0.025)
130	0.25	130(0.025)	260(0.05)	390(0.1)	520(0.05)	650(0.025)
140	0.15	140(0.015)	280(0.03)	420(0.06)	560(0.03)	700(0.015)
150	0.1	150(0.01)	300(0.02)	450(0.04)	600(0.02)	750(0.01)

基于表 2-20 中的数据，该公司可以确定特定交货期期间使用速度的组合概率。例如，在 100~199 区间（表 2-21 中的 100、110、120、130、140 和 150）的使用速度组合概率为 0.1（0.01+0.015+0.025+0.025+0.015+0.01）。各种交货期期间使用速度的组合概率如表 2-22 所示。

表 2-22 各种交货期期间使用速度的组合概率

交货期期间使用量/个	100~199	200~299	300~399	400~499	500~599	600~699	700~799
概率（%）	0.1	0.18	0.32	0.2	0.105	0.07	0.025

该公司现在可以确定将缺货可能性保持在 10%以下所对应的再订货点。为此，需要以表 2-22 为基础计算特定交货期使用量水平的累积概率。计算结果如表 2-23 所示。

表 2-23 特定交货期使用量水平的累积概率

交货期使用量/个	99	199	299	399	499	599	699	799
使用量大于该值的概率（%）	1	0.9	0.72	0.4	0.2	0.095	0.025	0

由表 2-23 可见，如果公司希望将缺货率保持在 10%以下，它便必须在库存为 600 个时进行再订货；如果公司在库存水平为 500 个时订货，它便面对高至 20%的缺货风险，如图 2-9 所示。

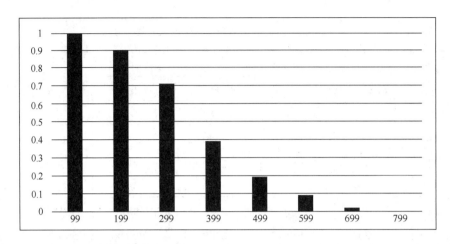

图 2-9 特定交货期使用量水平的累积概率

根据本例前面的数据，公司加权平均交货期为 3 周，加权平均使用量为每周 125 个。因此，平均交货期使用量为 375 个。

如果公司决定在库存水平达到 600 个时订货，平均交货期使用速度为 375 个时，下次到货时的平均库存便为 225 个，这是公司的平均安全库存量。

2.3.2 统计需求规律和确定再订货点

企业在实际运作过程中，需求的规律和交货期的规律并不是已知的，需要进行统计。例如，企业从 ERP 系统中抽取了过去 100 周的某种物料的需求量情况，如表 2-24 所示。

表 2-24 企业对某种物料的需求量情况

周次	需求量	周次	需求量	周次	需求量	周次	需求量
1	132	9	118	17	114	25	110
2	100	10	88	18	86	26	110
3	104	11	108	19	102	27	94
4	96	12	104	20	116	28	120
5	96	13	124	21	96	29	74
6	108	14	80	22	86	30	80
7	88	15	92	23	66	31	82
8	130	16	118	24	78	32	104

续表

周次	需求量	周次	需求量	周次	需求量	周次	需求量
33	96	50	76	67	122	84	86
34	100	51	100	68	70	85	96
35	106	52	122	69	100	86	94
36	104	53	76	70	102	87	98
37	130	54	84	71	90	88	114
38	98	55	106	72	100	89	96
39	100	56	100	73	104	90	102
40	102	57	98	74	116	91	100
41	82	58	112	75	110	92	100
42	98	59	98	76	72	93	110
43	104	60	110	77	100	94	92
44	102	61	108	78	98	95	90
45	112	62	112	79	96	96	120
46	94	63	130	80	104	97	84
47	68	64	94	81	98	98	98
48	78	65	86	82	90	99	102
49	124	66	128	83	102	100	102

首先统计这种物料的需求规律,常用的办法是将数据分成不同的数据段,企业可以根据实际情况将数据分成 7 段、9 段等不同的数据段。本例中将数据分成 7 段,如表 2-25 所示。

表 2-25　不同数据段需求的出现次数

需求	出现的次数
65～74	5
75～84	10
85～94	15
95～104	40
105～114	15
115～124	10
125～134	5

根据表 2-25 中需求规律的统计，分别可以计算出在不同缺货概率情况下的再订货点，如表 2-26 所示。

表 2-26 不同缺货概率情况下的再订货点

再订货点	134	124	114	104	94	84	74
缺货概率（%）	0	5	15	30	70	85	95

通过计算，交货期内的平均需求为 100，可以计算出在各种缺货水平下的安全库存，计算方法为安全库存=再订货点-平均需求。例如，缺货水平为 5%，安全库存为 124-100=24。

2.4 订货批量的确定

企业每次订货数量的多少直接关系到库存的水平和库存总成本大小，因此，企业希望找到一个合适的订货数量使它的库存总成本最小。经济订货批量模型能满足这一要求。经济订货批量模型就是通过平衡采购进货成本和保管仓储成本，确定一个最佳的订货数量来实现最低总库存成本的方法。经济订货批量模型根据需要和订货、到货间隔时间等条件是否处于确定状态，可分为确定条件下的模型和概率统计条件下的模型。由于概率统计条件下的经济订货批量模型较为复杂，因此只介绍确定条件下的经济订货批量模型（关于概率统计条件下的经济订货批量模型请参阅有关的运筹学书籍）。按照不同订货批量中的年总成本的最小值估计出最大订货批量。

2.4.1 基本的经济订货批量的确定

1. 无保险储备的经济订货批量模型

基本的经济订货批量（Economic Order Quantity，EOQ）模型是最简单的一个，用来识别持有库存的年成本与订购成本之和最小的订货批量。单位购买价格往往不包括在总成本中，因为单位购买成本不受订货批量影响（数量折扣情形除外）。如果持有成本以单位成本百分比表示，那么单位成本就作为持有成本的一部分，间接包含在总成本中。基本经济订货批量模型的假定如下：

基本 EQO 模型假设和构成

① 所有需求都能够得到满足。
② 需求量是一个连续已知的常量。
③ 补给运作周期是一个已知的常量。
④ 产品价格是确定的常量，它不会受订货数量和时间的影响。
⑤ 计划周期不受到任何限制。

⑥ 各项产品的库存之间不存在相互影响。

⑦ 不考虑中转库存和在途库存。

⑧ 没有限制可用资金的数量。

前四条假设密切相关，是确定性条件成立的基本前提。在每一相关时间间隔（每天、每周或每月）需求是已知的情况下，需求与时间呈线性关系。库存消耗的速率是固定的，补充库存所需时间长度是已知的。换句话说，订购与收货之间的提前时间是固定的，这表明在原有库存用完之前所订商品刚好到达，因此不需要考虑缺货情况及缺货损失。对于价格固定的假设表明没有价格折扣，而且价格相对稳定，无在途库存的假设意味着商品以买方工厂交货价为基础购买（购买价格包含运费）并以卖方工厂交货价（买方负责运输）出售。这表明企业在购货时，直到收到所买商品才拥有所有权；在销货时，商品所有权在商品离开工厂或装运点就转移了。如果做出这些假设，企业就不用负责在途商品，即没有在途存货储存成本。许多企业库存有多种商品，单项物品的假设并没有脱离现实，可以对每一项重要的库存商品单独设计EOQ模型。但由于没有考虑各种商品之间的相互作用，所以和现实会有一定的差距。资金的可用性在一些情况下是非常重要的，如果对库存的资金有某些限制，可作为批量模型一个约束条件。

在以上假设前提下，简单EOQ模型只考虑两类成本，即库存持有成本与订购成本。订购成本和库存持有成本随着订购次数或订购规模的变化而呈反方向变化，起初随着订购批量的增加，订购成本的下降比库存持有成本的增加要快，即订购成本的边际节约额比库存持有成本的边际增加额要多，使得总成本下降。当订购批量增加到某一点时，订购成本的边际节约额与库存持有成本的边际增加额相等，这时总成本最小。此后，随着订购批量的不断增加，订购成本的边际节约额比库存持有成本的边际增加额要小，导致总成本不断增加。总之，随着订购规模（或生产数量）的增加，持有成本增加，而订购成本降低，总成本线呈U形。

（1）库存持有成本。

库存持有成本是指为保持库存而发生的成本，可以分为固定成本和变动成本。固定成本与库存数量的多少无关，如仓库折旧、仓库职工的固定月工资等；变动成本与库存数量的多少有关，如库存占用资金的应计利息、破损和变质损失、安全费用等。变动成本主要包括以下四项成本：资金占用成本、存储空间成本、库存服务成本和库存风险成本。

① 资金占用成本。资金占用成本有时也称为利息成本或机会成本，是库存资本的隐含价值。资金占用成本反映失去的盈利能力。如果将资金投入其他方面，就会要求取得投资回报，因此资金占用成本就是这种尚未获得的回报的费用。一般来说，资金占用成本是库存持有成本的一个最大组成部分，通常用持有库存的货币价值的百分比来表示。

② 存储空间成本。这项成本包括与商品运入、运出仓库有关的搬运成本以及储存中发生的成本，如租赁、取暖、照明等。

存储空间成本仅随库存水平的提高或降低而增加或减少。如果利用公共仓库，有关搬运及存储的所有成本将直接随库存的数量而变化。

③ 库存服务成本。这项成本主要指安全及税金。根据商品的价值和类型，商品丢失或损坏的风险高，就需要较高的风险金。另外，许多国家将库存列入应税的财产，高水平库存导致高税费。安全及税金将随商品不同而有很大变化，但在计算存货储存成本时，必须要考虑它们。

④ 库存风险成本。库存风险成本反映了一种非常现实的可能性，即由于企业无法控制的原因，造成的库存贬值。

由于库存持有成本中的固定成本是相对固定的，与库存数量无直接关系，它不影响库存控制的决策，因此可以通过以下步骤计算（单一品种库存）库存持有成本。

第一步，确定这种库存的价值，其中先进先出法（First In First Out，FIFO）、后进先出法（Last In First Out，LIFO）或平均成本法是常用的方法。因为无论提高或降低库存水平与库存价值的变动成本相关，而与固定成本无关，因此，与库存决策最相关的商品价值是商品的买价。

第二步，估算每一项库存持有成本占商品价值的百分比，然后将各百分比数相加，得到库存持有总成本占商品价值的比例，这样库存持有成本就用库存价值百分比来表示，如表2-27中所示。

表2-27　库存持有成本的确定

成本类别	成本占库存价值的百分比
仓库租金、折旧、作业成本	6%（3%~10%）
设备租金、折旧、能源、作业成本	3%（1%~3.5%）
进行额外处理的劳动力成本	3%（3%~5%）
借贷成本、税收、库存安全	11%（6%~24%）
被偷窃、积压和废旧库存	3%（2%~5%）
库存持有成本合计	26%

第三步，用库存持有成本合计乘以商品价值，这样就估算出保管一定数量库存的年成本。

（2）订购成本。

订购成本是指企业向外部的供应商发出采购订单的成本，是企业为了实现一次订购而进行的各种活动费用的总和。订购成本中有一部分与订购次数无关，如常设采购机构的基本开支等，称为订购的固定成本；另一部分与订购的次数有关，如差旅费、邮资等，称为订购的变动成本。具体来讲，订购成本包括与下列活动相关的费用。

① 检查存货水平。
② 编制并提出订购申请。
③ 对多个供应商进行调查比较，选择最合适的供货商。
④ 填写并发出订购单。
⑤ 填写、核对收货单。
⑥ 验收发来的商品。
⑦ 筹备资金并进行付款。

这些成本很容易被忽视，但在考虑涉及订购、收货的全部活动时，这些成本很重要。

对 EOQ 模型进行扩展，可以消除上述假设条件产生的局限。EOQ 模型的主要作用在于，它清楚地指出了企业在库存管理费用和订购成本之间做出权衡所具有的重要意义。

库存水平随时间的循环变动规律如图 2-10 所示。其中一个循环始于收到单位的订货批量，随着时间的推移以固定速度发展，生产提前期不变，订货就会在库存持有量变为零时及时地收到。因此，订货时机的合理安排既避免了库存过量，又避免了缺货。

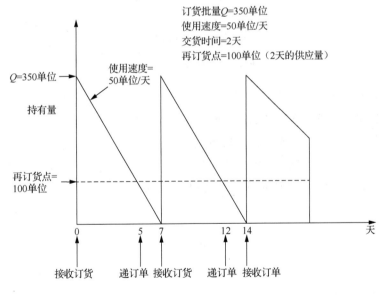

图 2-10　库存循环：库存水平随时间变动图示

经济订货批量反映了持有成本与订购成本之间的平衡：当订货批量变化时，一种成本会上升，同时另一种成本会下降。假如订货批量比较小，平均库存就会比较低，持有成本也相应较低，但是小订货批量必然导致经常性的订货，而这样又迫使年订购成本上升；相反，偶尔发生的大批量订货造成年订购成本缩减，但也会导致较高的平均库存水平，从而使持有成本上升。这两个极端如图 2-11 所示。

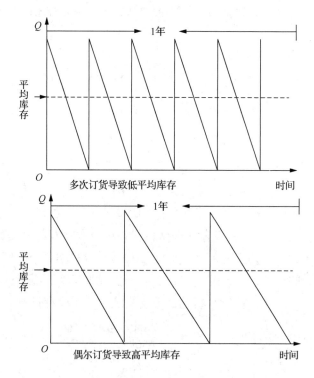

图 2-11 平均库存水平与年订货次数反向相关：一个升高则另一个降低

因此，理想的解决方案是，订货批量既不能特别少次大批量，又不能特别多次少批量，只能位于两者之间。具体订货批量取决于持有成本与订购成本的相对数量。

年持有成本等于库存平均持有量与单位年持有成本的乘积，即使有些特定品种并没有被持有 1 年。平均库存是订货批量的 1/2。库存持有量平稳地从 Q 单位降到 0 单位，因此平均数便是 $(Q+0)/2$，即 $Q/2$。用字母 H 代表每单位的年平均持有成本，则年持有成本如下。

$$年持有成本 = \frac{Q}{2}H$$

式中：

Q—— 单位订货批量；

H—— 单位持有成本。

因此，持有成本是一个关于 Q 的线性函数，持有成本的增量与订货批量的变化成正比，如图 2-12 所示。

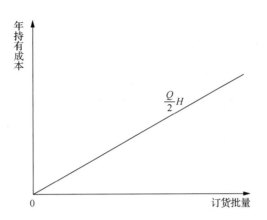

图 2-12 持有成本与订货批量的关系曲线

另一方面,一旦订货批量增大,年订购成本就会下降,因为对于给定的年总需求来说,订货批量越大,所需订货次数就越少。假如年总需求是 12000 单位,订货批量是每批 1000 单位,则 1 年必须订货 12 次。但如果 Q 为 2000 单位,就只需要订货 6 次;如果 Q 为 3000 单位,只需要订货 4 次。一般情况下,年订货次数 $N=D/Q$,其中 D 为总需求,Q 为订货批量。订购成本不像持有成本,对订货批量的反应比较迟钝;无论订货批量是多少,特定活动都得照样进行,如确定需求量、定期评价供应源、准备发货单等。即使检查货物以证实质量与数量特征,也不受订货批量多大影响,因为大量货物只抽样检验,并不全部检查。因此,订购成本是固定的,年订购成本是年订货次数与各批订购成本的函数。

$$年订购成本 = \frac{D}{Q}S$$

式中:
  D——需求,通常是年需求单位数;
  Q——单位订货批量;
  S——订购成本。

由于年订货次数 D/Q 随 Q 上升而下降,因此年订购成本与订货批量反向相关,且呈非线性关系,如图 2-13 所示。

年总成本由库存的持有成本(HC)与订购成本(PC)两部分组成,当每次订货 Q 单位,则

$$TC = HC + PC = \frac{Q}{2}H + \frac{D}{Q}S$$

注意,D 与 H 必须单位相同,如月、年等。如图 2-14 所示,总成本曲线呈 U 形(有一个最小值的凸曲线),并且在持有成本与订购成本相等的订货批量上达到最小值。

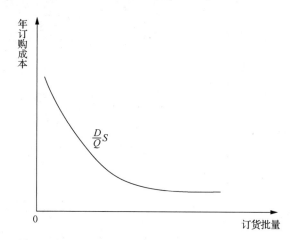

图 2-13　年订购成本与订货批量的关系曲线

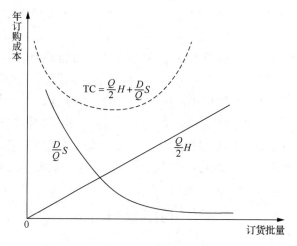

图 2-14　持有成本、订购成本与总成本的关系

运用微积分可以得到经济订货批量 Q^* 的公式。

$$Q^* = \sqrt{\frac{2DS}{H}} \text{ 或 } \sqrt{\frac{2DS}{FP}}$$

其中，P 代表单位购买价格，F 代表单位持有价格与单位购买价格的比率。因此，给定年总需求、每批订购成本和每单位年持有成本，就能算出经济订货批量。用 Q^* 代替计算年总成本公式中的 Q，这样可以计算出年最小总成本。即

$$TC^* = DP + \sqrt{2DSH}$$

订货循环的时间长度（订货时间间隔）T 为

$$T = \frac{Q^*}{D}$$

（3）对经济订货批量曲线图的分析。

① 该数学模型是理想状态，实际生产用料不可能绝对均匀，所需采购物资也不一定

按时且足量地到达,因此物资实际库存总会有过多或不足情况发生。

② 以上的模型只是考虑持有费用和订购费用,实际上还应考虑很多因素,如订购量大而价格有折扣的问题,供应来源有富余或紧张的情况,价格有起落的情况,物资运输是否适合车辆载荷量的问题,以及企业资金有宽裕和紧张的情况等。

(4)经济订货批量曲线图在实际工作中的灵活运用。

① 对价格低廉的物品可以采用比经济订货批量较大的数量去采购。例如,不要因为螺钉垫圈之类的物资短缺而使生产中断。

② 对贵重物品应采用比经济批量较小的数量去采购较合适,宁可多采购几次,也不要积压贵重物资。

③ 遇到一次购货量大而有折扣时,就需计算比较,选择有利方案。

④ 采购数量要尽量适合车辆载荷量等。

2. 有保险储备的经济订货批量模型

前述模型是在每天耗用量和采购期稳定的情况下讨论的,但事实上往往会遇到采购不能准时到货或因生产耗用量突增而发生缺货的情形。为了应对这两种原因而造成的缺货,就需有一定的保险储备量。但这种储备在正常情况下实为多余,这将积压资金,增加持有费用。因此保险储备量究竟需要多少,必须慎重考虑。既然保险储备是为了应对订购期间与耗用量的变化而建立的,而这两个变量是受外界因素决定的,因此就必须进行概率分析。保险储备量可用下列公式计算。

$$S' = \alpha\sqrt{T_L}\sigma_D + \alpha'\sqrt{\bar{D}}\sigma_T$$

式中:

S'——保险储备量;

σ_D——单位时间耗用量的标准差;

σ_T——采购期间的标准差;

α——为应对耗用量变化而设立的安全系数;

α'——为应对采购期间变化而设立的安全系数;

T_L——采购期间;

$\bar{D}$——单位时间平均耗用量。

上式右端第一项是为耗用量变化而设立的保险储备量,第二项是为采购期间变化而设立的保险储备量。为了计算方便,通常将第二项略去不计,于是公式可简化如下。

$$S' = \alpha\sqrt{T_L}\sigma_D$$

安全系数 α 是为了防备供应不继而确定的安全保障程度,其数值可按过去供应不继次数的统计资料进行分析,分析正态分布关系时,则可得安全系数(表2-28)。

根据表 2-28,我们就可以按照某种物资缺少后对生产影响的严重程度来选择 α 值。例如,某种物资是生产关键物资,不允许发生缺货现象,则 α 可取 4;对一般常备物资,α 可取 1.3~2.6。

表 2-28 安全系数 α 选定表

缺料概率（%）	25	20	10	5	4	3
α	0.67	0.84	1.28	1.65	1.75	1.88
缺料概率（%）	2	1	0.8	0.5	0.4	0.3
α	2.05	2.33	2.40	2.57	2.65	2.75
缺料概率（%）	0.2	0.1	0.01			
α	2.88	3.09	4			

单位时间耗用量的标准差 σ_D 是表示单位时间耗用的变化程度，变化越大，保险储备量应越大。这可根据历史上单位时间实耗量（X_i）与平均耗用量 $\bar{X}$ 求得。

$$\sigma_D = \sqrt{\frac{\sum_{i=1}^{n}(X_i - \bar{X})^2}{n-1}}$$

图 2-15 所示为有保险储备时储存量随时间变化的模型。有保险储备后，全年持有费用就要增加到 $\left(\dfrac{Q}{2} + S'\right)H$，因而全年总成本的计算公式如下。

$$TC = \left(\frac{Q}{2} + S'\right)H + \frac{D}{Q}S$$

因为 S' 是常量，所以经济订货批量的计算公式如下。

$$Q^* = \sqrt{\frac{2DS}{H}} \text{ 或 } \sqrt{\frac{2DS}{FP}}$$

其中，P 代表单位购买价格，F 代表单位持有价格与单位购买价格的比率。

考虑废弃的 EOQ 模型解析

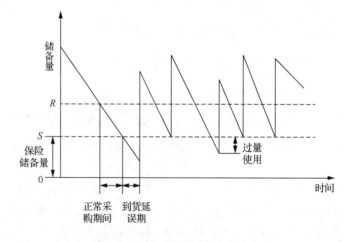

图 2-15 有保险储备的储存模型

3. 允许缺料的储存模型

物资储存过多要增加持有成本，过少则要发生缺料损失。如果因缺料而产生的缺料损失比增加储存的持有成本要小的话，就宁可降低储存量。这就需要研究允许缺料情况下的经济订货批量问题。图 2-16 所示为有缺料时库存随时间变化的模型。

考虑缺货的 EOQ 模型解析

全年总可变成本的计算公式如下：

$$TC = \text{全年持有成本} + \text{全年缺料损失} + \text{全年订购成本}$$
$$= \frac{R}{2}Ht_1 + \frac{Q-R}{2}kt_2 + \frac{D}{Q}S$$

式中：

R——补足缺料后所剩的材料数量；
k——每年每单位材料的缺料损失；
Q——订购批量；
S——每次订购费用；
D——全年所需用材料总数；
t_1——材料补足后到用完的时间（用每年的比率表示）；
t_2——材料用完到再补充的时间（用每年的比率表示）；
H——单位材料年持有成本。

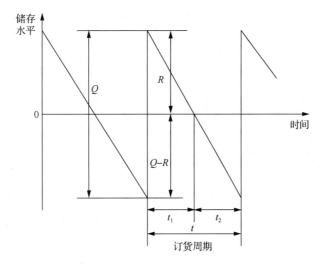

图 2-16 允许缺料的储存模型

利用微积分中求极小值的方式，可求得经济订货批量。

$$Q^* = \sqrt{\frac{2DS}{H}} \cdot \sqrt{\frac{H+k}{k}}$$

库存被逐渐补充时的EOQ模型解析

4. 库存被逐渐补充时的EOQ

在某些情况中，所订货物不是在某一特定时间一次到货，而是在一定时期中分批到货。此时，库存的补充是通过多次到货，而不是一次到货而逐渐实现的。例如，在杂货和服装零售行业中，库存是以连续补充库存方式保持的。供应商得到的合同是在某一时期中连续有效的（如一或两季）。在这一期间，它们从零售商的销售点系统或条码扫描器直接得到库存变化信息。当库存下降时，供应商按合约规定直接向销售点送货以保持其拥有最低库存量。类似的合约也应用于向医院和保健产业供应医疗用品，以及向生产企业供应原料及部件。

连续补充库存系统将供应商直接与买方的持续需求联系了起来，进而排除了中间库存。这加快了库存补充速度和周转，并减少了库存及相应成本。

库存一方面被逐渐地补充，另一方面又在逐渐地被提取，以满足企业生产需求。只要库存供应速度（如以每周供货单位度量）高于内部及外部用户的需求速度，库存的数量便会增加。然而，一旦供应停止，库存便会连续下降，直至新一批订货的到来。

$$EOQ = \sqrt{\frac{2CD}{PF\left(1-\dfrac{R_d}{R_s}\right)}}$$

式中：

R_d ——需求速度（如单位/周）；

EOQ ——经济订货批量；

R_s ——合约约定供货速度（如单位/周）；

其他变量与前面的公式相同。

这种补货方式一般适用于散装原材料或组装用零部件产品，相对应的供应方式是由初始供应商以密切配合的方式向最终组装厂商供货。适用的产业包括汽车制造业和消费品生产产业。

2.4.2 价格折扣对经济订货批量的影响

1. 有数量折扣的经济订货批量的确定

所谓价格折扣，就是供应商规定的价格随订货批量而变化的商业行为。在上述经济订购批量模型中，假设单位物品的价格固定，没有考虑数量折扣。事实上，订货量的规模往往与商品价格、运费等密切相关。销售批量的大小对销售者来说很重要。销售批量大，可以达到以下效果。

（1）减少销售时间，减轻销售劳动量。

（2）减少商品的保管费用。

（3）减少多次零售磅秤的误差积累。

（4）减少订货费用。

（5）简化了包装装卸和检验的劳动量。

（6）提高了物资周转率和经济效益。

所以大批量销售可以提高经济效益。为了谋求大批量销售的好处，销售者往往采用价格折扣的促销策略。销售批量对用户来说也很重要，选得合适可以节省费用，选得不合适可能增加费用。

为了鼓励大批量购买，供应商往往在订购数量超过一定量时提供优惠的价格。在这种情况下，买方应进行计算和比较，以确定是否需要增加订货量去获得折扣。其判断的准则是：若接受折扣所产生的年总成本小于经济订货批量所产生的年总成本，则应接受折扣；反之，应按不考虑数量折扣计算的经济订货批量购买。

价格折扣下的EOQ模型解析

【例2-13】某企业对某物资的年需求量 D=9000 件，已知该物资每次订购费用 S=30 元，单位材料年持有成本 H=4 元/（件·年）。某供应商给出的数量折扣条件是：若订购批量 Q 小于 600 件时，采购单价 P=80 元/件；若订购批量 Q 大于或等于 600 件时，可以享受折扣采购单价 P=60 元/件。

试计算确定合理的订购批量，使得包括采购成本、订购成本和库存持有成本三项在内的总成本最小。

根据供应商给出的条件，分析如下。

（1）按享受数量折扣的最小订购批量 Q=600 件时，计算总成本。

已知 D=9000 件，S=30 元/件，H=4 元/（件·年），P=60 元/件，Q=600 件，代入公式得到。

$$TC_1 = DP + \frac{DS}{Q} + \frac{QH}{2}$$
$$= 9000 \times 60 + \frac{9000 \times 30}{600} + \frac{600 \times 4}{2}$$
$$= 541650（元）$$

（2）计算经济订货批量理论值。

此时 D=9000 件，S=30 元，H=4 元/（件·年），按照四舍五入取整，则

$$EOQ = \sqrt{\frac{2SD}{H}} = \sqrt{\frac{2 \times 30 \times 9000}{4}} \approx 367（件）$$

比较发现经济订货批量理论值 367 件小于享受折扣价格的最小订购批量 600 件，因此计算总成本时只能按原来的采购单价 80 元/件。

（3）总成本比较。

根据（2）的计算结果可知，采用经济订货批量理论值 367 件时的采购单价应为 80 元/件，此时的总成本如下。

$$TC_2 = DP + \frac{DS}{Q} + \frac{QH}{2}$$
$$= 9000 \times 80 + \frac{9000 \times 30}{367} + \frac{367 \times 4}{2}$$
$$= 721470 (元)$$

由于（3）的计算结果大于（1）的计算结果，为达到总成本最小的目标，本题应采用享受数量折扣价格的订购批量600件，总成本为541650元，比采用经济订货批量理论值可节约费用721470-541650=179820（元）。

综上，当经济订货批量理论值小于享受数量折扣的最小订购批量时，应采用享受数量折扣的最小订购批量进行总成本计算；当经济订货批量理论值大于或等于享受数量折扣的最小订购批量时，则应采用经济订货批量理论值进行总成本计算。

2. 有运输折扣的经济订货批量的确定

当运输费用由卖方支付时，一般不考虑运输费用对年总成本的影响。但如果由买方支付，则会考虑对年总成本的影响。此时，年总成本需在公式的基础上再加上运输费用，即年总成本=年采购成本+库存保管费+订货费+运输费，用公式表示如下。

$$TC = DP + \frac{DS}{Q} + \frac{QH}{2} + Y$$

式中：

Y——运输费，单位为元。

简单的比较方法是将有无运输折扣的两种情况下的年总成本进行对比，选择年总成本较小的方案。

【例2-14】某企业对某物资的年需求量D=9000件，已知该物资的每次订购费用S=30元，单位材料年持有成本H=4元/（件·年），采购单价P=60元（本题无数量折扣，采购单价不随订购批量发生变化）。

某供应商给出的运输折扣条件是：若订购批量Q小于600件时，单位运输费用K为2元/件，若订购批量Q大于600件时，单位运输费用K为1.5元/件。

试计算确定合理的订购批量，使得包括订购成本、库存持有成本和运输成本三项在内的总成本最小。

计算过程如下。

（1）按享受运输折扣的最小订购批量Q=600时，计算总成本。

已知D=9000件，S=30元/件，H=4元/（件·年），Q=600件，K=1.5元/件，代入公式得到。

$$TC_1 = \frac{DS}{Q} + \frac{QH}{2} + DK$$
$$= \frac{9000 \times 30}{600} + \frac{600 \times 4}{2} + 9000 \times 1.5$$
$$= 15150 (元)$$

（2）计算经济订货批量理论值。

此时 $D=9000$ 件，$S=30$ 元，$H=4$ 元/（件·年），按照四舍五入取整，则

$$\text{EOQ} = \sqrt{\frac{2SD}{H}} = \sqrt{\frac{2\times 30\times 9000}{4}} \approx 367(件)$$

比较发现经济订货批量 367 件小于享受运输折扣的最小订购批量 600 件，因此，计算总成本时只能按原来的单位运输费用 2 元/件。

（3）总成本比较。

根据（2）的计算结果可知，采用经济订货批量 367 件时的单位运输费用应为 2 元/件，进行采购，此时的总成本如下。

$$\begin{aligned}\text{TC}_2 &= \frac{DS}{Q}+\frac{QH}{2}+DK\\ &=\frac{9000\times 30}{367}+\frac{367\times 4}{2}+9000\times 2\\ &=19470（元）\end{aligned}$$

由于（3）的计算结果大于（1）的计算结果，为达到总成本最小的目标，本题应采用享受运输折扣的订购批量 600 件，总成本为 15150 元，比采用经济订货批量理论值可节约费用 19470-15150=4320（元）。

综上，当经济订货批量理论值小于享受运输折扣的最小订购批量时，应采用享受运输折扣的最小订购批量进行总成本计算；当经济订货批量理论值大于或等于享受运输折扣的最小订购批量时，则应采用经济订货批量理论值进行总成本计算。

2.5 订货周期和最大库存量的确定

定期库存控制方法也称固定订货周期法，这种方法的特点是按照固定的时间周期来订购（一个月或一周等），而订购数量则是变化的。一般都是事先依据对商品需求量的预测，确定一个比较恰当的最大库存量，在每个周期将要结束时，对库存进行盘点，决定订购量，商品到达后的库存量刚好到达原定的最大库存量。

与定量库存控制方法相比，这种方法不必严格跟踪库存水平，减少了库存登记费用和盘点次数。价值较低的商品可以大批量购买，也不必关心日常的库存量，只要定期补充就可以了。食品店就经常使用这种方法，有些食品每天进货，有些每周进一次货，另一些可能每月才进一次货。

如果需求和订购提前期是确定的，并且可以提前知道，那么使用固定订货周期法时，每周期的订购量是一样的。如果需求和订购提前期都不确定，那么每周期的订购量就会有所不同。定期检查方法如图 2-17 所示。

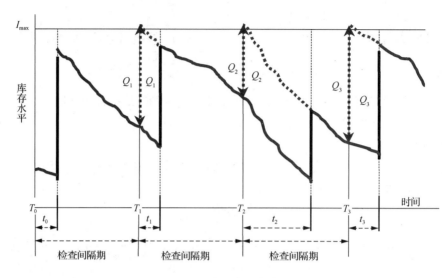

图 2-17　定期订货法库存模型

在此，各次订货（T_0、T_1、T_2 和 T_3）之间的间隔相同。在 T_1，检查库存水平并计算出足以将库存量增加至某预定最大库存量（I_{max}）的订货批量。但是，数量为 Q_1 的订货在交货期（t_1）结束之前不会到货。在此期间，库存在继续减少。同以前一样，需求和交货期一般都是不确定的。数量为 Q_1 的订货一旦到货，库存便被增加到低于 I_{max} 的某水平。之后，需求将继续减少库存，直至 T_2（第二次检查）。此时，再次进行数量为 Q_2 的订货。同 Q_1 一样，该订货批量为 T_2 时的当前库存水平与 I_{max} 之差。这一新的订货在第二个交货期（t_2）（比前一个更长一些）过去之后到货。在这一交货期，需求使库存下降得更多。因此，在 T_1 时刻订货的数量必须能够满足检查间隔期加上第二次订货的交货期的需求。

这种方法的关键在于确定订货周期和最大库存量。订货周期是指提出订购、发出订购通知，直至收到订购的时间间隔。最大库存量是满足订货周期和订货提前期的库存以及安全库存的要求。下面将就这两个问题进行讨论。

2.5.1　订货周期的确定

1. 订货周期的定义

订货周期（Order Cycle Time 或 Ordering Cycle）也称订货间隔期（Delivery Lead Time），是指两次订货的时间间隔或订货合同中规定的两次进货之间的时间间隔。订货间隔期的长短直接决定了最大库存量，库存水平的高低，因而也就决定了库存费用。订货周期偏长使得库存水平过高，订货周期过短会使订货批次增多，从而增加订货费用。

订货周期一般包括订单准备、订单传递、订单登录、按订单供货和订单处理状态跟踪 5 个部分。

（1）订单准备。

订单准备是指顾客寻找所需产品或服务的相关信息并做出具体的订购决定。

（2）订单传递。

订单传递就是把订货信息从顾客传递到产品的供应商处，有手工传输、电话或传真传输、网络传输 3 种方式。

（3）订单登录。

订单登录是指将顾客订货信息转变为公司订单的过程，包括：①检查订货信息的准确性，如订货编号、数量、品种、价格等；②检查库存状况，是否有货，是否能够满足顾客订货条件等；③检查延期订货或取消订单，如果不能满足顾客的订货条件，则需要同顾客商议，是改变订货条件，还是延期订货，或者取消订单；④检查顾客信用等级；⑤规范顾客订单，把顾客的订货信息按照公司所要求的格式规范化；⑥开单，准备发货单据等。

（4）按订单供货。

按订单供货包括货物的拣选、包装、运输安排、准备运单、发货、运输。

（5）订单处理状态跟踪。

为了向顾客提供良好服务，满足顾客希望了解订货处理信息的要求，需要对订货处理进行状态跟踪，并与顾客交流订货处理状态信息。

2．经验公式法确定订货周期

定期库存控制模型按一定的周期 T 检查库存，并随时进行库存补充，补充到一定的规定库存量 S。这种库存方法不存在固定的再订货点，但有固定的订货期。每次订货也没有一个固定的订货数量，而是根据当前库存量 I 与规定库存量 S 比较，补充的量为 $Q=S-I$。但由于订货存在提前期，所以还必须加上订货提前期的消耗量。这种库存控制方法也要设立安全库存量。这种模型主要是确定订货周期和最大订货量，如图 2-18 所示。

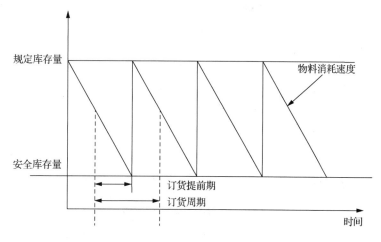

图 2-18　定期库存控制模型

订货周期按经济订货周期的模型确定,计算方法如下。

$$T = \sqrt{\frac{2C}{DFP}} = \sqrt{\frac{2C}{DH}}$$

式中:

　　C——单位订货费用(元/次);

　　D——库存物料的年需求率(件/年);

　　P——物料价格(元/件);

　　H——单位库存保管费[元/(件·年)];

　　F——单件库存保管费与单件库存购买费之比,即$F=H/P$。

2.5.2 最大库存量的确定

最大库存量是企业愿意采用的库存点的最大值。用变量S表示库存水平。假如$S=2$,那库存点可以最多为2,但不能更多,所以有学者将最大库存量比喻为汽车油箱表上让你意识到要去加油站加油的那个点。用权衡思维思考,决定最大库存量主要考虑两个目标:在达到存货满足率的同时使库存最小;在达到目标订单完成率的同时使库存最小。

1. 经验公式法确定最大库存量

定期检查系统所需要考虑的第二个关键问题是计算最大库存量(I_{max})。这一水平决定了安全库存量,并且是自动确定每次订货批量的基础。

最大库存量应该满足三个方面的要求:订货周期的要求、交货期或订货提前期的要求和安全库存的要求。其计算公式如下。

$$I_{max} = R_d(T+L) + S$$

式中:

　　L——平均订购时间;

　　R_d——需求速度;

　　T——订购间隔时间;

　　S——安全库存量。

采用这种库存管理的方法进行订购时,每次的订货量Q的计算公式如下。

$$Q = R_d(T+L) + S - Q_0 - Q_1 + Q_2$$

式中：

Q_0——现有库存量；

Q_1——在途库存量；

Q_2——已经售出尚未提货的库存量。

其他变量与前面的公式相同。

2. 统计方法确定最大库存量

如果已经统计了订货周期和使用速度变化规律，根据联合概率的方法可以确定最大库存量。下面以一个具体的实例来描述。某公司为其计算机的生产进口电子芯片，公司计算得出的经济订货批量为 900 个。根据公司的经验表明订货周期的概率分布如表 2-29 所示。

统计方法确定最大库存量的补充案例

表 2-29 订货周期的概率分布

订货周期	概率
8	10%
9	20%
10	40%
11	20%
12	10%

公司每周电子芯片需求量在 100 至 150 之间变化，其概率分布如表 2-30 所示。

表 2-30 使用速度（每周使用数量）的概率分布

每周使用数量	概率
100	10%
110	15%
120	25%
130	25%
140	15%
150	10%

上述表格中订货周期和使用速度决定了最大库存量，因此需要将两种概率结合起来，具体如表 2-31 所示。

表 2-31 订货周期与使用速度结合

使用速度概率		订货周期概率				
		8 周	9 周	10 周	11 周	12 周
		0.10	0.20	0.40	0.20	0.10
100	0.10	800(0.01)	900(0.02)	1000(0.04)	1100(0.02)	1200(0.01)
110	0.15	880(0.015)	990(0.03)	1100(0.06)	1210(0.03)	1320(0.015)
120	0.25	960(0.025)	1080(0.05)	1200(0.1)	1320(0.05)	1440(0.025)
130	0.25	1040(0.025)	1170(0.05)	1300(0.1)	1430(0.05)	1560(0.025)
140	0.15	1120(0.015)	1260(0.03)	1400(0.06)	1540(0.03)	1680(0.015)
150	0.10	1200(0.01)	1350(0.02)	1500(0.04)	1650(0.02)	1800(0.01)

通过将表 2-31 中各种使用速度概率的相加，该公司可以知道订货周期中各种使用量的组合概率（表 2-32）。

表 2-32 订货周期中各种使用量的组合概率

使用量	800~942	943~1085	1086~1228	1229~1371	1372~1514	1515~1657	1658~1800
概率（%）	0.045	0.17	0.295	0.215	0.175	0.075	0.025

最后，通过将这些概率值进行累计，该公司可以确定在订货周期期间，使用速度超过特定量值的概率。其结果如表 2-33 所示。

表 2-33 订货周期内使用速度累计概率

需求量	799	942	1085	1228	1371	1514	1657	1800
需求量大于该值的概率（%）	1.00	0.955	0.785	0.49	0.275	0.1	0.025	0

订货周期内使用速度累计概率分布如图 2-19 所示。

图 2-19 彩图

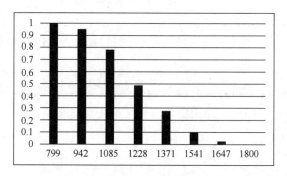

图 2-19 订货周期内使用速度累计概率分布

由表 2-32 可知，如果该公司想要把缺货率控制在 10% 以内，则每次订货后的最大库存量需要控制在 1514 以上。

2.6 降低库存量水平的途径

典型案例2-1

数智化供应链转型实现企业库存成本降低

2023 年 2 月京东物流集团（以下简称京东物流）与康师傅控股有限公司（以下简称康师傅）签署"数智供应链转型"战略合作协议，京东物流将综合运用计划咨询、仓网规划与智能技术等优势与康师傅共同推动产业升级。

通过提供涵盖工厂产能规划、工厂和物流仓库品项布局优化、需求计划优化、多级库存优化、补货计划优化，以及相关经营分析体系等多个方面的供应链一体化计划咨询服务，可以全面提高康师傅供应链的产能利用率，提升上下游和组织间协同效能，并加强数据分析和技术赋能辅助供应链决策，提升组织精益管理及应对风险的能力。

预计通过对产能和储运网络进行综合规划，端到端供应链的成本会显著下降，可以为康师傅饮品事业部降低数千万元的物流运输成本费用。运营层面通过对库存优化验证，在保持库存水平不变的情况下，按照理论测算可优化库存成本 20%。

正如党的二十大报告中所强调的，我们要加快实施创新驱动发展战略。坚持科技是第一生产力、创新是第一动力，在企业的数智化供应链转型中，践行创新驱动发展战略，需要同学们在库存运作管理的理论与算法上加强学习，勇于探索和创新，以科技赋能，实现库存管理的降本增效。

2.6.1 企业自身降低库存量水平的途径

1. 转变企业经营机制，建立现代企业制度

计划经济时期，我国企业库存水平过高的根本原因在于传统的企业制度，企业处于国家行政机构附属物的地位，没有竞争的压力和动力，没有市场采购和存货控制的自主权，没有库存资金的硬约束和超储积压的危机感，加上供不应求的市场环境和高计划指标的要求，使企业普遍存在"手中有物，心里不慌"的思想。当今社会要建立现代企业制度，转换企业的经营机制，使企业成为自主经营、自我发展、自我约束和自负盈亏的法人实体和市场竞争主体，这就为企业降低库存量水平、建立合理的存货控制制度提供了体制保证。

2. 提高企业的计划工作水平

计划是降低库存量水平的基础条件。详细、准确地占有资料，认真分析各项影响因素，研究商品流通的规律，能明显提高库存量标准确定的正确性和合理性，需求量计算准确还有利于减少计划外的各种临时需要，从而降低保险储备量。

3. 合理选择供应方式

企业少量零星的需要也由生产厂家直达集中供应，是造成库存量水平过高的一个重要原因。对这部分商品需要，宜采用间接的供应方式，从分销渠道中就地就近小批量进货，以减少经常储备天数和保险储备天数。

4. 正确确定进货次数和批量

当计划期需求量一定时，进货次数越多，批量越小，库存量越少。因此，要在订购储存总费用支出合理的前提下，适当增加进货次数，减小批量。

5. 加强库存控制

不同类型库存控制需要采用不同的方法，同时这些方法在企业的经营过程不是一成不变的，需要不断改进相应库存控制和管理方法，使库存规模更进一步趋于适当化。表 2-34 列出了不同库存类型降低库存水平的策略和措施。

表 2-34 降低库存水平的策略和措施

库存类型	采取策略	具体措施
安全库存	预测与控制库存产生的原因	改善需求预测工作； 准确分析需求量与需求时间； 加强过程控制； 增加设备与人员的柔性； 采取供应链管理模式
周转库存	在需要的时候供应与生产	与供应商和客户建立合作伙伴关系，采取供应链管理模式； 降低订购费用； 生产采取准时制方式
在途库存	缩短运输时间	加强运输过程控制； 加大运输能力
相关需求库存	用物资需求计划理论解决相关需求库存问题	使用物资需求计划提高物料清单的准确率； 提高库存记录的准确率

计算机和信息技术的广泛应用，正在引起库存控制的革命性变化，超储积压和商品短缺等问题能更快地被发现和解决，极大地降低库存水平。采购人员、库存控制管理人员和仓库保管人员的紧密配合，对实现有效的库存控制也是十分重要的条件。

6. 推行企业内部经济责任制

实行储备资金分口管理，通过加强储备资金的控制，促进库存量水平的降低。此外，还要严格执行物资采购、储存、发放等方面的有关制度和规定。

7. 密切供需关系

与供货单位保持密切联系，及时地向供货单位反映商品需求情况和要求，了解供货单位的生产和供货情况。稳定而良好的供应渠道，对于降低库存水平是十分重要的。

2.6.2 培育有利于企业降低库存水平的外部环境

企业库存水平的高低，不仅有企业内部的影响因素，也受着企业外部诸多因素的影响，因此，降低库存量水平，应是企业和社会的共同责任。

1. 加强宏观计划管理和综合平衡

提高国民经济中长期计划的质量，实现社会总需求和总供应在数量和结构上的相对平衡。

2. 改革商品流通体制

维护企业在市场采购销售活动中的主体地位，促进多渠道、少环节、开放性的生产资料市场的形成，使企业增加了资源渠道，供应保证程度得到提高，从而降低了库存水平。

3. 按需组织生产

生产部门和企业确立现代营销观念，按订单生产，使生产的商品品种规格、质量能适销对路，从而降低库存水平、避免积压。

4. 推广先进的交易方式，协调购销中的经济关系

在这方面，特别是要构筑新型的工商关系、建立相对长期稳定的供需关系，这样能够减少流通环节、增强资源供应的稳定性、缩短供货周期，从而减少企业库存水平。

5. 推进商品流通社会化和现代化

开展流通加工、共同配送等活动，改善储备分布，并应用现代科学技术和信息技术，改变企业库存结构和存货控制方法，降低库存水平。

6. 加强调度调剂

由于在企业之间存在库存资源的不平衡问题，有关管理机构应积极采取措施，组织调度和余缺调剂、串换调剂，使企业的超储积压商品能及时得到处理，降低库存水平。

7. 运用经济手段进行调控

要运用价格、税收、信贷等经济手段进行调控。例如，企业资金实行有偿占用，对超储部分提高利率，对超产和进口的长线商品课以重税，等等。运用法律手段主要是规范市场行为，使生产资料市场有序运行，提高经济合同的严肃性。这些宏观调控措施，都有助于企业降低商品库存水平。

8. 合理组织运输

从宏观角度，合理布局生产力，改善交通运输条件，合理组织运输，同降低企业库存水平也都有直接关系。

2.7 案例分析

▶ 典型案例2-2 ◀

J公司寻找有效的库存运作管理策略

J公司是一家生产工业继电器等产品的韩国制造商。美国J子公司是J公司的一个子公司，专门为美国国内提供配送和服务功能。J公司在芝加哥设有一个中心仓库，为两类顾客提供服务，即分销商和原始设备制造商。分销商一般持有J公司产品的库存，根据顾客需要供应产品。原始设备制造商使用J公司的产品来生产各种类型的产品，如自动化车库的开门装置。

J公司大约生产2500种不同的产品，所有这些产品都是在韩国制造的，产成品储存在韩国的一个中心仓库，然后从这里运往不同的国家。在美国销售的产品通过海运运到芝加哥仓库。

近年来，美国J子公司已经感到竞争大大加剧了，并感受到来自顾客要求提高库存服务水平和降低成本的巨大压力。不幸的是，正如库存经理艾尔所说："目前的库存服务水平处于历史最低水平，只有大约70%的订单能够准时交货。另外，很多没有需求的产品占用了大量库存。"

在最近一次与美国 J 子公司总裁和总经理及韩国总部代表的会议中，艾尔指出了服务水平低下的几个原因。

（1）预测顾客需求存在很大的困难。

（2）供应链存在很长的提前期。美国仓库发出的订单一般要 6~7 周后才能交货。存在这么长的提前期主要有两个原因：一是韩国的中心仓库需要 1 周来处理订单；二是海上运输时间比较长。

（3）公司有大量的库存。如前所述，美国 J 子公司要向顾客配送 2500 种不同的产品。

（4）总部给予美国 J 子公司较低的优先权。美国的订单提前期一般要比其他地方的订单早 1 周左右。

为了说明预测顾客需求的难度，艾尔向大家提供了某种产品的月需求量信息。但是，总经理很不同意艾尔的观点。他指出，可以通过空运的方式来缩短提前期。这样，运输成本肯定会提高，但是，怎么样进行成本节约呢？

最终，公司决定建立一个特别小组解决这个问题。

问题：

1. J 公司如何针对这种变动较大的顾客需求进行预测？
2. J 公司应如何平衡库存服务水平和库存量之间的关系？
3. 对 J 公司来讲，什么是有效的库存运作管理策略？

案例来源 http://www.cloud56.net/News/Detail/7934/.[2021-11-03].

练习题

1. 什么是个别计价法？在使用个别计价法时应该注意哪些方面？
2. 个别计价法的使用范围和优点有哪些？
3. 某生产企业本月生产某种产品，共领用 A 零件 100 个，其中有 40 个属于上月入库的零件，其单位价格为 50 元，其余的 60 件是本月购进，其单位价格为 60 元。请用个别计价法计算本月所领用的 100 件零件的实际成本。
4. 某流通企业 X 商品的期初库存和本期购销情况如表 2-35 所示。

表 2-35 流通企业 X 商品的期初库存和本期购销情况

6 月 1 日	期初库存	100 件	单价 50 元
6 月 8 日	销售	70 件	
6 月 15 日	购进	200 件	单价 55 元
6 月 20 日	销售	150 件	
6 月 24 日	销售	50 件	
6 月 28 日	购进	200 件	单价 60 元
6 月 30 日	销售	20 件	

根据以上数据，采用先进先出法计算 6 月份的期末库存量和库存总价值。

5. 某公司 B 产品的出库与入库情况如表 2-36 所示，假设 1 月末的库存量为零，请分别利用先进先出法、后进先出法、平均成本法、移动加权平均法计算 6 月 1 日发出货物的价值。

表 2-36　某公司 B 产品的出库与入库情况

日期	单位进货价格/元	进货数量/件	发货数量/件	库存数量/件
2月1日	80	50		50
3月1日	70	50	70	30
4月1日			20	10
5月1日	90	50		60
6月1日			40	20

6. 本章主要介绍了哪些库存记录的方法，在实施过程中应该注意哪些事项？
7. 循环盘点又有哪些具体的方法？它的优点有哪些？
8. 什么是库存记录？它的主要内容有哪些？
9. 安全库存什么情况下不起作用？
10. 设定多大库存服务水平的依据是什么？
11. 可以通过哪些策略提升客户的库存服务水平？
12. 对于某个商业组织来说，客户服务水平的高低十分重要。而较高的客户服务水平往往要求较高的存货水平来保障。那么，为什么我们在十分重视客户服务水平的同时，要集中力量实现存货成本的最小化呢？
13. 经济订货批量模型的假设条件是什么？这些条件在实际环境中的可行性如何？
14. 某制造企业在 6 月份收到 3 份订单，各订单具体的商品品类、订货量以及当时仓库的库存量如表 2-37 所示。请计算该仓库各商品的库存服务水平。

表 2-37　某仓库订单情况一览表

收到订单日期	商品编号	订货量/件	库存量/件
6月1日	001	200	200
	002	300	200
	003	200	200
6月8日	001	200	1500
	002	300	300
	003	400	300
6月15日	001	100	100

15. 某家用电器专卖店的 A 型号电冰箱全年销售总量为 12150 台，订购成本为 5000 元，每台电冰箱的储存费用为 6 元/年。求该型号电冰箱的经济订货批量、年进货次数、进货周期和库存总费用。

16. 针对某种产品的需求为每周 40 个产品单位，并且通过计算得出的安全库存为 100 个产品单位。如果订货至交货的周期保持为 4 周的话，再订货点应该设定为多少？如果订货至交货的周期：（1）降到 2 周；（2）上升到 6 周，将会出现什么样的情况？

17. 某贸易公司每年以每个单位 20 元的价格采购 8000 个单位的某种产品。在整个过程中，处理订单和组织送货要产生 100 元的费用，每个单位的产品所产生的利息费用和存储成本加起来需要 8 元。请问针对这种产品的最佳订货策略是什么？

18. 某企业需采购单价为 100 元的商品，年需求量为 6000 件。年库存持有成本率为 10%，每次的订购成本为 500 元。

（1）经济订货批量是多少？总成本是多少？

（2）当订货批量超过 1000 件时，每件采购价格可享受 10 元的折扣。那么经济订货批量是多少？此时的总成本又是多少？

第3章 库存战略管理

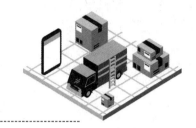

📦【本章学习目的与要求】

1. 了解供应链环境下的库存管理所面临的挑战。
2. 掌握供应链管理环境下的库存管理模式。
3. 掌握联合库存管理的实施策略。
4. 了解供应商管理库存的优缺点。
5. 掌握协同式供应链库存管理的指导性原则和实施策略。
6. 了解四种制造企业的组织生产类型。
7. 掌握用于缩短提前期及降低提前期不确定性的技术。
8. 了解精益生产的实施过程。
9. 掌握准时制生产对生产制造的影响。

第3章
库存战略管理

📁 【思维导图】

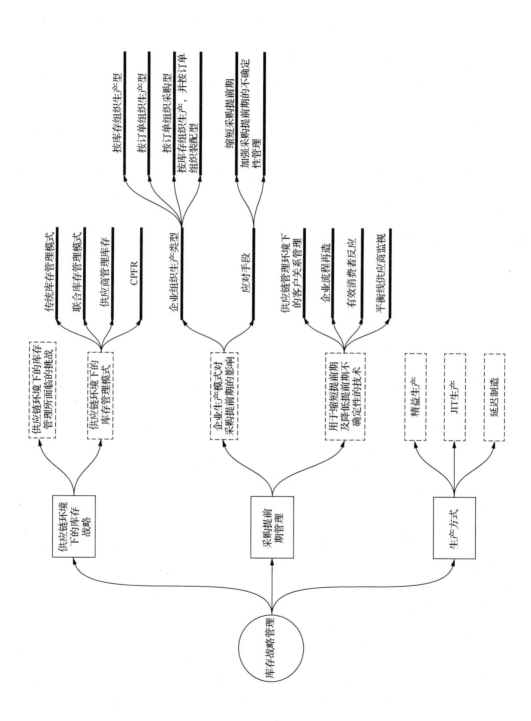

【导入案例】

丰田公司是全球工业界最早提出零库存管理的，从目前来看，也是零库存管理做得很好的企业之一。丰田公司的零库存管理可以做到一半以上的主要原材料和半成品根本不需要进仓库，在生产线需要时提前10分钟到现场，其他时间"库存在路上"。

丰田所开创的物流管理方式——世界闻名的"Just In Time"理论（准时制生产，即在需要时间内提供需要数量的所需物品）是在科学零件管理领域的具体体现。在世界范围内得到了广泛的推广。本章带大家了解供应链环境下的库存战略管理方法以及生产方式。

资料来源：http://wenku.baidu.com/view/ec499265ddccda38376baf75.html.[2021-10-26].

3.1 供应链环境下的库存战略

3.1.1 供应链环境下的库存管理所面临的挑战

1. 供应链库存管理的协调

供应链管理的目标是通过贸易伙伴间的密切合作，以最小的成本提供最大的客户价值（包括产品和服务）。这就要求供应链上各环节企业的活动应该是同步进行的。然而，供应链各成员企业以及企业内部各个部门都是各自独立的单元，都有自己的库存管理目标和相应的库存管理策略。有些目标与供应链的整体目标是不相干的，更有可能是冲突的，以致单独一个企业或部门的杰出库存绩效可能对整个供应链库存绩效产生负面影响。例如，一个制造商可能把它的原材料库存（或完工产品库存）转嫁给供应商（采购商）以最小化其库存成本，进而增加供应链总库存成本。因而，如何对供应链各成员企业库存管理目标进行必要的整合，以满足供应链运作的同步性要求是供应链库存管理必须解决的问题。

2. 供应链库存管理信息的共享

供应链各成员企业之间的需求预测、库存状态、生产计划等都是供应链库存管理的重要数据，这些数据分布在不同的供应链组织之间，要做到有效地快速响应用户需求，必须准确而实时地传递，为此需要对供应链的信息系统模型做相应的改变，对供应链各成员企业的管理信息系统进行集成。然而，目前许多企业的信息系统相容性很差，无法很好地集成起来，当供应商需要了解用户的需求信息时，常常得到的是延迟的信息和不准确的信息。由于延迟引起误差和影响库存量的精确度，短期生产计划的实施也会遇到困难。因此，如何有效传递供应链库存管理信息是提高供应链库存管理绩效亟待解决的问题。

3. 供应链库存管理信息传递过程中的扭曲

在供应链管理中,"牛鞭效应"对于供应链系统的运营影响很大,其基本含义是:当供应链的各节点企业只根据来自其相邻下级企业的需求信息进行生产或供应决策时,如果最初需求信息不准确或不真实,它们沿着供应链逆流而上,产生逐级放大现象。当这些信息传递到最源头的供应商时,其获得的需求信息和实际消费市场中的顾客需求信息发生了很大的偏差,需求变异系数比批发商和零售商的需求变异系数大得多。由于这种需求放大效应的影响,上游供应商往往要比下游供应商维持更高的库存水平。如何消除或减轻这种效应是供应链库存管理所面临的一大挑战。

4. 供应链库存管理的绩效评价

绩效评价一直被看作企业计划与控制的有机组成部分。尽管近年来对供应链管理绩效评价的研究有了一定进展,但仍存在很多问题,而对供应链库存管理绩效评价更显不足。有些企业采用库存周转率作为供应链库存管理的绩效评价指标,而没有考虑对用户的反应时间与服务水平,常常忽视一些其他服务指标,如总订货周转时间、平均回头订货、平均延迟时间、提前延迟交货时间等;有的企业采用订货满足率评价指标,但它不能评价订货的延迟水平,如两家同样只有 90% 的订货满足率的供应链,在如何迅速补给余下的 10% 订货要求方面差别是很大的。此外,由于供应链各成员企业以及企业内部各部门都有各自不同的目标,不仅库存管理绩效评价尺度不同,而且使用的指标缺乏整体考虑。因此,如何构建科学的供应链库存管理绩效评价指标体系并得以贯彻实施是对供应链库存管理的又一挑战。

5. 供应链库存管理中的不确定性

供应链库存的形成原因可分为两类:一类是出于生产运作的需要,而另一类则是由供应链上的不确定因素造成的。物流的活动是在信息的引导下进行的,企业内部这种信息流所体现的是企业的计划,而在企业之间则体现的是相互间的合同和约定。不确定因素的作用使物流的运动偏离了信息流的引导,此时库存就产生了。显然,企业的计划无法顾及那些无法预知的因素,如市场变化而引起的需求波动,供应商的意外变故导致的缺货,以及企业内突发事件引起的生产中断等,这些不确定因素才是形成库存的主要原因。因而,如何研究和追踪这种不确定性的变化是对供应链库存管理的又一挑战。

6. 供应链库存管理技术方法的改进

供应链是由一个或更多的链接组成的,产品只是经原材料源到顾客制成品各个链接的单向流动。产品流动受控于顾客、配送商、制造商、供应商等之间供需交易信息的双向流动。因此,供应链实际由两种基本功能流组成:交易信息流和材料产品流。传统的供应链解决方案,如物料需求计划(Material Requirement Planning,MRP)、企业资源计划（Enterprise Resource Planning，ERP）以及库存控制，明显注重实施更快速而有效的系统以减少任意供应链库存链接间信息交换时间和成本，而没有从整个供应链链接角度出发对每个库存项目的材料、成本和工作量的总投资进行优化。因此，需要利用科学的管理技术方法对供需进行"平衡"，使库存链接中的每个项目都能以最小的每年总成本、最小的库存水平和最小的工作量满足顾客服务水平目标。

3.1.2 供应链环境下的库存管理模式

1. 传统库存管理模式

库存控制一直是库存管理要解决的问题。过去的库存控制主要是从单个企业的角度来考虑的，如经济订货批量模型。随着企业外部环境对企业影响越来越大，库存问题的解决必须从供应链的角度来解决。

传统的企业库存管理侧重优化单一的库存成本，从存储成本和订购成本出发确定经济订货批量和再订货点。从单一的库存角度看，这种库存管理方法有一定的适用性，但是从供应链整体的角度看，单一企业库存管理的方法显然是不够的。

供应链库存管理旨在实现物流、信息流、资金流、工作流和组织流的集成，它改变了企业间的合作模式，与传统的企业合作关系模式有着很大的区别，如表3-1所示。

表3-1 供应链库存管理与传统库存管理的比较

比较项目	传统库存管理模式	供应链库存管理模式
稳定性	变化频繁	长期、稳定、互相信任
信息共享程度	信息专有	信息共享
质量控制	输入检查控制	质量保证
供应商选择标准	强调价格	多标准评估（质量、准时性、可靠性、服务等）
选择范围	投标评估	广泛评估可增值的供应商
相互交换的主体	物料	物料和服务
合同性质	单一性	长期的开放合同
供应商的数量	多	少（少而精，长期合作）
供应商规模	小	大
供应商定位	区域性	无界限（全球范围）

2. 联合库存管理模式

联合库存管理（Jointly Managed Inventory，JMI），是一种在供应商管理库存（Vendor Managed Inventory，VMI）的基础上发展起来的上游企业和下游企业权利/责任平衡和风险共担的库存管理模式。联合库存管理强调供应链中各个节点同时参与，共同制订库存计划，使供应链过程中的每个库存管理者都从相互之间的协调性考虑，保持供应链各个节点之间的库存管理者对需求的预期保持一致，从而消除了需求变异放大现象。

比较传统的库存管理方式，联合库存管理策略打破了各自为政的库存管理模式，有效地控制了供应链的库存风险，是一种新的有代表性的库存管理思想。

在基于协调中心的联合库存管理方式下，供应链活动的流程如图3-1所示。

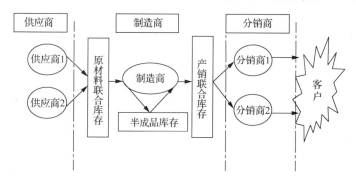

图 3-1 JMI 流程图

（1）联合库存管理模式实施策略。

① 建立供需协调管理机制。

为了发挥联合库存管理的作用，供需双方应有合作的精神，建立供需协调管理机制，明确各自的目标和责任，建立合作沟通的渠道，为供应链的联合库存管理提供有效的机制。没有一个协调的管理机制，就不可能进行有效的联合库存管理。建立供需协调管理机制，要从以下几个方面着手。

第一，建立共同合作目标。要建立联合库存管理模式，首先供需双方必须本着互惠互利的原则，建立共同的合作目标。为此，要理解供需双方在市场目标中的共同之处和冲突点，通过协商形成共同的目标，如用户满意度、利润的共同增长和风险的减少等。

第二，建立联合库存的协调控制方法。联合库存管理中心担负着协调供需双方利益的角色，起协调控制器的作用。因此需要对库存优化的方法进行明确确定。这些内容包括库存如何在多个需求商之间调节与分配，库存的最大量、最低库存水平、安全库存的确定，需求的预测等。

第三，建立一种信息沟通的渠道或系统信息共享渠道。为了提高整个供应链的需求信息的一致性和稳定性，减少由于多重预测导致的需求信息扭曲，应增加供应链各方对需求信息获得的及时性和透明性。为此应建立种信息沟通的渠道或系统，以保证需求信息在供应链中的畅通和准确性。要将条码技术、扫描技术、销售点终端（Point Of Sale，POS）系统和电子数据交换（Electronic Data Interchange，EDI）集成起来，并且要充分利用互联网的优势，在供需双方之间建立一个畅通的信息沟通桥梁和联系纽带。

第四，建立公平的利益分配制度。激励机制要有效运行，基于协调中心的库存管理，必须建立一种公平的利益分配制度，并对参与协调库存管理中心的各个企业（供应商、制造商、分销商或批发商）进行有效的激励，防止机会主义行为，增加协作性和协调性。

② 发挥两种资源计划系统的作用。

为了发挥联合库存管理的作用，在供应链库存管理中应充分利用目前比较成熟的两种资源管理系统：制造资源计划（Manufacturing Resource Planning，MRPII）和物资资源配送计划（Distribute Resource Planning，DRP）。原材料库存协调管理中心应采用 MRPII，而在产品联合库存协调管理中心则应采用 DRP。这样在供应链系统中把两种资源计划系统很好地结合起来。

③ 建立快速响应系统。

快速响应系统是在 20 世纪 80 年代末由美国服装行业发展起来的一种供应链管理策略，目的是减少供应链中从原材料到用户过程的时间和库存，最大限度地提高供应链的运作效率。

快速响应系统在美国等西方国家的供应链管理中被认为是一种有效的管理策略，其经历了三个发展阶段。第一阶段为商品条码化，通过对商品的标准化识别处理，加快订单的传输速度；第二阶段是内部业务处理的自动化，采用自动补库与 EDI 系统提高业务自动化水平；第三阶段是采用更有效的企业间的合作，消除供应链组织之间的障碍，提高供应链的整体效率，如通过供需双方合作，确定库存水平和销售策略等。

目前，在欧美等西方国家，快速响应（Quick Response，QR）系统应用已到达第三阶段，通过联合计划、预测与补货等策略进行有效的用户需求反应。美国的 Kurt Salmon 咨询公司调查分析认为，实施快速响应系统后供应链效率大有提高：缺货大大减少，通过供应商与零售商的联合协作保证 24 小时供货；库存周转速度提高 1~2 倍；通过敏捷制造技术，企业的产品中有 20%~30% 是根据用户的需求而制造的。快速响应系统需要供需双方的密切合作，因此协调库存管理中心的建立为快速响应系统发挥更大的作用创造了有利的条件。

④ 发挥第三方物流系统的作用。

第三方物流（Third-Party-Logistics，TPL）系统是供应链集成的一种技术手段。TPL 也称物流服务提供者（Logistics Service Provider，LSP），它为用户提供各种服务，如产品运输、订单选择、库存管理等。第三方物流系统的产生是由一些大的公共仓储公司通过提供更多的附加服务演变而来，另外一种产生形式是由一些制造企业的运输和分销部门演变而来。

（2）联合库存管理模式的优缺点。

联合库存管理模式具有以下优点。

第一，由于联合库存管理将传统的多级别、多库存点的库存管理模式转化成对核心制造企业的库存管理，核心企业通过对各种原材料和产成品实施有效控制，就能达到对整个供应链库存的优化管理，简化了供应链库存管理运作程序。

第二，联合库存管理在减少物流环节降低物流成本的同时，提高了供应链的整体工作效率。联合库存可使供应链库存层次简化和运输路线得到优化。在传统的库存管理模式下，供应链上各企业都设立了自己的库存，随着核心企业的分厂数目的增加，库存物资的运输路线将呈几何级数增加，而且重复交错，这显然会使物资的运输距离和在途车辆数目的增加，其运输成本也会大大增加。

第三，联合库存管理系统把供应链系统管理进一步集成为上游和下游两个协调管理中心，从而部分消除了由于供应链环节之间不确定性和需求信息扭曲现象导致的库存波动。通过协调管理中心，供需双方共享需求信息，因而提高了供应链的稳定性。

从供应链整体来看，联合库存管理减少了库存点和相应的库存设立费及仓储作业费，从而降低了供应链系统总的库存费用。

供应商的库存直接存放在核心企业的仓库中，不但保障核心企业原材料、零部件供应、取用方便，而且核心企业可以统一调度、统一管理、统一进行库存控制，为核心企业快速高效地生产运作提供了强有力的保障条件。

第四，这种库存控制模式也为其他科学的供应链物流管理如连续补充货物、快速反应、准时化供货等创造了条件。

联合库存管理模式的缺点：联合库存管理的建立和协调成本较高，在实现过程中双方很难建立一个协调中心，即使建立了也很难运作。

3. 供应商管理库存

VMI 就是供应链管理理念要求的产物。它要求供应商对下游企业库存策略、订货策略以及配送策略进行计划和管理。供应商管理库存系统，有时也称供应商补充库存系统，是一种战略贸易伙伴之间的合作性策略。通过供应链成员之间的合作和协调，以系统、集成的管理思想对供应链的库存进行管理，使供应链系统能够同步优化运行。在这种库存控制策略下，允许供应方对需求方的库存策略、订货策略进行计划和管理，在已经达成一致的目标框架下由供应方来管理库存和决定每种产品的库存水平。随着竞争环境的变化，目标框架也会经常性地被修改和调整，通过持续改进来适应不断变化的竞争环境。VMI 策略的思想主要体现在合作性原则、互惠原则、目标一致性原则、连续改进原则。VMI 流程图如图 3-2 所示。

精心设计与开发的 VMI 系统，不仅可以降低供应链的库存水平，而且用户可获得高水平的服务，改进资金流，与供应商共享需求变化的透明性，从而获得更好的用户信任。但 VMI 最直接的效益是整合制造和配送流程，将预测与补货加入商品供应策略后，交易伙伴可以共同决定适时、适量地将商品送达客户手中。例如，可以由制造工厂直接配送至客户的配送中心，或由工厂直接配送到零售点，或经由工厂配送到行销中心等。

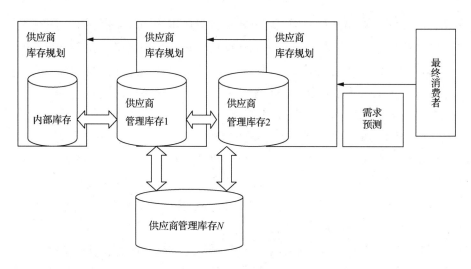

图 3-2 VMI 流程图

（1）供应商管理库存的实施策略。

① 建立客户需求数据库。供应商要有效地管理销售库存，必须能够获得真实的反映市场需求变化的需求信息。通过建立市场需求信息的数据库，供应商能够掌握需求变化的有关情况，把由分销商进行的需求预测与分析功能集成到供应商的系统中来。

② 建立物流网络管理系统。供应商要对库存进行管理，必须建立起完善的物流网络管理系统，保证自己的产品需求信息和物流畅通。目前已有许多企业开始采用 MRP 或 ERP，这些软件系统都集成了物流管理的功能，通过对这些功能的扩展，就可以建立完善的物流网络管理系统。

③ 建立供应商与分销商的合作框架协议。供应商和分销商在一起，通过协商，确定订单处理的业务流程以及库存控制的有关参数等，如补充订货点、最低库存水平、库存信息的传递方式（如 EDI 或 Internet）等。

④ 组织机构的变革或业务重组。VMI 策略改变了供应商的组织模式，供应商的订货部门增加了一个新的职能——负责控制客户的库存，实现库存补给和高服务水平。

（2）供应商管理库存的优缺点。

VMI 的优点如下。

供应商受益表现在：通过销售点数据透明化，简化了配送预测工作；结合当前存货情况，使促销工作便于实施；减少分销商的订货偏差，减少退货；需求拉动透明化、提高配送效率，以有效补货避免缺货；有效的预测使生产商能更好地安排生产计划；不但节省物流成本，而且提高了供货速度，提高了竞争力。

分销商和消费者受益表现在：提高了供货速度，减少了缺货，降低了库存；将计划和订货工作转移给供应商，降低了运营费用；在恰当的时间适量补货，提升了总体物流绩效。

共同的利益表现在：通过计算机网络通信，减少了数据差错；提高了整体供应链处理速度；从各自角度，各方更专注于提供更优质的用户服务；避免缺货，使所有供应链成员受益；真正意义上的供应链合作伙伴关系得以确立；长期利益包括更有效的促销运作、更有效的新品导入和增加终端销售量等。

VMI 的缺点：如果采购方公司承接某物料订单能力下降或者其客户不需要此类产品的供货时，如果供应商不接受使用 VMI，就比较麻烦，但如果能提前与采购方制定好这方面的解决方案就好很多。

4. CPFR

协作计划、预测和补货方法（Collaborative Planning Forecasting and Replenishment，CPFR）是一种供应链伙伴能够共同对从原材料的生产和交付到最终产品的生产和交付的关键供应链活动进行计划的协作方法。协作内容包括计划、销售、预测以及补充材料和成本所需的运作。它应用一系列的处理和技术模型，提供覆盖整个供应链的合作过程，通过共同管理业务过程和共享信息来改善零售商和供应商的伙伴关系，提高预测的准确度，最终达到提高供应链效率、减少库存和提高消费者满意程度的目的。CPFR 运作模式流程图如图 3-3 所示。

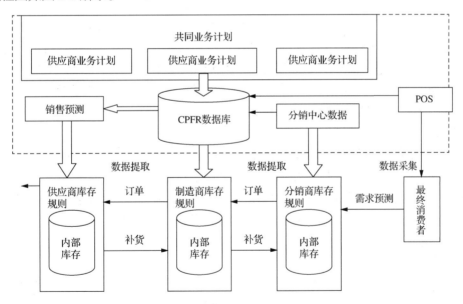

图 3-3 CPFR 运作模式流程图

CPFR 最大的优势是能及时准确地预测由各项促销措施或异常变化带来的销售高峰和波动，从而使销售商和供应商都能做好充分的准备，赢得主动。同时 CPFR 采取了一种"双赢"的原则，始终从全局的观点出发，制定统一的管理目标以及方案实施办法，以库存管理为核心，兼顾供应链中的其他管理。因此，CPFR 能实现伙伴间更广泛深入的合作。

（1）CPFR 的指导性原则。

① 合作伙伴框架结构和运作过程以消费者为中心，面向价值链。

② 合作伙伴共同负责开发单一、共享的消费者需求预测系统，这个系统驱动整个价值链计划。

③ 合作伙伴均承诺共享预测并在消除供应过程约束上共担风险。

（2）CPFR 模式的具体实施过程。

CPFR 模式的具体实施过程分为 3 个阶段，包括 9 个步骤。

第一阶段是计划。该阶段包括 2 个步骤：①供应链合作伙伴包括零售商、分销商和制造商等共同达成一个通用业务协议，包括对合作的全面认识、合作目标、机密协议和资源授权；②制造商和零售商交换公司战略和业务计划信息，以发展联合（共同）业务计划。

第二阶段是预测。该阶段包括 6 个步骤：①利用零售商销售数据，创建一个支持共同业务计划的销售预测；②识别分布在销售预测约束之外的项目，每个项目的例外准则需在步骤①中得到认同；③通过查询共享数据、电子邮件、电话、交谈、会议等解决销售预测，并提交销售预测改变结果；④合并 POS 数据、因果关系信息和库存策略，产生一个支持共享销售预测的共同业务计划的订单预测；⑤识别分布在订单预测约束之外的项目，而例外准则在步骤①中已建立；⑥通过查询共享数据、电子邮件、电话、交谈、会议等调查研究订单预测例外，并提交订单预测改变结果。

第三阶段是补货。该阶段只有 1 个步骤：将订单预测转换为已承诺的订单，订单产生可由制造商或分销商根据能力、系统和资源来完成。

（3）CPFR 的优缺点。

CPFR 的优点：降低库存、减少成本、改善缺货、提高服务水平、缩短提前期、提高库存周转率，提高需求预测的精确度，配送最佳化。

CPFR 的缺点：缺乏系统集成、协作水平有限，对供应商依存度较高、要求高度信任，决策过程缺乏足够的协商，加大了供应商的风险。

典型案例3-1

襄汉公司JMI战略

襄汉公司成立于 1993 年，是一家大型设备制造企业，主要生产举重机械设备和混凝土设备，如汽车举重机、混凝土运输车等，总资产超过 25.8 亿元，员工人数超过 4000 人，是武汉市重点扶持企业，实力雄厚。公司产品种类多，结构复杂，所需要的零部件和所用的材料种类多，库存物料种类多，库存管理难度大。

1. 襄汉公司库存管理存在的问题

襄汉公司的库存管理还处在供应链库存管理的初级阶段，持有库存主要是为了缓冲生产和销售方面的不确定性，实现大规模生产、防范物料预期的价格上涨或供给减少，以及缓解需求季节性的波动或实现均衡生产等。目前，襄汉公司的库存管理主要存在下面几个问题。

（1）库存管理多级化。

襄汉公司没有成立统一的物流中心，没有建立大型立体化仓库，没法对物料的采购、运输、仓储、配送进行统一管理。销售、制造、计划、采购、运输和仓储等的控制系统和业务过程各自独立，相互之间缺乏业务合作，从而导致多级库存。物流部门控制原材料、外协件和外购配件的库存，制造和生产部门控制原材料到成品的转化过程中的半成品库存和自制件库存，销售公司和售后服务中心分别控制成品库存和备件库存。物料由物流部门的仓库或制造部门的仓库流向售后服务中心的仓库，再流到各地服务中心办事处的仓库，形成多级库存管理，增加了库存占用资金和物流环节，延长了物流的周期。

（2）库存质量控制成本高。

襄汉公司作为一家大型机械设备制造公司，是供应链上的核心企业，生产所需要原材料和零部件绝大多数来自对外采购和对外协作，所需物料种类和规格型号多，企业供应商数量多，分布范围广，质量标准不一，因此就增加了襄汉公司产品质量控制的工作量，增加了检测人员及检测设备，从而导致库存质量控制成本高。与此同时，襄汉公司的部分供应商是单一的加工企业，自身没有产品研发能力和质量保障能力，产品的质量较差，为了保证产品质量，襄汉公司同样需要增加质量检测人员、检测设施和检测时间，从而也导致了公司库存质量控制成本居高不下。

（3）库存持有成本高。

襄汉公司的各个事业部或分公司都有自己的仓储系统，单独进行库存管理。仓库、货场、设施和设备没有进行统一规划、统一管理，没有得到充分利用，增加了库存的空间成本。由于仓库没有统一管理，公司不同的仓库持有同一种物料库存，同时物料信息不共享，难以调节不同部门库存物料的余缺，导致库存占用资金增多，从而就增加了库存的资金成本；由于缺少集中的仓储中心仓库，不能集中仓储和配送，为了保证对生产过程的连续供应，部分工厂或车间都建立了材料和半成品库，就会增加公司库存数量，延长库存周转时间，从而也会导致库存占用资金增多，增加库存的资金成本；由于仓库多，管理人员也就多，整体工作效率低，人员工资和办公费用多，提高了库存的管理成本。此外，由于部分外购产品质量差，需要相应增加保险储备，从而增加了库存占用资金和增加了库存持有成本。

2. 襄汉公司联合库存管理实施策略

建立联合库存管理模式的设想，就是要打破传统的各自为政的库存管理方法，建立全新的库存管理模式。商务部作为联系分销商、经销商的桥梁,成立联合库存协调管理中心,负责与供应商、下级供应部门交换物流过程中的各种信息,负责收集汇总物资采购的各种信息。公司总部设立一个总库作为产品和原材料储备中心,并按照地理位置在全国范围内分片设立 5 个地区中心仓库,分别为东北区分库、华北区分库、华东区分库、西南区分库、华南区分库,其库存全部为总库库存,由总部商务部统一调配。

总库和分库要建立基于标准的托付订单处理模式,首先,需要总库和分库一起确定供应商的订单业务处理过程中所需的信息和库存控制参数,然后建立一种订单处理的标准模式,把订货、交货和票据处理各个业务功能交给总部处理。其次,需要建立网络,使分销商能够定期跟踪和查询到计算机的库存状态,从而快速地响应市场的需求变化,对企业的生产(供应)状态做出相应的调整。为此,需要建立一种能够使总库和分销商的库存信息系统透明连接、可以实现查询目的的方法。最后,为实现与供应商的联合库存,总部应提供商品代码、条形码、应用标识符、EDI 或 Internet 等支持技术。

另外,为了使联合库存管理顺利实施,同时使企业更加集中于自己的核心业务,公司决策层选择了物流外包方式。在全国范围内筛选了三家资质优良、实力雄厚的第三方物流企业,负责公司所有的物流业务。

(1) 原材料联合库存。

为公司供应原材料的供应商将生产的成品直接存入公司(核心企业)的原材料库中,变各个供应商的分散库存为公司集中库存。集中库存要求供应商的运作方式是:按公司的订单组织生产,产品完成时,立即实行小批量、多频次的配送方式直接送到公司的仓库补充库存。公司库存控制的管理重点是:既保证生产需要,又要使库存成本最小,还要为分销商发好货。具体的操作程序如下。第一,分析公司原材料供应商的资质状况,从中筛选出符合公司技术条件要求的供应商,并确定为合作伙伴,合作伙伴分一级伙伴和二级伙伴,二级伙伴为补充。第二,与确定的合作伙伴签订联合库存控制管理协议。协议内容包括责任、义务、利益。公司生产需求计划(数量、时间)传递给供应商,供应商组织生产,生产后按量、按时配货发给公司。公司生产使用或按供应商指示发给其他用户。第三,加强公司联合库存控制管理,既保证账、卡、物相符,又要保证不损坏变质。第四,搞好管理人员技术培训,提高业务素质。第五,加强领导,精心组织,专人负责。

(2) 产销联合库存。

公司总库承担产品储备中心的职能,相当于整个全国分库的供应商。在分库所辖区域内,设立地区中心仓库,承担各分销商产品供应工作。中心仓库的库存产品由公司总库配送或分销商代储。中心仓库的管理人员由总部指派,负责产品的接收、配送和管理。各中心仓库在联合库存协调管理中心即商务总库的领导下,统一规范作业程序，实时反馈产品需求信息，使联合库存协调中心能够根据进、出库动态信息，了解产品供应情况，充分利用现有资源，合理调配，提高发货速度，以最低的消耗，实现最大收益，及时准确保证分销商及市场的需求。

建立产销联合库存的关键是：第一，按照分销商的购货要求，及时、准确、安全地把产品配送到用户手上；第二，做好售后服务、技术资料提供、施工技术指导、施工人员培训；第三，处理好分销商相关信息反馈。

在联合库存控制管理下，供应商企业取消自己的产成品库存，而将库存直接设置到核心企业的原材料仓库中，分销商不建立自己的库存，并由核心企业从成品库存直接送到用户手中。通过应用这种库存管理模式，可以获得以下好处：第一，降低原材料采购成本，因为各个供应商的物资直接进入公司的原材料库中，即各个供应商的分散库存变成公司的集中库存，减少了供应商的库存保管费用，所以减低了原材料采购成本；第二，降低分销商销售成本。分销商不建立自己的库存，所售出的商品由公司各区域分库直接从产成品库发送到用户手中，分销商取消了自己建立仓库费用对所售商品的分摊，把所有的精力放到了销售上，提高了分销商的主动性、积极性，从而提高公司的产销量。

案例来源：https://www.youshang.com/content/2010/05/26/14516.html.[2021-12-06].

▶ **典型案例3-2** ◀

美的集团的库存管理（VMI）

美的是一家以家电业为主，涉足房产、物流等领域的大型综合性现代化企业集团，是中国最具规模的白色家电生产基地和出口基地之一。白色家电营销战打响以来，一边是上游原材料价格的上涨，一边是渠道库存压力的逐年递增，再加上价格大战、产能过剩、利润滑坡、过度竞争压力之下，除进行产品和市场创新外，挤压成本成为众多同类企业舍此无它的存活之道。

面对行业内价格战，美的有高管指出，美的在积极备战成本领先战略。近年来，在降低市场费用、裁员、压低采购价格等方面，美的始终围绕着成本与效率，在供应链这条维系着空调企业的生死线上更是绞尽脑汁，实行"业务链前移"策略，力求用"供应商管理库存"和"管理经销商库存"形成整合竞争优势。

长期以来，美的在减少库存成本方面一直成绩不错，但依然有最少5～7天的零部件库存和几十万台的成品库存。这一存货水准相对其他产业的优秀标杆仍稍逊一筹。在此压力下，美的在2002年开始尝试供应商管理库存（VMI）。

美的作为供应链里的"链主"，即核心企业，居于产业链上游且较为稳定的供应商共有300多家。其中60%的供货商是在美的总部顺德周围,还有部分供货商在3天以内的车程,只有15%的供货商距离较远。在这个现有供应链之上,美的实现VMI的难度并不大。

对于剩下15%的远程供应商,美的在顺德总部建立了很多仓库,然后把仓库分成很多片。外地供货商可以在仓库里租赁一个片区,并把零配件放到片区里面储备。美的需要用到这些零配件的时候,就会通知供应商,然后进行资金划拨、取货等工作。此时零配件的产权才由供应商转移到美的手上,而在此之前,所有的库存成本都由供应商承担。也就是说,在零配件的交易之前,美的一直把库存转嫁给供应商。

VMI实施后,美的在库存成效显著,美的零部件库存周转率上升到70—80次左右,零部件库存也由原来平均的5—7天存货水平,大幅降低为3天左右,而且这3天的库存也是由供货商管理并承担相应成本。库存周转率提高后,一系列相关的财务"风向标"也随之"由阴转晴":资金占用降低、资金利用效率提高、资金风险下降、库存成本直线下降。

正如党的二十大报告中所强调的,"完善中国特色现代企业制度,弘扬企业家精神,加快建设世界一流企业",为我国企业改革发展指明了方向和目标。完善中国特色现代企业制度是加快建设世界一流企业的重要制度基础。党的二十大报告中也指出,要建设现代化产业体系,推进新型工业化,构建优质高效的服务业新体系,推动现代服务业同先进制造业深度融合。加快发展物联网,建设高效顺畅的流通体系,降低物流成本。优化基础设施布局、结构、功能和系统集成,构建现代化基础设施体系。美的正是因为采用了VMI的库存管理方法,才能使其降低物流成本,建设成为世界一流企业。

3.2 采购提前期管理

3.2.1 企业生产模式对采购提前期的影响

随着卖方市场向买方市场的转变,企业之间的竞争日益激烈。竞争不仅表现在质量和成本方面,客户对于交货的速度和品种与数量柔性也提出了越来越高的要求。为了应对竞争,近年来企业在物流与供应链管理方面、广泛进行流程的优化和再造方面、对ERP等信息技术和组织重组方面都进行了很多投入,期望能够优化物流和供应链管理,在竞争中占据有利的位置。对物流与供应链管理进行优化是一个系统的工作,在这些工作中比较容易被忽略但是又非常重要的是对采购提前期管理的优化。

企业的运营周期是指企业从接到客户的订单到把产品交付给客户的总时间。构成这个运营周期的有各个部门处理文件流转的周期、生产制造的周期、各工序质量检验周期、产品的运输包装周期,还有原料采购提前期。在这些周期里,占有最大比例的是原料采购提前期。在一般的制造企业里,采购提前期要占整个企业运营周期的80%左右。由于采购提前期占有如此之高的比例,在企业进行物流与供应链管理优化时,需要对采购提前期的管理优化给予足够的重视。

采购提前期的管理包含两方面的要求:一个方面,采购提前期需要最大限度被压缩;另一个方面,采购提前期要有足够的可靠性,供应商能够严格按照采购提前期的要求交付原材料给企业。

企业的运营周期长短,以及企业运营周期的长短和客户要求的交付期的长短的对比,对于企业有着非常重要的意义。对于企业的运营周期,我们可以简称为 P,对于客户要求的交付期简称为 D。P/D 比例的关系,构成了四种制造企业的组织生产类型,如图 3-4 至图 3-7 所示。

(1)按订单组织交货型。

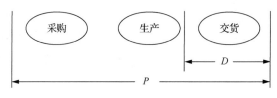

图 3-4 "按订单组织交货型"制造企业示意图

(2)按订单组织生产型。

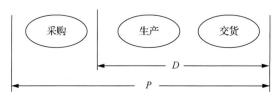

图 3-5 "按订单组织生产型"制造企业示意图

(3)按订单组织采购型。

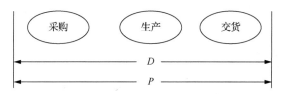

图 3-6 "按订单组织采购型"制造企业示意图

(4)按库存组织生产,并按订单组织装配型。

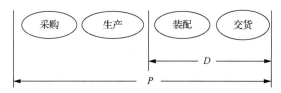

图 3-7 "按库存组织生产型,并按订单组织装配型"制造企业示意图

以上四种类型是目前比较典型的企业生产模式，对于采购方而言，都希望企业拥有存货，从而缩短采购提前期；而对于销售方而言，都希望接到订单后再组织采购和生产，从而避免多余的库存，减少预测的不准确性。

在实践中，提高预测的能力越来越困难，这是因为在买方市场的情况下，充分竞争使产品的生命周期越来越短，以至于企业无法积累到足够长的历史数据来对未来的趋势做出准确的预测；可采取压缩运营周期，即使无法达到 P/D 比例为 1，也能够有效降低企业的原料储备风险，是企业广泛采取的手段。

1. 缩短采购提前期

采购提前期在企业的运营周期中占有很大比例，所以压缩采购提前期对于压缩企业整个的运营周期具有重要意义。通过分析压缩采购提前期对于降低库存水平的意义，以及在压缩企业运营时间中所发挥的重要作用，对这一点就可以做出判断。假设企业对一种物料的需求是均匀的、不变的，物料的采购提前期是一个月，不考虑安全库存和物料交付的意外情况，企业的库存水平及消耗曲线如图 3-8 所示。

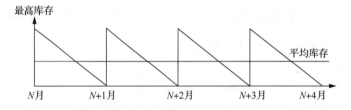

图 3-8　采购提前期是一个月的企业库存水平及消耗曲线

如果可以将采购提前期压缩为半个月，那么企业的库存水平及消耗曲线与原有水平的比较如图 3-9 所示。

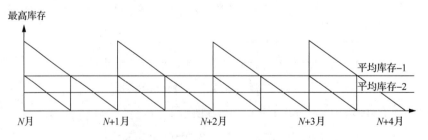

图 3-9　采购提前期是半个月的企业库存水平及消耗曲线

其一，我们看到，采购提前期压缩为半个月后，新的平均库存（平均库存-2）比按照采购提前期为一个月时平均库存（平均库存-1）降低了一半。这个分析说明，采购提前期的降低，可以同比例地降低平均库存。

其二，在制造企业里如果企业要压缩运营周期，压缩采购提前期也可以取得事半功倍的效果。以企业的运营周期为 30 天为例，在这 30 天中，企业的采购提前期一般要占到 20 天。如果企业要压缩 2 天的运营周期，从采购提前期入手，意味着采购提前期缩短 10%，但是如果在其他环节压缩出 2 天，则意味着要压缩 20%，两者的难易显而易见。

2. 加强采购提前期的不确定性管理

与采购提前期的压缩不同，采购提前期的可靠性管理对企业的好处相对隐蔽一点，所以往往容易被企业忽视。要理解采购提前期的可靠性对企业的意义，需要了解与采购提前期可靠性有关的一个库存指标——安全库存的关系。

在上述采购提前期压缩的模型中，隐含着一个非常重要的前提假设，即供应商可以严格按照一个月或半个月的提前期向企业供货，不会有意外的延迟发生。这一点对于降低企业的库存水平非常重要。

企业的原料库存中，有一个重要的组成部分——安全库存。安全库存有两个作用：一是预防因为预测的不准确，需要额外准备一些物料、成品以应对预测期间意外发生的客户需求；二是预防供应商不能够严格按照采购提前期交付物料，在供应商交付前准备一些额外的物料保证生产供应。

采购提前期是供应商向企业承诺的，从接受采购合同、采购订单到将物料交付给企业的周期。这个周期往往由供应商在合同或者订单上向企业承诺。

安全库存的计算公式可以帮助理解安全库存的大小同采购提前期可靠性之间的关系。

$$安全库存=日平均消耗量\times 一定服务水平下的前置期标准差$$

其中的前置期就是采购提前期。这个公式既可以计算预防不确定性需要的安全库存，也可以计算供应商交付不确定需要的安全库存。在此只不过需要将一定服务水平理解为供应商按照采购提前期交付的可靠性指数，前置期标准差则理解为供应商供应某类物料超过采购提前期的时间标准差。在本书中不对相关计算进行展开，但是有一个结论可以揭示供应商按照采购提前期准时供货的影响：在其他前提不变的情况下，供应商每年延迟交货时间的标准差达到采购提前期 1/10 的时候，企业实现永不缺料的安全库存，是一年允许出现 4 次缺料需要的安全库存的 7/8 倍。这样我们就很好理解由于采购提前期不够可靠，企业在安全库存上投入的成本有多大了。

采购提前期的问题在于，由于企业没有意识到这个问题的重要性，在采购的管理上，企业对采购提前期管理的重视远远赶不上对采购成本和供货质量的管理。这是需要企业对此进行纠正的。

做好采购提前期的管理，需要注意两个关键问题。

第一，采购提前期作为供应商的主要报价参数，享有和成本、质量同等重要的位置，作为采购部门选择供应商的主要参数之一。

第二，企业对供应商采购提前期的考核，要纳入指标体系。在每个对供应商的考核时段里，都应有供应商准时交货的考核结果，并且将对结果的考核一并约定在采购合同上。

为强化采购提前期的管理，企业与供应商应尽量建立长期合作关系，以便在一段较长的时间里与供应商约定固定的采购提前期，以避免每个订单都约定采购提前期导致的采购提前期无法固化。其实质就是采购提前期存在标准差。对于必须备货的企业来说，这些措施是非常重要的。

采购提前期的管理，作为企业运营周期管理的重要组成部分，应该得到应有的重视。

采购提前期管理的优化也必将给企业带来竞争优势，使企业具备更低的成本和更高的效率，从而在竞争中立于不败之地。

3.2.2 用于缩短提前期及降低提前期不确定性的技术

1. 供应链管理环境下的客户关系管理

在整个供应链上，信息流从最终客户端向原始供应商端传递时，无法有效地实现信息的共享，使得信息扭曲而逐级放大，导致了需求信息出现越来越大的波动，营销过程中的需求变异放大现象被通俗地称为"牛鞭效应"。"牛鞭效应"是市场营销中普遍存在的高风险现象，是销售商与供应商在需求预测修正、订货批量决策、价格波动、短缺博弈、库存责任失衡和应对环境变异等方面博弈的结果，增大了供应商的生产、供应、库存管理和市场营销的不稳定性。供应链的订单流及产品流如图 3-10 所示。

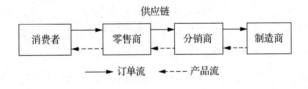

图 3-10　供应链的订单流及产品流

📝 Tips

宝洁公司在研究"尿不湿"的市场需求时发现，该产品的零售数量是相当稳定的，波动性并不大。但在考察分销中心向宝洁公司的订货情况时，吃惊地发现波动性明显增大了。其分销中心说，它们是根据汇总的销售商的订货需求量向宝洁公司订货的。宝洁公司进一步研究后发现，零售商往往根据对历史销量及现实销售情况的预测，确定一个较客观的订货量，但为了保证这个订货量是及时可得的，并且能够适应顾客需求增量的变化，零销售通常会将预测订货量进行一定放大后向批发商订货，批发商出于同样的考虑，也会在汇总零售商订货量的基础上再进行一定的放大后向销售中心订货。这样，虽然顾客需求量并没有大的波动，但经过零售商和批发商的订货放大后，订货量就一级一级地放大了。再考察上一级供应商，如 3M 公司的订货情况时，宝洁公司也惊奇地发现订货的变化更大，而且越往供应链上游其订货偏差越大。这就是营销活动中的需求变异放大现象，人们通俗地称之为"牛鞭效应"。

案例来源：https://kaoshi.china.com/wuliushi/learning/223543-1.htm.[2021-12-08].

通过加强客户关系管理，对客户进行了具体甄别和群组分类，并对其特性进行分析，从而最大限度地避免了市场推广和销售策略制定与执行的盲目性，进而节省了时间和费用，缩短了提前期。客户可以自己选择喜欢的方式，同企业进行交流，方便地获取信息，得到更好的服务。客户的满意度和忠诚度得到提高，可帮助企业保留更多的老客户，并更好地吸引新客户。

客户关系管理（Customer Relationship Management，CRM）作为一种集现代市场营销理念、营销战略管理思想和信息技术为一体的全新管理系统，物流企业在实施过程中，必须从以下几点入手，才能保证实施的有效性。

（1）调整企业经营管理理念，树立供应链管理理念，形成适合 CRM 实施的企业文化体系。CRM 的核心理念是以客户为中心。在大多数物流企业中，以客户为中心往往停留在表面上，并没有成为企业的核心能力，这需要企业上下各级人员认真学习这一理念，形成一种以客户为中心，重视客户利益、关注客户个性需求的企业文化特征，并加强企业间的沟通与合作，实现资源共享和合理配置，以充分满足客户的需求。

（2）调整组织架构，规范企业内部流程。企业在设计 CRM 架构时，应当进行企业组织结构和业务流程重组，这是 CRM 实施的基础。要真正地以客户为重，企业必须采用一个以了解客户、服务客户为目标的组织形态。否则，CRM 难以取得成功。供应链要求企业组织结构必须以供应链的客户为中心，但若企业的组织结构对这些客户信息缺乏有效的管理，则企业无法对供应链进行有效的管理与分析，企业间也没有实施对客户资源的共享，从而导致对客户的需求无法充分地满足，无法提高客户满意度，造成客户的流失。

（3）建立完善的数据仓库。为了使客户服务能够协调一致，物流企业与客户的所有交互行为都必须建立在有先进技术支撑的一套通用的系统平台之上，这个系统平台就是数据仓库。数据仓库是 CRM 的核心，它把 CRM 流程的所有相关数据都集中于此，可以使市场分析人员从数据仓库中的数据分析细化出目标市场、决定促销活动；销售人员可以及时了解客户的详细信息并用来作为销售力量自动化系统的一部分。从本质上说，就是让所有的使用者从中获取分析结果再反馈于其中使得以后的分析更准确、更适用。

（4）进行客户分析。在 CRM 中，数据仓库将复杂的客户行为数据集中起来，建立一个整合的、结构化的数据模型，在此基础上对数据进行标准化、抽象化、规范化的分类、分析，为物流企业管理层提供及时的决策信息，为业务部门提供有效的反馈数据。因此，对客户进行分析便成为实施 CRM 的一个重要环节。

（5）实施不同的客户管理策略。供应链管理的客户关系管理重点就是针对不同等级客户实施不同营销策略。物流企业应根据自己的实际情况，针对不同等级的客户，采取适宜的客户管理策略，同时也意味着为客户提供不同的个性化服务。

① 针对潜在的客户。我们把具有购买能力和购买需求，但并没有成为企业的客户的消费者称为潜在客户。它们只是对能够提供自己所需服务的企业感兴趣，并收集这些企业的信息和资料。针对这些潜在客户，供应链上各成员必须协力通过各种措施与之建立联系，取得长期的信任。一是可以通过信息沟通取得信任。客户第一次购买某项服务时存在信息泛滥和不对称现象，此时可以通过各种有效途径向潜在客户传达客观、准确的信息，如通过广告、中间商的促销活动、可供消费者24小时查阅的综合性网站等来宣传产品的功能及所能提供的一切相关服务，提升在消费者心目中的形象。二是可以通过经济手段，激起购买欲望。在短期内，可以通过限期优惠价格，直接向潜在客户进行有诱惑力的推销。长期看来，可通过重复购买优惠政策增加其购买频率，从而提升客户的价值。

② 针对成熟的客户。对于成熟客户的CRM重点是客户关系的维系，因为成熟客户是客户关系管理中企业获取利润的黄金客户，所以企业一是可以通过约束性措施来进行客户关系维系。企业通常会使用经济手段、技术手段和契约手段等设置高的客户退出壁垒或转移壁垒（如支付违约金），或使客户对企业的服务有依赖性。二是可以通过情感维系锁住客户关系。情感性维系比约束性维系要更好一些，因为供应链上企业与客户之间没有情感维系，供应链设置的退出壁垒一旦消失，则客户会毫不犹豫地转向其他竞争者，而情感维系做得好的，即使退出壁垒消失了，客户也仍然会选择原来的供应链。

（6）利用网络和信息技术实现企业间的资源共享。目前，在同一供应链上的物流企业之间客户资源是无法共享的。这主要是因为供应链上各企业的信息技术水平多样，进行信息技术整合难度大、成本高，而且由于信任的缺乏，企业对于提供各种信息存在着戒备，所以只得各个企业去搜集客户资料。但往往在同一供应链上的企业，其最终用户是完全相同的。这样不仅形成企业之间的信息闭塞，增加重复收集信息的成本，而且与终端客户越来越远，从而导致客户的流失乃至整个供应链的消失。

2. 企业流程再造

企业流程再造（Business Process Reengineering，BPR）是20世纪90年代初期在美国兴起的又一次管理变革浪潮。根据它的创始者哈默和钱皮的定义，企业流程再造乃是对组织的作业流程进行根本的再思考和彻底的再设计，以求在成本、质量、服务和速度等各项当今至关重要的绩效标准上取得显著的改善。再造是指对企业流程进行基本的再思考和再设计，以期取得在成本、质量、服务、速度等关键绩效上重大的改进。企业流程再造是一个根本设想，就是以首尾相接、完整的整合性过程来取代以往的被各部门割裂的、不易看见也难于管理的支离破碎的过程。

企业流程再造框架主要包含以下几方面：一系列的指导原则，企业流程再造的过程，一系列的方法和工具，以及这些方法和工具在支持企业流程再造过程中的作用。企业流程再造框架涵盖了再造的重要环节，企业可以按照框架的内容顺利地完成企业流程再造过程。图3-11描绘了企业流程再造框架，图的上半部分说明了框架的基本结构。企业流程再造过程是框架的核心内容，包括组成过程的各个活动，以及活动之间的关系。企业流程再造原则是进行企业流程再造的指导思想，涵盖了管理学家的研究成果，和各个实施企业流程再造厂家的实践经验。企业流程再造的方法和工具促进了企业流程再造的实践，为企业流程再造提供了具体的分析、设计和实施技术，确保企业流程再造的顺利进行。

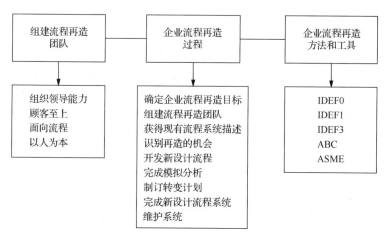

图3-11 企业流程再造框架

在企业流程再造定义中，根本性、彻底性、戏剧性和业务流程成为备受关注的四个核心内容。

（1）根本性。

根本性再思考表明业务流程重组所关注的是企业核心问题，如"我们为什么要做现在这项工作""我们为什么要采用这种方式来完成这项工作""为什么必须由我们而不是别人来做这份工作"等。通过对这些企业运营最根本性问题的思考，企业将会发现自己赖以生存或运营的商业假设是过时的，甚至是错误的。

（2）彻底性。

彻底性再设计表明业务流程重组应对事物进行追根溯源，对自己已经存在的事物不是进行肤浅的改变或调整性修补完善，而是跳出条条框框，创新完成工作的方法，重新构建企业业务流程，而不是改良、增强或调整。

（3）戏剧性。

戏剧性改善表明业务流程重组追求的不是一般意义上的业绩提升或略有改善、稍有好转等，而要使企业业绩最大限度地增长、极大地飞跃和产生戏剧性变化，这也是流程重组工作的特点和取得成功的标志。

（4）业务流程。

业务流程重组关注的要点是企业的业务流程，并围绕业务流程展开重组工作。业务流程是指一组共同为顾客创造价值而又相互关联的活动。哈佛商学院的迈克尔·波特教授将企业的业务流程描绘为一个价值链。竞争不是发生在企业与企业之间，而是发生在企业各自的价值链之间，只有对价值链的各个环节——业务流程进行有效管理的企业，才有可能真正获得市场上的竞争优势。

通过将非增值性步骤从业务流程中剔除出去或尽可能地简化，能有针对性地提高为顾客提供产品与服务的效率，提高对质量管理环节的监控能力。流程简化的作用主要表现为以下四点。

① 提高响应能力，缩短提前期。这主要表现在为顾客提供支持性服务的产品配送环节。由于每个子环节的周转速度加快了，就促使紧随其后的环节跟进性动态改变，缩短提前期，最终提高了顾客的满意度。

② 降低成本，彻底消除无效预算。

③ 降低次品率和废品率，随着那些容易导致次品、废品出现的无效低能环节的减少，次品率和废品率也将明显地下降。

④ 提高员工满意度，降低流程的无效性和复杂性，意味着员工将被授予更多的权力对自身工作进行具体决策，这无疑会大大提高员工参与工作的热情和干劲。

3. 有效消费者反应

20世纪90年代初，日本的食品加工和日用品加工业模仿美国服装业的"快速反应"供应链管理策略，形成了自己的有效消费者反应体系，提高了企业间信息的传递效率，降低了提前期不确定性。

有效消费者反应是一种通过制造商、批发商和零售商各自经济活动的整合，以最低的成本，最快、最好地实现消费者需求的流通模式。有效消费者反应强调供应商和零售商的紧密合作，在企业间竞争加剧和需求多样化的今天，制造商、批发商和零售商之间更需要建立一种信息共享、相互促进的协作关系，利用现代化的信息化技术，协调企业间的生产、经营和物流活动，可以在最短的时间内应对客户需求的变化，降低不确定性带来的损失。有效消费者反应系统示意图如图3-12所示。

有效消费者反应系统具有以下特点与作用。

（1）有效消费者反应系统采用新技术和新方法。

首先，有效消费者反应系统采用了先进的信息管理技术，生产企业与流通企业之间开发了一种计算机辅助订货管理系统（Computer Assisted Ordering，CAO）。CAO与POS系统结合使用，利用POS系统提供的商品销售信息将有关订货要求自动传到配送中心，并由该中心自动发货，这样就能有效降低零售企业的库存状态，减少订货提前期，提高商品保鲜度，还可使生产商以快捷的方式得到自己的商品在市场销售情况的信息。

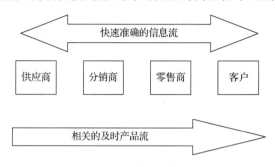

图 3-12　有效消费者反应系统示意图

其次，有效消费者反应系统采用了种类管理和空间管理方法。种类管理的基本思想是不从特定品种的商品出发，而是从某一种类商品的总体上考虑收益率最大化。空间管理指促使商品布局和柜台设置最优化。过去许多零售商也注意此类问题，不同点在于，有效消费者反应系统是将空间管理与种类管理相结合，通过两者的结合来实现单位销售面积的销售额和毛利额的提高，可以取得更大的效果。

（2）有效消费者反应系统能稳定企业间的伙伴关系。在传统商品供应体制上，生产者、批发商、零售商信息沟通不紧密，发生的每一次订货都有很大的随机性，并且订货提前期也较长，这就造成生产与销售之间商品流动的不稳定性，大大增加了商品的供应成本。而有效消费者反应系统恰恰能克服这些缺点，在生产者、批发商、零售商之间建立了一个闭合式的、连续的供应体系。改变了生产者、批发商、零售商相互敌视的心理，使他们结成了稳定的伙伴关系，实现了共存共荣。

（3）有效消费者反应系统全面实现了信息的无纸化快速传递。有效消费者反应系统充分利用了信息处理技术，企业内部的传票处理、订货单、价格变更、生产通知等文书都是通过计算机间的数字交换进行自动处理。通过电子数据交换，生产企业在生产的同时，还可以把生产的内容电传给进货方，进货方的零售企业只要在货物运到后，扫描集运架或商品上的条码就可以完成入库验收的工作处理。全面采用了电子数据交换，就可以根据生产明细自动地处理入库，从而极大地减少了处理时间，这样就能迅速补充商品，缩短提前期，大幅度降低成本。

有效消费者反应系统以消费者为核心，有效缩短提前期，转变零售商与制造商对立的关系，是实现供需流程转变方法的有效途径，因而，日益被制造商和零售商所重视。

4．平衡线供应商监视

在供应提前期较长，有很大推迟交货风险的情况中，可采用平衡线（Line Of Balance，LOB）减小安全库存数量。图 3-13 是一个库存主管为此目的而从其供应商处得到内部提前期数据的例子。关键的监视步骤由各方共同协议商定。

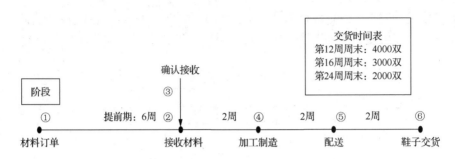

图 3-13 某供应商鞋子生产过程及提前期、交货计划

图 3-13 表明了某供应商鞋子生产过程的各个阶段和提前期。该图还表明了供应商在特定时点面对的交货计划。供应商必须在第 12 周周末交 4000 双鞋子，在第 16 周周末交 3000 双鞋子，在第 24 周周末交 2000 双鞋子。

如何建立 LOB，以及在第 12 周过后的 LOB 图，如图 3-14 所示。

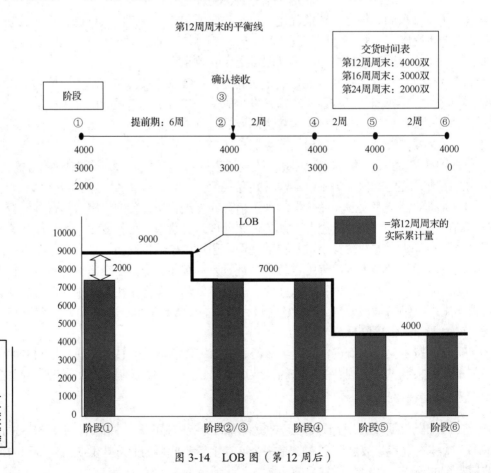

图 3-14 LOB 图（第 12 周后）

为在未来按时交货，除在第 12 周周末已经完成的 4000 双外，还必须有另外 3000 双（总共 7000 双）已经到达或通过阶段④。这是由于，第 16 周周末的交货需要这附加的 3000 双，而且它们还需要 4 周才能达到阶段⑥。计算其他时间的 LOB 也需要这一同样的过程。

LOB 在各时期（周、月）的期末被加以计算。在该时，供应商将就各阶段实际积累的数量而向购买者提供反馈。

图 3-14 表明，供应商已经达到了第 12 周的目标，其下一步目标是在第 16 周交货 3000 双鞋子。然而，在第 24 周交货 2000 双所需要的材料尚未订货。这里提供了警示：除非采取措施，否则到时将不能及时交货。有选择地使用 LOB 可以有效地改进供应商的交货状况。

▶ **典型案例3-3** ◀

家电企业流程再造蜕皮式变革解救成长之痛

随着家电行业资本集中程度的提高，越来越多的大型家电企业走上了规模扩张之路。而在这条路上，家电企业遇到了多产品事业部门扩展的结构性矛盾，出现这一矛盾的主体主要集中在多产品线的大集团中，如海尔、长虹、康佳、海信、万和等。在这种背景下，流程再造便被许多大型家电企业提上了议事日程。

"企业越做越大，具体事务越来越多，再不搞流程再造，我们就不能从具体事务中解脱出来，也就没有时间去思考企业长远的发展战略问题。"万和集团副总裁叶远璋这么解释集团推行流程再造的原因。经过 10 年多的发展，万和从当年一个不起眼的配件商成长为一家年销售额超 10 亿元，拥有热水器、消毒柜等多个产品系列的大型企业集团。面对这种发展，万和的老总们却轻松不起来。"事无巨细都要管，怎么管得过来？"叶远璋说。

事实上，这不仅仅是万和遇到的问题。国内的大型家电企业大多是依靠某一产品起家，在具备一定的实力之后又逐步延伸到其他领域，不同产品事业部门和集团管理机构之间的矛盾日益突出。假如各产品事业部门的独立性太小，事无巨细都要依赖集团管理机构，集团首脑就会在各种繁杂的具体事务中疲于应对；假如各产品事业部门完全独立，那么每个事业部门都将是一个"小而全"的企业，企业产品线越长、规模越大，则规模不经济的现象就越严重。问题就在这种矛盾中产生：从整个集团来看，无论是销售总额、资产总量，还是员工数量，在国内都可以算得上是大企业，但是，企业内的许多事业部门却往往不敌某些只经营单一产品的竞争对手。"大企业绝不只是几个小企业的简单累加，我们的企业已经成年了，衣服却还是儿童时期穿的，不换当然不行。"

在国内家电企业中最早进行流程再造的海尔集团董事局主席兼首席执行官张瑞敏曾一针见血地指出当前中国家电制造业面临的三大悖论：销售额越来越大，利润却越来越低；在国际上中国制造的产品很多，但是中国创造的名牌却又很少；企业面临的压力很大，但是员工并没有感受到相应的压力。张瑞敏表示，面对这三大悖论，企业不追求变化就是等待死亡。正是有鉴于此，海尔从1998年就围绕着"有价值的市场订单"的目标开始进行了流程再造，关注"大流通"问题，在全球范围内实施"本土化"，建立压力传导机制，让企业的每位员工都直接面对市场。

不仅是海尔与万和，在近年来家电业利润持续低迷的情况下，国内的大型家电企业都在加紧修炼这招内功。倪润峰曾在各种场合多次强调，长虹要努力克服"大企业病"，建立起面向市场的灵活反应机制。康佳集团则把流程再造提高到了战略的高度，出台了近百项管理规程和措施，涉及研发、制造、营销、采购、财务、物流等诸多关系到企业经营管理的核心层面。此外，美的、TCL、海信、春兰等著名的家电企业也都在这方面采取了一定的措施。

"打破鸡蛋才能做蛋卷"，流程再造理论的创立者，美国麻省理工学院的哈默博士所定义的企业流程再造就是：企业为了在成本、品质和服务等方面的绩效取得大幅度改进，而对企业所从事的最关键与最基本的管理工作及作业程序进行重新设计和构建。流程再造不是对现有流程细枝末节的修补，而是要全面系统地审视企业的各种工作流程、管理流程和流程内的各种活动，看看它们对创造价值的贡献，如果某一流程或流程中的活动对企业的输出（产品或劳务）是不增值的，就必须删掉。流程再造的着眼点主要有两个：一是降低运营成本，二是建立起面向市场的快速反应机制。流程再造更重要的目的是把流程上的便利留给客户，而不只是成本。

海信采用的方式是把每个产品事业部门的公共职能挑出来，在大的集团下组成诸如采购、销售、资金等事业部门。这些职能性的事业部门不再是只服务于某一个产品事业部门，而是面向整个集团的所有产品事业部门。这一做法，使得原先分散在各个产品事业部门的一些职能得到了集中，有利于形成了一定的规模效应，降低企业的运营成本。

万和的流程再造力图体现这种思想，"把原有的结构打散，根据产品集群的特点建立全新的事业部制。"其变革之深入已经涉及整个集团股权安排的层面。据叶远璋介绍，从2002年7月起，万和就开始试点建立消毒柜事业部，2003年4月，这一做法开始在整个集团全面实行，建立起了热水器、消毒柜、资本运营等六大事业部。在各事业部内，万和还以"内部控股+外部参股"方式进行股权安排方面的调整。例如，在厨具事业部，5个职业经理人由万和集团担保向银行贷款300万元，持有了该事业部30%的股权，而在生活电器事业部和万和控股的中山利澳，原始股权和外来股权的比例则已经达到51∶49。在此基础上，万和开始将许多原先由集团管理机构掌握的权限下放给各事业部，让各事业部自主经营，集团则通过预算管理和审计两种方式对各事业部进行全过程的监控。

"这里面的关键问题是放权与放心的问题：通过股权安排协调好老板与职业经理人之间的关系，我们放心；放心后就可以放权，把相应的责、权、利下放给各事业部，我们的担子就轻多了。"比如采购，万和以前所有的采购都是由集团进行的，库存责任也都在集团，"我这里的压力很大，下面的人却很少去想库存压力的问题。"叶远璋表示，在进行流程再造之后，采购的计划权被下放到各个事业部，集团只需要为此组织相应的采购工作，采购的原材料及生产出来的产品的库存责任都在各事业部，这就逼着各事业部自己在做采购计划时要直接面向市场，从而减少中间环节，建立起快速反应的能力。

案例来源：https://business.sohu.com/2003/11/24/48/article215974815.shtml.[2021-12-09].

3.3 生产方式

典型案例3-4

创新驱动下的一汽精益生产

第一汽车集团（以下简称一汽）是我国第一个生产汽车的企业。20世纪80年代中期，一汽曾一度因设备老化，产品、断档而跌入困境。20世纪80年代中后期以来，一汽有计划、有组织地进行了3项工程：一是以产品更新换代为内容的换型改造工程，二是以上轿车、轻型车为内容调整产品结构的工程，三是以生产方式为内容的精益管理工程。长期以来，企业追求大而全，造成生产成本高、劳动生产率低下。为了改变这种状况，一汽借鉴国外精益生产方式，通过管理提高效益。精益生产方式又称"瘦型"管理，其精髓就是彻底消除企业各个环节的无效劳动造成的浪费，充分调动工人的积极性。

根据这个基本原则，结合各厂（部门）的实际，确定推行精益生产方式的总目标。如铸造厂提出了"四无两优一提高"的总体目标和要求。其基本内容是：生产管理追求无库存，质量管理追求无缺陷，设备管理追求无停台，成本管理追求无浪费；优化生产，优质服务；提高劳动生产率。一汽推行精益生产方式，首先着重于生产制造过程，实现生产过程的精益化，全面实行拉动式生产。

一汽的生产方式是从20世纪50年代搬过来的，加之长期在计划下生存，企业内部机构臃肿、人浮于事、效率很低，严重降低了生产率。按照精益思想要求，一汽在深化企业内部上办了两件事：一是全面完成了精简机构、压缩定员；二是坚持"精干主体，剥离辅助"的原则。即集团中承担生活服务功能的部门从主体中剥离出来，走上自主经营、自负盈亏的轨道，把企业办的包袱逐步转化为不断增进经济效益的一种财富。

过去，我们一提出要汽车生产，想到的往往都是物质的投入。其实精益生产方式也是一种投入，而且是一种不花钱、或者少花钱的投入。据调查，精益生产方式与大量生产方式相比，可以取得人力、设备、面积减半，新产品开发时间大大缩短，库存储备大量减少的经济效益。一汽不少专业厂推行精益生产方式的经验也证明了这一点。

正如党的二十大报告中所强调的，我们要加快实施创新驱动发展战略。坚持面向世界科技前沿、面向经济主战场、面向国家重大需求、面向人民生命健康，加快实现高水平科技自立自强。提升科技投入效能，深化财政科技经费分配使用机制改革，激发创新活力。一汽集团正是在经典的精益生产方式的基础上加以创新，不仅把这种方式用到了生产上，还用到了企业内部结构的优化上，从而成功地降低了企业的成本，提高了企业的经济效益。

3.3.1 精益生产

1. 精益生产的定义

精益生产是起源于日本丰田汽车公司的一种生产管理方法。其中"精"体现在质量上，追求"尽善尽美""精益求精"。"益"体现在成本上，表示利益、效益。成本越低，越能为客户创造价值，越能表现企业的效益。因此，精益思想不仅追求成本最低，而且追求用户和企业都满意的质量，追求成本与质量的最佳配置，追求产品性能、价格的最优化。本书将精益生产定义为：通过持续改进措施，识别和消除所有制造过程中的浪费和非增值型作业。

2. 精益生产的目标

（1）基本目标。

工业企业是以盈利为目的的社会经济组织。因此，最大限度地获取利润就成为精益生产的基本目标。

（2）终极目标。

精益求精，尽善尽美，永无止境地追求"七个零"。

① "零"转产工时浪费（多品种混流生产）。
② "零"库存（消减库存）。
③ "零"浪费（全面成本控制）。
④ "零"不良（高品质）。
⑤ "零"故障（提高运转率）。

⑥ "零"停滞（快速反应、短交期）。

⑦ "零"灾害（安全第一）。

3. 精益生产的实施

精益生产方式越来越被企业家所重视，他们已认识到这种管理方式可以产生巨大的经济效益，且投入很少。但是要成功实施精益转化，必须根据本企业的业务内容和生产技术来制定出适合的解决方案，精益生产不是一套可以从其他企业照抄过来的一成不变的程序。因此，要全面理解精益生产的概念，进一步加强基础管理，认识现有生产系统管理环节与精益生产要求的差距，通过学习和培训，提高员工的素质，改变旧观念，灌输精益思想，利用专业力量拟制，推行阶段目标和实施计划，不断发展完善自身机制，完成精益转型。精益生产的实施还需要做大量的改进工作。主要有以下几个方面。

（1）生产设备的布置。传统的设备布置方法是采用机群式布置，把同一类型的设备布置在一起。零件往往需要在几个车间来回移动，使得生产线拉长、生产周期拉长。而精益生产方式的设备不是按设备类型来布置，而是根据零件的加工顺序来布置，形成互相衔接的生产线。这样可缩短运输路线，消除零件的不必要移动，节约生产时间。

（2）小批量生产。生产过程只有做到小批量才能加快产品在企业内的周转，减少产品的库存，缩短产品生产周期，实现多品种混流均衡生产，从而提高企业对市场变化的反应能力，顺应时代的要求。

（3）缩短作业更换时间。实行小批量生产，作业更换就会很频繁，要保证生产的连续性，必须缩短作业更换时间。作业更换时间包括不停机可以进行的作业更换时间；停机才可以进行的作业更换时间；更换后为了保证质量进行的检查、调整时间。因此在开机前认真仔细地做好一切准备工作，把需要使用的工具和材料按照使用顺序预先准备妥当；要根据需要自行开发小型简易设备，使更换作业简单化；同时制定标准作业更换表，按照标准的更换方法反复训练作业人员，操作熟练，加快作业速度和准确性。

（4）全面质量管理（图 3-15）。通过消除质量问题的生产环节来消除一切次品所带来的浪费。生产线上的操作人员发现有不合格的产品，有权自行停止生产，查找和消除产生不合格产品的根本原因。当然在刚刚实施这种做法时，生产线会经常停下来，但当操作人员掌握了经常出现的错误并具有一定的经验之后，生产中存在的问题会越来越少，企业的生产素质得到增强。同时在生产线上安装各种自动停止装置和加工状态检测装置，使生产线能够自动检测不良产品，一旦发现不良产品自动停止，采取相应措施，杜绝不合格产品产生。

4. 精益生产的支撑体系——看板管理

看板是一种记载有关信息的卡片。看板也是工作指令，其中包括生产量、时间、方式、顺序、运送量、运送时间、地点、工具等生产信息和运输信息。看板管理的重要形式主要有生产看板和内部取料看板。

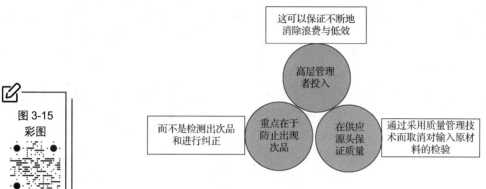

图 3-15 全面质量管理内容

内部取料看板起着取货指令的作用,填明需要领用地点原材料或者部件的名称和数量,用以向上道工序取货;接到内部取料看板就应该按看板上的数量立即发货。同样道理,生产看板起着生产指令的作用,填明需要生产的零部件的名称和数量,各道工序据此进行加工生产,供下道工序领用,当前道工序接到后道工序发来的生产看板,即命令工人立即生产卡片上规定数量的零件。

看板管理的主要原则包括:杜绝产品缺陷,不传送不合格品的原则;消除多余的移动,由后工序来领取物料的原则;消除不必要的库存,物料仅生产后工序必要数量的原则;柔性化原则,能够适应小幅度需求变化,能够通过看板及时对生产进行微调整。

5. 精益生产和库存的关系

精益生产就是要通过不断减少各种库存来暴露管理中的问题,不断消除浪费,进行永无休止的改进。它不仅是一种方法体系,更是一种精神、一种文化和一种战略。它的核心就是要实现库存的零管理,"零库存"是指在生产、流通、销售等环节中,在提高资本增值率、降低积压风险的情况下,商品以少量的仓储形式存在,而大部分处于周转状态的一种库存方式。但零库存并不是指没有库存。

7 种浪费的来源以及与之相关的库存问题如表 3-2 所示。

表 3-2 浪费来源与库存的关系

序号	浪费来源	库存问题的主要表现
1	生产——过剩或者过早	生产过剩下,大量的产成品库存导致库存持有成本增加,也增加了呆滞库存的风险; 因生产计划变化,调整原材料库存的用途,而带来的库存变化; 导致额外的库存调配处理过程,如使用外部的库存

续表

序号	浪费来源	库存问题的主要表现
2	等待——等待过程并不增加库存的价值	在制品集中大批量生产模式下,各环节的中间物料需要等待很长时间后才能进行加工,导致在制品的库存量很高,库存价值增值所用的时间只占整个生产时间很小的比例
3	运输——长距离的物料资源调配	生产过程中,原材料、在制品等长距离的运输,造成制造前置期较长; 可考虑使用本地供应商的物料资源,通过小批量且高频次的物料供给模式,将在制品库存量最小化
4	不合理的加工——设备选型或产能设置不当	加工不当,增加了产品不合格的风险,易导致返工或者被客户拒收; 设备选型不当,会增加原材料的前置期,降低在制品在生产中的流动率,降低客户服务可靠性,造成更高的产成品安全库存量
5	不必要的库存——掩盖计划不周和协调不好的问题	大量的进货物料、零部件、在制品和成品的库存,表面上会避免缺货的发生,实则带来了诸多不必要的库存,掩盖了计划和协调的问题
6	缺陷——产品和服务的缺陷	因在制品、零部件的残次品问题,导致生产线停顿纠错,会降低生产率; 产成品的质量问题以及缺货带来的库存服务水平问题,会造成售价下跌和销量减少
7	多余的移动——车间排产计划不当	不合理的车间排产计划,易出现设备频繁转换或者调整,物料在车间迂回流动,因此造成生产率低下,在制品库存量高的问题

3.3.2 JIT 生产

1. JIT生产的定义

准时制(Just-in-time,JIT)生产系统的哲理是使用最少的原物料、在制品及完成品的库存,以得到精确产量以及缩短前置时间的整合活动。零件及时到达下一个工作站,快速完成加工或装配并且在生产系统中快速移转。

例如,当一个物品被卖出时,相当于市场在系统中的最后组装拿(拉)走一个产品。

因此在这个生产线上成为一个订单,员工向上游站拉走另一单位,来取代被取走的单位,上游站再向更上游的站拉,直到动用到原物料。这种生产方式即是拉式(Pull)生产。其订单的引发是来自市场或是生产系统中的末端,与物料需求计划(Material Requirement Planning,MRP)系统中订单由上而下以推的方式进行截然不同。

JIT 的生产哲理主要在于消除浪费,任何活动对于产出没有直接的效益便被视为浪费。由这个角度来看,搬运的动作、机器装备、存货、不良品的重新加工等都被视为浪费;同时,在 JIT 的生产哲理下,浪费的产生通常被认为是由不良的管理所造成的。例如,大量原物料的存在可能便是由于供应商管理不良所造成的。

2. JIT生产的核心思想

在 JIT 生产方式倡导以前,世界汽车生产企业包括丰田公司均采取福特式的"总动员生产方式",即人员和设备、流水线一半时间等待零件,另一半时间等零件一运到,全体人员总动员,紧急生产产品。这种方式造成了生产过程中的物流不合理现象,尤以库存积压和短缺为特征,生产线或者不开机,或者开机后就大量生产,这种模式导致了严重的资源浪费。丰田公司的 JIT 采取的是多品种、少批量、短周期的生产方式,达到了消除库存,优化生产物流,减少浪费的目的。

JIT 生产方式基本思想可概括为"在需要的时候,按需要的量生产所需的产品",也就是通过生产的计划和控制及库存的管理,追求一种无库存,或库存达到最小的生产系统。JIT 生产方式的核心是追求一种无库存的生产系统,或使库存达到最小的生产系统。为此而开发了包括"看板"在内的一系列具体方法,并逐渐形成了一套独具特色的生产经营体系。

JIT 生产方式以准时生产为出发点,首先暴露出生产过量和其他方面的浪费,其次对设备、人员等进行淘汰、调整,达到降低成本、简化计划和提高控制的目的。在生产现场控制技术方面,JIT 的基本原则是在正确的时间,生产正确数量的零件或产品,准时生产。

3. JIT对生产制造的影响

(1)生产流程化。

生产流程化即按生产汽车所需的工序从最后一个工序开始往前推,确定前面一个工序的类别,并依次恰当地安排生产流程,根据流程与每个环节所需库存数量和时间先后来安排库存和组织物流。尽量减少物资在生产现场的停滞与搬运,让物资在生产流程上毫无阻碍地流动。

"在需要的时候,按需要的量生产所需的产品"。对于企业来说,各种产品的产量必须能够灵活地适应市场需要量的变比。众所周知,生产过剩会引起人员、设备、库存费用等一系列的浪费。避免这些浪费的手段就是实施适时适量生产,只在市场需要的时候生产市场需要的产品。

为了实现适时适量生产，首先需要致力于生产的同步化，即工序间不设置仓库，前一道工序的加工结束后，使其立即转到下一道工序去，装配线与机械加工几乎平行进行。在铸造、锻造、冲压等必须成批生产的工序，则通过尽量缩短作业更换时间来尽量缩小生产批量。生产的同步化通过"后工序领取"这样的方法来实现。"后工序只在需要的时间到前工序领取所需的加工品；前工序中按照被领取的数量和品种进行生产。"这样，制造工序的最后一道即总装配线成为生产的出发点，生产计划只下达给总装配线，以装配为起点，在需要的时候，向前工序领取必要的加工品，而前工序提供该加工品后，为了补充生产被领走的量，必须再向前道工序领取物料，这样把各个工序都连接起来，实现同步化生产。

这样的同步化生产还需通过采取相应的设备配置方法以及人员配置方法来实现。即不能采取通常的按照车、铣、刨等工业专业化的组织形式，而按照产品加工顺序来布置设备。这样也带来人员配置上的不同做法：弹性配置作业人数。降低劳动费用是降低成本的一个重要方面，达到这一目的的方法是"少人化"。所谓少人化，是指根据生产量的变动，弹性地增减各生产线的作业人数，以及尽量用较少的人力完成较多的生产。这里的关键在于能否将生产量减少了的生产线上的作业人员数减下来。具体方法是实施独特的设备布置，以便能够在需求减少时，将作业所减少的工时集中起来，以整顿削减人员。但这从作业人员的角度来看，意味着标准作业中的作业内容、范围、作业组合以及作业顺序等的一系列变更。因此为了适应这种变更，作业人员必须是具有多种技能的"多面手"。

（2）生产均衡化。

生产均衡化是实现适时适量生产的前提条件。所谓生产的均衡化，是指总装配线在向前工序领取零部件时应均衡地使用各种零部件，生产各种产品。为此在制订生产计划时就必须加以考虑，然后将其体现于产品生产顺序计划之中。在制造阶段，均衡化通过专用设备通用化和制定标准作业来实现。所谓专用设备通用化，是指通过在专用设备上增加一些工夹具的方法使之能够加工多种不同的产品。标准作业是指将作业节拍内一个作业人员所应担当的一系列作业内容标准化。

生产中将一周或一日的生产量按分秒时间进行平均，所有生产流程都按此来组织生产，这样流水线上每个作业环节上单位时间必须完成多少何种作业就有了标准定额，所在环节都按标准定额组织生产，因此要按此生产定额均衡地组织物质的供应、安排物品的流动。因为 JIT 生产方式的生产是按周或按日平均，所以与传统的大生产、按批量生产的方式不同，JIT 的均衡化生产是无批次生产的概念。

标准化作业是实现均衡化生产和单件生产、单件传送的又一重要前提。丰田公司的标准化作业主要是指每位多技能作业员所操作的多种不同机床的作业程序，是指在标准周期时间内，把每位多技能作业员所承担的一系列的多种作业都标准化。

（3）资源配置合理化。

资源配置的合理化是实现降低成本目标的最终途径，具体指在生产线内外，所有的设备、人员和零部件都得到最合理的调配和分派，在最需要的时候以最及时的方式到位。对设备而言，包括相关模具实现快速装换调整。例如，丰田公司发明并采用的设备快速装换调整的方法是快速换模（Single Minute Exchange of Die，SMED）法。丰田公司所有大中型设备的装换调整操作均能够在10分钟之内完成，这为"多品种、小批量"的均衡化生产奠定了基础。

在生产区间，需要设备和原材料的合理放置。快速装换调整为满足后工序频繁领取零部件制品的生产要求和"多品种、小批量"的均衡化生产提供了重要的基础。但是，这种频繁领取制品的方式必然增加运输作业量和运输成本，特别是如果运输不便，将会影响准时化生产的顺利进行。合理布置设备，特别是U形单元连接而成的"组合U形生产线"，可以大大简化运输作业，使得单位时间内零件制品运输次数增加，但运输费用并不增加或增加很少，为小批量频繁运输和单件生产单件传送提供了基础。

3.3.3 延迟制造

1. 延迟制造的概念

延迟制造的核心思想是制造商只生产通用化、模块化的产品，尽量使产品保持中间状态，以实现规模化生产，并且通过集中库存减少库存成本，从而缩短提前期，使顾客化活动更接近顾客，增强了应对个性化需求和灵活性。其目标是使恰当的产品在恰当的时间到达恰当的位置。具体而言，延迟制造是指制造商事先只生产中间产品或模块化部件，等最终用户对产品的功能、外观、数量等提出具体要求后才完成生产与包装的组后环节。例如，IBM公司事先生产出不同型号的硬盘、键盘等各种计算机配件，在接到订单后再按客户要求进行装配。在很多企业，最终的制造活动被放在离客户很近的地方进行，如由配送中心或第三方物流中心完成配送，在时间和地点上都与大规模的中间产品或部件生产相分离，这样企业就能以最快的响应速度来满足客户的要求。

延迟制造可以分为成长延迟、时间延迟和地点延迟。成长延迟是指推迟形成最终产品的过程，在获知客户的购买意向之前，仅制造基础产品或模块化的部件，在收到客户的订单后，才按客户的具体要求从事具体产品的生产。时间延迟指的是组中制造和处理过程被推迟到收到客户订单以后进行。地点延迟是指推迟产品向供应链下游的位置移动，接到订单后再以供应链的操作中心为起点进行进一步的位移和加工处理。延迟制造是三种延迟的综合运用。

2. 延迟制造的分界点

通常将供应链结构划分为推动式和拉动式两种。推动式供应链企业根据对顾客需求的预测进行生产，然后将产品推向下游经销商，再由经销商逐级推向市场，如图 3-16 所示。在推动式供应链上，分销商和零售商处于被动接受的地位，企业间信息沟通少，协调性差，提前期长，快速影响市场的能力弱，库存量大，且往往会产生供应链中的存货数量逐级放大的牛鞭效应，但推动式供应链能利用制造和运输的规模效应为供应链上的企业获得经济效益，还能利用库存来平衡供需之间的不平衡现象。

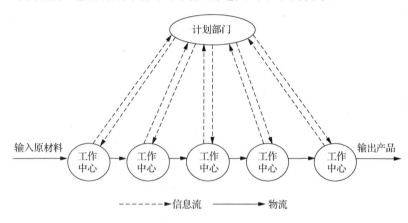

图 3-16　推动式供应链模式

拉动式供应链模式通常按订单进行生产，由顾客需求来触发最终产品的生产，制造部门可以根据顾客需求来生产定制化的产品，降低了库存量，缩短了提前期，能更好地满足顾客的个性化需求，可有效提高服务水平和市场占有率。但缺点是生产批量小，作业更换频繁，设备的利用率不高，管理复杂程度高，难以获得规模经济。拉动式供应链模式如图 3-17 所示。

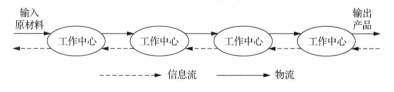

图 3-17　拉动式供应链模式

延迟制造是上述两种供应链模式的整合，通过两种模式的结合运用，起到优势互补的作用。运用延迟制造的生产过程可分为推动阶段和拉动阶段，通过对产品的设计与生产采用标准化、模块化和通用化的技术，产品可以由具有兼容性和同一性的不同模块组合而成。在推动阶段，制造商根据预测大规模生产半成品或通用化的各种模块，获得大量生产的规模效应。在拉动阶段，产品才实现差别化，制造商根据订单需要，将各种模块进行有效的组合，或将通用化的半成品根据要求进行进一步加工，从而实现定制化的服务。延迟制造模式通常将推动阶段和拉动阶段的分界点作为顾客需求切入点（Customer Order Decoupling Point，CODP），如图3-18所示。在顾客需求切入点之前，是由需求预测驱动的推动式的大规模的活动，一般面向全球性市场，产品标准化、中性化，实行大批量、规模化生产，生产效率高。顾客需求切入点之后的活动由顾客订单驱动，一般面向地区性市场，产品具有个性化、柔性化的特点，实行小批量加工处理，单位产品的加工成本较高。

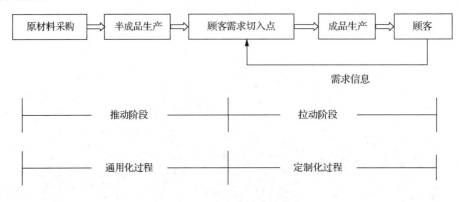

图3-18 延迟制造模式

分界点的位置与延迟活动的规模、延迟类型、顾客化方式均有密切关系，分界点位置越靠近顾客，延迟活动规模越小，顾客活动复杂程度越低，因而快速响应能力越高。但由于顾客化程度低，产品品种较少，企业柔性是决定企业生存和发展的关键因素，因此在制定分界点及延迟制造策略时，定位必须把企业柔性放到极其重要的位置。

3. 延迟制造实施的前提

延迟制造能将供应链上的产品生产过程分为"不变"与"变"两个阶段。将不变的通用化生产过程最大化，生产具有通用性的标准部件，当接到顾客订单时，企业便能以最快的速度完成产品的差异化过程与交付过程，以不变应万变，从而缩短产品的交货提前期，并降低供应链运作的不确定性，可谓竞争优势明显，是对供应链业务流程的一种创新。但并非所有的产品生产过程都可以采用延迟制造，即延迟制造的实施必须具备以下几个条件。

（1）产品可模块化生产。

产品在设计时，可分解为几个较大的模块，这几个模块经过组合或加工便能形成多样化的最终产品，这是延迟制造实施的重要前提。

（2）零部件可标准化、通用化。

产品可模块化只是一个先决条件，更重要的是零部件具有标准化与通用化的特性，这样才能彻底从时间上与空间上将产品的生产过程分解为通用化阶段和差异化阶段，并保证最终产品的完整。同时，由于各模块产品具有标准化与通用化的特性，企业可将一些技术含量低、增值能力弱的模块外包出去，自己只生产技术含量高、增值能力强的核心产品，从而提高供应链的核心竞争力。

（3）经济上具有可行性。

实施延迟制造一般会增加产品的制造成本，除非它的收益大于成本，否则延迟制造没有必要执行。如果最终产品的制造在重量、体积和品种上的变化很大，推迟最终产品的加工成型工作，能节省大量的运输成本和减少库存产品的成本，并简化管理工作，那么延迟制造策略的实施便会带来巨大的经济利益。

（4）适当的交货提前期。

通常来说，过短的提前期不利于延迟制造的实施，因为它要求给最终的生产与加工过程留有一定的时间余地，过长的提前期则不需要延迟制造。

4. 延迟制造与库存的关系

在库存管理中，通过批量定制生产方式实施延迟制造战略有以下几点好处。

（1）消除成品库存。

（2）尽管一些零部件的生产仍可能存在风险，但可以消除过时产品。

（3）顾客获得更好的服务——要求的精确规格，短的前置期。

（4）顾客直接和制造商交易，消除了相应的供应链库存。

（5）减少库存的成本收益。

（6）现金的释放。

▶ 典型案例3-5 ◀

戴尔的延迟制造

1. 戴尔延迟制造的现状

延迟制造要求企业进行最终装配的产品由标准化、模块化的零部件组成，顾客个性化的需要可以通过对标准化部件的组合装配以及附加其他的个性化模块或服务来实现。戴尔没有在零部件标准化上花太多的精力，而将这些工作交由硬件生产厂家完成。戴尔把精力放在处理和众多供应商的关系上，在这一点上，戴尔减少了供应商的数量，其95%的零部件及原材料由50家供应商提供，其中75%来自30家最大的供应商，另外20%来自规模略小的20家供应商；同时，戴尔采用"供应商库存在制造工厂集中管理"的方法，在自己的组装厂附近建了一个相当大的仓库，并要求所有的供应商在这个仓库中建立自己的库存，戴尔还和所有的供应商一起更快、更准确地分享需求和生产信息，来帮助供应商更好地计划其生产和库存。延迟制造使戴尔减少了库存，使得库存周转时间变成了业界少有的 7 天，这大大加快了资金周转，减少了库存成本和原材料贬值损失，减少了滞销风险和不必要的库存积压及囤货，尤其是预测风险带来的库存。

2. "7 小时库存"

戴尔的营运方式是直销，在业界号称"零库存，高周转"。在直销模式下，公司接到订货单后，将计算机部件组装成整机，而不是像很多企业那样，根据对市场预测制订生产计划，批量制成成品。真正按顾客需求定制生产，这需要在极短的时间内完成，速度和精度是考验戴尔的两大难题。戴尔的做法是，利用信息技术全面管理生产过程。通过互联网，戴尔和其上游配件制造商能迅速对客户订单做出反应：当订单传至戴尔的控制中心，控制中心把订单分解为子任务，并通过网络分派给各独立配件制造商进行排产。各制造商按戴尔的电子订单进行生产组装，并按戴尔控制中心的时间表来供货。戴尔所需要做的只是在成品车间完成组装和系统测试，剩下的就是客户服务中心的事情了。

"经过优化后，戴尔供应链每 20 秒汇集一次订单。"通过各种途径获得的订单被汇总后，供应链系统软件会自动分析出所需原材料，同时比较公司现有库存和供应商库存，创建一个供应商材料清单。而戴尔的供应商仅需要 90 分钟的时间来准备所需要的原材料并将它们运送到戴尔的工厂，戴尔再花 30 分钟卸载货物，并严格按照制造订单的要求将原材料放到组装线上。由于戴尔仅需要准备手头订单所需要的原材料，因此工厂的库存时间仅有 7 小时。这一切取决于戴尔的雄厚技术基础——装配线由计算机控制，条形码使工厂可以跟踪每个部件和产品。在戴尔内部，信息流通过自己开发的信息系统，和企业的运营过程及资金流同步，信息极为通畅。一位戴尔员工说："我们跟用户说的不是'机器可能周二或者周三到你们那里'，我们说的是'周二上午 9 点到'。"

资料来源：https://www.docin.com/p-580506757.html.[2021-12-10].

练习题

1. 供应链环境下的库存管理面临哪些挑战？
2. 简述供应链管理环境下的库存管理模式及其优缺点。
3. 简述 JMI 模式实施流程及流程中各步骤的关键策略。
4. 什么是 VMI？它是如何具体实施的？
5. 美的运用 VMI 管理方法后取得哪些成效？
6. CPFR 的指导性原则是什么？不适用于哪种企业？
7. 用于缩短提前期，提高提前期估计准确性的技术都有哪些？请简要叙述。
8. 精益生产的含义和目标是什么？

9. 在实施精益生产的过程中应该注意哪些方面?
10. 什么是看板管理?它的主要形式有哪些?
11. 什么是 JIT?其核心思想是什么?
12. 简述 JIT 对生产的影响。
13. 什么是延迟制造?它的基本思想是什么?
14. 拉动式生产和推动式生产的定义是什么?它们有什么区别?
15. 简述延迟制造的实现过程。
16. 延迟制造的实施前提有哪些?

第 4 章
库存分类管理

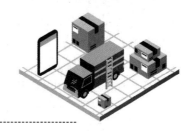

📦【本章学习目的与要求】

1. 掌握 ABC 分析法的概念与特征。
2. 了解几种常见的库存管理办法。
3. 理解 ABC 分析法的体系结构。
4. 掌握 ABC 分析法在实际中的应用方法。
5. 掌握库存编码的概念及其特征。
6. 了解编码的意义和原则。
7. 掌握物资编码的方法。

第 4 章 库存分类管理

【思维导图】

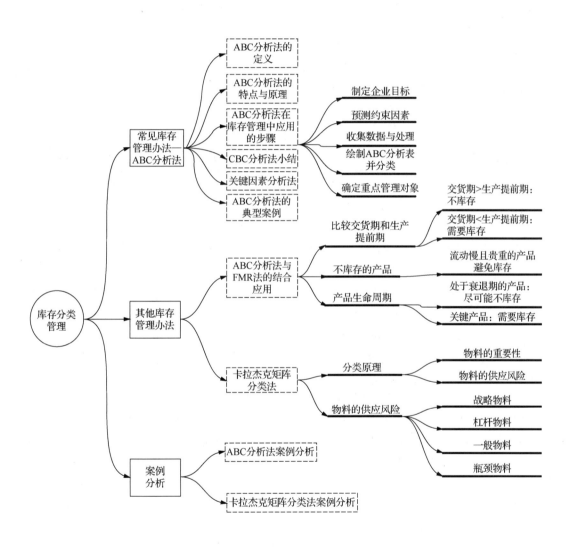

【导入案例】

根据资料显示，我国于20世纪80年代就已引进了ABC分析法，在一些企业的实际应用中取得了良好的经济效益。其中红光陶瓷厂的成功就是一个充分的证明。

红光陶瓷厂是一个生产日用工艺美术陶瓷的专业性工厂，自1980年投产以来，产值以38.28%的递增率逐年增长。但随着生产规模的不断扩大，经济形势的变化，成品库存积压不断上升，再加上原辅材料的价格频繁调高，使产品成本有了较大的增长。因此，厂内物品超储、积压现象严重、资金占用多、周转速度慢等情况已成为库存管理中相当严重的问题。该厂物品品种上千，其重要程度、消耗数量、资金占用等各不相同。怎样搞好存货管理、合理使用资金，做到既能控制、节约储备资金，又能保证企业生产经营活动的正常进行呢？为此，该厂尝试对库存进行ABC分类管理。

该厂现有库存物品品种1174个，全年消耗资金总额1314250元，其中年消耗资金在1000元以上的品种有38个，属于物品管理中的重点，可以对其进行ABC分类管理，剩下的1100多种物品，每种年消耗资金在1000元以下，可以全部归入"其他"类物品处理。在38种重点物品中，把年消耗资金的累计比例占全部物品年消耗资金在0%~80%的物品列为A类物品，80%~90%的列为B类物品，90%以上的判为C类物品。其中列为A类物品的有11种，仅占全厂所有物品品种的0.9%，对这类物品要进行重点管理和控制：如采用经济订货批量法确定其订货量和采购间隔期；确定合适的储备量，严格控制发料，密切注意消耗情况，加强实物和资金的管理等。列为B类物品的有9种，可以进行一般性的管理。列为C类物品的有1154种，品种虽然很多，但消耗金额不大，可以采用较为简便的管理方法，减少订货次数，适当增加储备量。

采取以上措施后，该厂在控制资金占用和降低物品消耗等方面取得了明显的好转。通过ABC分析法将物品分为A、B、C类，改变其批购量和库存量，轻松地降低了库存金额；物品的出库业务和记账业务简化后，可以消除50%~60%的仓储业务，对于劳动力的节省和劳动效率的提高有很大的贡献。对A类物品的严格管理，使仓储损失率大大降低，从而减少了成品对这部分损失的成本负担。1989年与1988年相比，储备资金平均余额由18.93万元下降到18.78万元，百元产值占用储备资金由5.49元下降到4.63元，万元产值消耗物品更由3809元下降到3637元，而且由于降低了3万元产值消耗物品，节省了物品费用6.97万元，减少了储备资金占用34856元，其所带来的节约的占用利息为0.41万元，为全年的经济效益贡献7.38万元。

资料来源：http://wenku.baidu.com/view/5c121edfa58da0116c174947.html.[2021-11-11].

在我国推广应用ABC分析法，不仅能帮助企业开源节流，也是适合我国国情的一种好方法。那么，如何才能在库存管理中有效地应用这一方法呢？本章将加以说明。

4.1 常见的库存管理办法——ABC 分析法

本节主要简述 ABC 分析法，包含 ABC 分析法的定义、特点、原理，ABC 分析法在库存管理中的应用步骤（包括制定目标、收集数据、制作 ABC 分析表、根据 ABC 分析表分类、绘制 ABC 分析图、确定重点管理对象）。最后对 CAV 等库存管理办法进行了简要介绍。

4.1.1 ABC 分析法的定义

ABC 分析法起源于意大利社会学家帕累托对英国人口和收入问题的研究。帕累托认为在对事物进行管理时应该分清决定事物的主次因素，找出对事物起决定性作用的但是却占影响因素数目的比例较小的关键因素，再找出占多数的但对事物影响较少的次要因素，通过对这两种因素的有效管理便可找到解决问题的方法。随着这种研究方法的改进，美国通用电气公司董事长迪基认为上述原理也适用于存储管理。1951 年，管理学家戴克将其应用于库存管理，并将帕累托法则正式命名为 ABC 分析法。1951—1956 年，朱兰创建了排列图，他将 ABC 分析法引入质量管理，使帕累托法则应用于质量问题的分析。1963 年，德鲁克将这一方法推广到全部社会现象，使 ABC 分析法成为企业为提高效益普遍应用的管理方法。

如今人们将 ABC 分析法定义为：一种对进出库频繁的商品重点管理的有效方法，一种基于商品整理、检品等活动的商品管理与分析方法。所以，ABC 分析法可以应用于商品库存成本分析与核算的平台上，对畅销与滞销商品的进出库和库存管理进行研究与计算。ABC 分析法是仓储管理中常用的方法，可用来研究在一定时期中的每种商品的发货量。

4.1.2 ABC 分析法的特点与原理

ABC 分析法的特点是当管理人员要决定一件事时，他要在这件事的众多因素中分清主次，"主"是识别出少数的但对事件起决定作用的关键因素；"次"是种类繁多的但对事件影响极小的次要因素。ABC 分析法的基本原理是通过对事物运用数理统计的方法，根据对种类繁多的各种事物属性或者该事物所占权重的不同要求，进行统计、排列和分类，最终将这些事物划分为 A、B、C 三类，然后对这 A、B、C 三类事物分别给予重点、一般、次要不同级别的管理。一般，在把 ABC 分析法应用到库存管理中时，ABC 分类管理就是将库存物资按品种和占用资金的多少分为重要的 A 类、一般重要的 B 类和不重要的 C 类三个等级，针对不同等级分别进行管理和控制。其具体分类方法为：A 类物资的品种少，占用的资金大；B 类物资的品种比 A 类物资多一些，占用的资金比 A 类物资少一点；C 类物资的品种多，占用的资金少。其具体含义如表 4-1 和图 4-1 所示。

表 4-1　ABC 库存分类

类别	品目数量	资金占用额
A	5%～15%	60%～80%
B	20%～30%	20%～30%
C	60%～80%	5%～15%

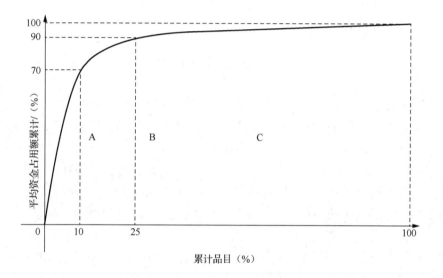

图 4-1　ABC 分类图

ABC 分析法的关键是通过分析少数却占用资金较大的事物，认识到事物的本质与规律，最终为企业盈利。

Tips

前面所讲的 ABC 分类的标准是基于统计数字的，所谓 20%或 80%等并不是一个绝对值。企业在实施时，如何确定这个划分界线，需要结合自身的情况，选择适合自己的标准。

4.1.3　ABC 分析法在库存管理中应用的步骤

1. 制定符合企业实际情况的库存管理目标

企业管理者应该制定出一个符合自己企业的库存管理目标。

（1）制定库存控制具体目标。例如，库存资金目标、保证企业正常生产的最低存货量目标、库存最低成本目标等。

(2) 库存管理过程中可能取得的成效的目标,包括压缩库存总量的比例、减少积压库存资金占已积压的资金的比例、精简库存管理人员数量、库存结构合理化等。

2. 预测企业在制订库存控制计划时的约束因素

在制订企业库存控制计划时,首先要对可能面临的问题和环境进行合理约束和预测。按照一般的企业经验,制订库存控制计划的约束因素分析与探讨可从以下3个方面进行考察。

(1) 市场需求的不确定性。商品销售的好坏、运输是否顺畅、管理水平的高低都会对库存管理结果产生影响。企业应该将商品按项目分组,实施合理的库存管理,这样才能对变化方向不确定的商品进行合理的库存管理。

(2) 订货周期的变动。外部条件的不确定性(如自然灾害等突发性事件导致的订货周期不稳定等问题)可能使企业的库存管理失控。

(3) 成交商品的价格变动因素。成交商品的价格变动因素是导致库存控制系统不稳定的重要原因之一。

3. 数据的收集与处理方法的选择

企业应该根据自己的需求制定企业特有的分析内容与对象,收集所需的数据。例如,当企业要分析库存产品成本时,应该收集相关产品成本因素和构成方面的数据。当收集完数据后,对所收集到的数据,需要选择适当的数据处理方法对其进行整理,按照该方法的相关要求进行计算和汇总。

4. 制定ABC分析表

ABC分析法的分析表的表栏一般由9栏构成(企业可以按照自己的需要对表栏进行删减)。标准表格如表4-2所示。

表4-2 ABC分析表

商品数目累计	商品名称	品目累计百分数	商品单价	平均库存量	平均资金占用额	平均资金占用额累计	平均资金占用额累计百分数	分类
1								
2								
…								

第一栏:商品数目累计,记录商品的序号。
第二栏:商品名称。
第三栏:品目累计百分数,该商品数目与总商品数目的百分比。

第四栏：商品单价。

第五栏：平均库存量。

第六栏：平均资金占用额，平均资金占用额=商品单价×该商品的平均库存量。

第七栏：平均资金占用额累计。

第八栏：平均资金占用额累计百分数。

第九栏：分类，确定该商品所属的 ABC 类别。

在 ABC 分析表中填入数据时，首先将第二步已经算出的平均资金占用额，按照从大到小的方式排列，然后将这个数列由大到小填入第六栏，将商品名称填入第二栏，商品单价填入第四栏，平均库存量填入第五栏，在第一栏中，将商品按照 1、2、3……编号，即为商品的序号。计算出品目累计百分数后填入第三栏，平均资金占用额累计填入第七栏，平均资金占用额累计百分数填入第八栏。

☑ Tips

ABC 库存管理大大提高了库存管理的效率。随着现代计算机技术的进步，采用 Matlab、Excel 等软件进行 ABC 分析可以大大提高工作效率。

5. 根据ABC分析表分类

观察 ABC 分析表第三栏的品目累计百分数和第八栏的平均资金占用额累计百分数。按照表 4-1 对商品进行分类。

将分好类的商品级别填入 ABC 分析表的第九栏中。

6. 绘制ABC分析图

以累计商品百分数为横轴，以累计资金占用额为纵轴，将已经制作好的分析表中的第三栏和第八栏的数据，在坐标图中绘出，最后用平滑的曲线连接各点，绘制出 ABC 分析曲线。然后根据 ABC 分析表中的数据和确定 A、B、C 三种类别的鉴别方法，在图中标出 A、B、C 三类商品的范围，绘制出 ABC 分析图，既可以是图 4-1 的表示形式，也可以是直方图的表示形式。在企业的运营中，企业一般会选择更直观的条形直方图，如图 4-2 所示。

7. 确定重点管理对象

根据以上的分析结果，可以明确在企业库存管理中的侧重点，对不同的三类商品进行有区别的管理。对于 A、B、C 三类商品，企业管理者可以分别制定不同的管理目标。

A 类商品的管理目标：企业必须对 A 类库存定时进行盘点，详细记录及经常检查物资使用、存量增减、品质维持等信息，加强进货、发货、运送管理，在满足企业内部需要和顾客需要的前提下维持尽可能低的经常库存量和安全库存量，加快库存周转率。

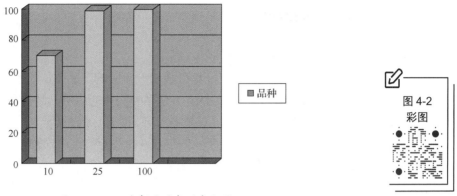

图 4-2 ABC 分析法的条形直方图

B 类商品的管理目标：由于 B 类库存的状况处于 A 类库存和 C 类库存之间，因此对 B 类库存的管理强度介于 A 类库存和 C 类库存之间，对 B 类库存进行正常的例行管理和控制即可。

C 类商品的管理目标：C 类库存物资数量最大，但对企业的重要性最低，因而被视为不重要的库存，对于这类库存一般进行简单的管理和控制，如保持大量库存、减少这类库存的人员和设施、库存检查时间间隔长等。

具体管理侧重点如表 4-3 所示。

表 4-3 ABC 管理侧重点

类别	A	B	C
价值	高	中	低
管理重点	1. 准确的需求预测和详细的采购方案 2. 严格的库存控制 3. 严格的物流控制和后勤保障 4. 对突发事件的准备 5. 供应商的合作	1. 供应商选择 2. 建立采购优势 3. 目标价格管理 4. 订购批量优化 5. 最小库存 6. 供应商的竞争与合作	1. 物品标准化 2. 订购批量优化 3. 库存优化 4. 业务效率 5. 供应商的竞争与合作
订货量	少	较多	多
检查方式	经常检查和盘存	一般检查和盘存	按年度或季度检查盘存
记录	最准确、最完整	正常记录	简单记录
统计方法	详细统计，按品种规格等项目进行统计	按大类进行统计	按金额统计
保险储备量	低	较大	允许较高

4.1.4　ABC 分析法小结

1. ABC分析法在其他领域的应用

在质量管理中，人们可以利用 ABC 分析法分析影响产品质量的主要因素，采取相应的对策。例如，列出影响产品质量的因素，包括外购件的质量、设备的状况、工艺设计、生产计划变更、工人的技术水平、工人对操作规程的执行情况等。以纵轴表示由于前几项因素造成的不合格产品占不合格产品总数的累计百分数，以横轴表示不合格产品数量的多少，从大到小顺序排列影响产品质量的各个因素。这样，就可以很容易地将影响产品质量的因素分为 A 类因素、B 类因素和 C 类因素。假设通过分析发现外购件的质量和设备的维修状况是造成产品质量问题的 A 类因素，那么就应该采取相应措施，严格控制外购件的采购过程，并加强对设备的维修，解决好这两个问题，就可以大大降低质量不合格产品的数量。

ABC 分析法还可以应用在营销管理中。例如，企业在对某一产品的顾客进行分析和管理时，可以根据用户的购买数量将用户分成 A 类用户、B 类用户和 C 类用户。由于 A 类用户数量较少，购买量却占公司产品销售量的 80%，因此企业一般会为 A 类用户建立专门的档案，指派专门的销售人员负责对 A 类用户的销售业务，提供销售折扣，定期派人走访，采用直接销售方式；而对数量众多，但购买量很小，分布分散的 C 类用户，则可以采取利用中间商的间接销售方式。

需要说明的是，应用 ABC 分析法，一般是将分析对象分成 A、B、C 三类，但也可以根据分析对象重要性分布的特性和对象的数量分成两类、三类或以上。

2. ABC分析法在库存管理上存在的不足与改进

（1）不足之处。

有时企业对库存进行 ABC 分类的标准过于单一，一般都会按库存物品占用资金的比例的大小进行分类，对采购难易度、采购提前期、供方垄断、生产依赖性等因素并没有进行充分的考虑，所以 ABC 分析法具有一定的片面性。

（2）改进措施。

企业可根据自己的需要来扩展 ABC 分析法。例如，企业可以结合采购难易度、采购提前期、供方垄断、生产依赖性等因素，利用专业的计算机应用软件对库存进行自动分析。

3. 应用ABC分析法时应该注意的问题

（1）在实施 ABC 分析法时，企业应从实际出发，根据企业的生产及经营特点对 ABC 分析法进行灵活的应用，分类情况要视具体情况而定。

（2）在库存管理中应用 ABC 分析法的核心就是对重点物品进行重点管理。

（3）在库存管理中应用 ABC 分析法的重点不仅在于物品本身的重要程度，还在于资金占用程度。

（4）虽然 A 类物品占用的资金量最大，但它为企业贡献的利润并不一定是最大的，因此在必要的时候，也可以根据不同库存物品对企业利润贡献大小进行 ABC 分析，同时制定相应的管理策略。

综上所述，虽然 ABC 分析法存在着一定的局限和不足，但仍不失为库存管理中一种非常实用的方法。

4.1.5 关键因素分析法

根据客户对企业的贡献，也可以对客户进行 ABC 分类管理。显然，对于不同客户所需要的物品，在库存管理中，应当采取不同的管理方法。在同等情况下，A 类客户所需要的物品应当首先得到满足。使用关键因素分析法（Critical Value Analysis，CVA）管理库存，对于对客户进行 ABC 分类管理的企业具有重要意义。

关键因素分析法的基本思想是将库存物品按照关键性分为 3~5 类，对不同类型的物品采取不同的管理方式。

1. 最高优先级物品

最高优先级物品是指在企业的库存中不允许缺货的物品。在企业经营活动中起决定性作用的物品同时也是 A 类重点客户所需要的物品。

2. 较高优先级物品

较高优先级物品是指在企业库存中可以偶尔缺货的物品。在企业经营活动中起到基础性作用的物品同时也是 B 类客户所需要的物品。

3. 中等优先级物品

中等优先级物品是指在企业的库存中可以在企业规定的服务水平范围之内缺货的物品。在企业经营活动中起相对重要作用的物品同时也是 C 类客户所需要的物品。

4. 较低优先级物品

较低优先级物品是指在企业库存中允许缺货的物品，也是在企业经营活动中虽然需要但可替代性很高的物品。

4.1.6 ABC 分析法的典型案例

在市场竞争日益激烈的情况下，库存占据制造企业流动资产的很大一部分。企业要想取得较大的经济效益，除了提高销售收入，最直接有效的方法就是降低成本。从生产和运营等方面降低成本的可能性不大，但仍有很大的空间来降低库存成本，因此，降低库存成本逐渐成为企业的利润来源。目前，大部分企业对库存管理都缺乏认识和重视，中小型生产企业在库存管理方面尤其不足。ABC 分析法在库存控制和货位优化中起着重要作用。

▶ **典型案例4-1** ◀

M 公司是一家专注于印刷、包装、造纸行业的小型公司，主要从事包装材料、印刷耗材、制版材料等的生产、销售及售后服务。目前，M 公司仅有一个面积不足 100 平方米的原材料仓库，存放生产用原材料及辅料，库存管理比较混乱，库存数量和结构都有待进一步优化。

M 公司库存的分类管理由于没有专人负责，库存管理方式过于经验化，对所有物料均采用单一的粗放式库存管理方法，重点物资得不到应有的重视和管理，一些低价值物料却占据了仓库的主要位置且积压严重，对企业造成不良影响。M 公司原材料采购基本上是根据用料部门申请进行采购，预测不准确，采购人员为了取得批量折扣不按照生产需求量进行大量采购，使得一些物料产生积压，占用大量流动资金，个别物料因未设置库存预警，存在临时采购，价格较高，偶尔还会出现缺货现象，影响正常生产进度。

通过对 M 公司的库存分析，结合该公司的实际情况运用 ABC 分析法对库存物资进行科学管理。制作 ABC 分类表，主要根据不同物料的品种和资金占用情况将库存物资分为关键的少数（A 类）、一般物料（B 类）和次要的多数（C 类）。

收集 M 公司某一季度内 13 个品种规格的原材料的库存量、单价等数据，并按照每种物料的库存总金额由高到低顺序进行排序。

在掌握物料基础数据的基础上，计算各品种占总品种数的百分比，累计品种百分比，各品种库存金额占总库存金额的百分比、累计库存金额百分比。将累计品种百分比约 15%、累计库存金额百分比约 80% 的物料确定为 A 类；将累计品种百分比约 60%、累计库存金额百分比约 10% 的物料确定为 C 类；将其余介于两者之间的物料确定为 B 类，如表 4-4 所示。

表 4-4 M 公司物料 ABC 分类表

物料名称	品种	金额/元	品种百分比	累计品种百分比	库存金额百分比	累计库存金额百分比	分类
钢板	5	28781	3.79%	3.79%	34.81%	34.81%	A
堵头	8	26058	6.06%	9.85%	31.52%	66.33%	A
璘铜球	7	9311	5.30%	15.15%	11.26%	77.59%	A

续表

物料名称	品种	金额/元	品种百分比	累计品种百分比	库存金额百分比	累计库存金额百分比	分类
硫酸镍	4	4000	3.03%	18.18%	4.84%	82.43%	B
电雕针	5	3650	3.79%	21.97%	4.41%	86.84%	B
铬添加剂	2	3260	1.51%	23.48%	3.94%	90.78%	
油墨	5	1800	3.79%	27.27%	2.18%	92.96%	
焊剂	10	1623	7.58%	34.85%	1.96%	94.92%	
镍板	25	1484	18.94%	53.79%	1.79%	96.71%	
电雕白油	10	1050	7.58%	61.37%	1.27%	97.98%	C
砂轮	20	800	15.15%	76.52%	0.97%	98.95%	
抛光膏	11	586	8.33%	84.85%	0.71%	99.66%	
焊丝	20	280	15.15%	100%	0.34%	100%	

企业运用 ABC 分析法可以使管理人员从繁杂的事务工作中脱身出来，集中精力于主营业务。企业需对相关人员进行专业知识和技能的培训，提高成本意识，严格按照分类执行和开展管理工作。同时，企业管理人员应重视企业仓储成本管理和绩效管理，为仓储管理创建激励、约束和考核机制。

ABC 分析法操作简便，可对库存物品进行合理控制、创造库存经济效益奠定基础。M 公司采用此管理方法，将会在原材料库存控制方面取得较大改善，提升库存管理水平，尽可能避免库存积压与缺货现象的发生，使库存结构逐步趋于合理化，加快资金周转速度，创造一定的经济效益。

资料来源：方春艳，2019. ABC 分类法在制版企业库存管理中的应用研究[J]. 物流工程与管理，41(6):39-40.

▶ 典型案例4-2 ◀

小微企业——WZ公司的库存分类管理

WZ 公司是一家专门经营进口医疗器械产品的公司，2015 年该公司经营的产品有 26 个品种，共有 60 个客户购买其产品，年营业额为 6800 万元。对于 WZ 公司这样的贸易公司而言，因其进口产品交货期较长、库存占用资金大，库存管理显得尤为重要。因此，WZ 公司决定采用 ABC 分类法进行库存管理。

WZ 公司按销售额的大小，将其经营的 26 种产品排序，划分为 A、B、C 三类。排序在前 3 位的产品占到总销售额的 97%，但只占总库存的 11.5%，因此，把它们归为 A 类产品；排名第 4、5、6、7 位的产品每种产品的销售额在 0.1%～0.5%之间（共占总销售价值的 2%），占总库存的 15.4%，把它们归为 B 类；其余的 21 种产品（共占销售额的 1%），占总库存的 73.1%，将其归为 C 类。对 A 类的 3 种产品实行连续性检查策略，即每天检查其库存情况，且为了防止预测的不准确及工厂交货的不准确，该公司还设定了安全库存量。对 B 类产品的库存管理采用周期性检查策略。每个月检查库存并订货一次，目标是每月检查时应有以后两个月的销售数量在库里（其中一个月的用量视为安全库存），且在途还有一个月的预测量。对 C 类产品，则采用了定量订货的方法。根据历史销售数据，得到产品的半年销售量，为该种产品的最高库存量，并将其两个月的销售量作为最低库存。

WZ 公司在对产品进行 ABC 分类以后，该公司又对其客户按照购买量进行了分类。发现在 60 个客户中，前 5 位的客户购买量占全部购买量的 75%，将这 5 个客户定为 A 类客户；

到第 25 位客户时，其购买量已达到 95%。因此，把第 6 到第 25 位的客户归为 B 类，其他的第 26 到第 60 位客户归为 C 类。对于 A 类客户，实行供应商管理库存，一直保持与他们密切的联系，随时掌握他们的库存状况；对于 B 类客户，基本上可以用历史购买记录，以需求预测作为订货的依据；而对于 C 类客户，有的是新客户，有的一年也只购买一次，因此，只在每次订货数量上多加一些，或者用安全库存进行调节。

ABC 分类以后，WZ 公司的库存管理效果主要体现在：降低了库存管理成本，减少了库存占用资金，提高了主要产品的库存周转率。避免了缺货损失、过度超储等情况。提高了服务水平，增强了客户的满意程度；树立了良好的企业形象，增强了企业的竞争力。

正如党的二十大报告中所强调的，我们要加快实施创新驱动发展战略。加强基础研究，突出原创，鼓励自由探索。加强企业主导的产学研深度融合，强化目标导向，提高科技成果转化和产业化水平。强化企业科技创新主体地位，发挥科技型骨干企业引领支撑作用，营造有利于科技型中小微企业成长的良好环境，推动创新链、产业链、资金链、人才链深度融合。WZ 公司正是采用了与传统库存管理方法不同的创新性 ABC 库存管理法，且把此种分类方法用到了客户管理中，才能更有效地降低成本，提高客户满意度和企业竞争力。

4.2 其他库存管理办法

本节主要介绍一些其他的库存管理办法，首先对 ABC 分析法与 FMR 方法的结合应用进行讲解，主要包括方法的应用前提，物料的分类规则，并且对于不同的分类方式会采取相应的管理策略；然后对卡拉杰克矩阵分类法的原理、分类策略进行介绍。

4.2.1 ABC 分析法与 FMR 法的结合应用

在实际的企业运作中，企业一般会采用 ABC 分析法与 FMR 法相结合应用的方法进行库存管理，ABC 分析法与 FMR 法结合应用的方法也有助于企业的库存管理，大大提升了企业的库存管理效率。

同库存 ABC 分析法类似，根据"80/20"原则，将产品按照销售频次高低分为 F、M、R 三类。

（1）F 类的出库频率高，约占全部订单数的 80%。
（2）M 类的出库频率中，约占全部订单数的 15%。
（3）R 类的出库频率低，约占全部订单数的 5%。

1. ABC/FMR 分析

ABC/FMR 分析作为主要的库存策略，但也要考虑以下几点。

（1）比较承诺给客户的交货期和生产提前期来确定库存是否缺货。
① 如果交货期>生产提前期，则不库存。
② 如果交货期<生产提前期，则需要库存。
（2）不库存的产品。流动慢且贵重的产品避免库存，但要尽量通过缩短生产提前期或者延长承诺给客户的交货期（需要与营销部门沟通）来保证满意度。
（3）产品生命周期（从市场和销售获取信息）。
① 处于衰退期的产品，尽可能不库存。
② 关键产品，需要库存。

价值分析可进一步细分为 A、B、C、D 四类，频次分析可分为 F、M、R、S 四类。

2. ABC/FMR 示意图

ABC/FMR 示意图如图 4-3 所示。根据图 4-3，可以将库存分为 AF、BM、CR 等类别，然后对这几种类别进行有区别的管理。对每种产品进行 ABC/FMR 分析后形成如图 4-4 所示的库存策略矩阵。需要注意的是，库存策略也需要考虑周期性（客户需求/物流周期、产品生命周期）或季节性因素。

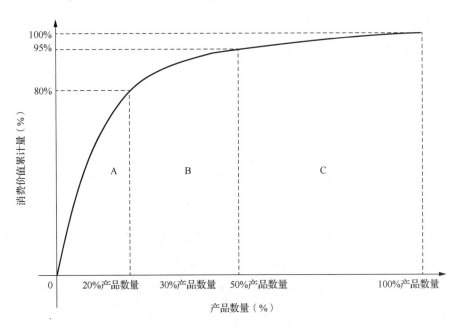

图 4-3 ABC/FMR 示意图

	F高	M中	R低
A高	AF	AM	AR
B中	BF	BM	BR
C低	CF	CM	CR

图 4-4 ABC/FMR 库存策略矩阵

ABC/FMR 库存策略表如表 4-6 所示。

表 4-6 ABC/FMR 库存策略表

库存管理类别	库存管理方法
AF、AM	仔细跟踪数据的库存
AR	需要避免的库存，此类库存具有流动慢、可能失效的特点
BF、BM	贵重的、快速流动的库存
BR	贵重的、快速流动的库存，需要仔细跟踪数据
CF、CM	便宜的、快速流动的库存，此类库存可以自动化管理
CR	便宜的、流动慢的库存，在特殊情况下可以允许有的少量库存

4.2.2 卡拉杰克矩阵分类法

由于 ABC 分析法的应用，使得企业在对物品进行科学、有效的管理的同时，达到了节约人力、物力、财力和时间成本的目的。但只引入采购品种与金额的对应关系，忽略了其他关键因素对物品管理所带来的影响，造成了 ABC 分析法不可忽视的缺陷。而这也促使了其他分类方法的衍生与发展。

其中，卡拉杰克矩阵分类法是应用较为广泛的方法之一，最早出现于彼得·卡拉杰克的《采购必须纳入供应管理》一文。作为资产投资管理工具，"投资组合模型"这一概念最初是由哈里·马科维茨 1950 年提出。1983 年，卡拉杰克率先将此组合概念引入采购领域。该矩阵被用作公司采购组合的分析工具。该模型主要根据物料对利润的影响和物料供应的风险两个方面判断物料的属性。根据上述两个因素的大小，可以利用一个二阶矩阵将采购物品划分为战略型项目、杠杆型项目、瓶颈型项目和一般性项目。这个矩阵被称为卡拉杰克矩阵。

它的核心理念就是从原物料的风险程度和重要性两个维度出发，然后将不同的物料按照特定的标准进行策略性的细分，进而对细分出来的各类物料设定不同的管理方法和措施。这可以帮助公司专注于企业资源的合理分配，实现有效提高采购效率的同时也能够控制和降低采购成本。下面对卡拉杰克矩阵中的两个维度的具体意义分别进行描述。

第一是物料的重要性。这是指该物料在公司产品的生产过程中，所起到的在质量和成本方面的影响程度。它可以是物料采购金额占总采购金额的比率，也可以是其物料成本占产品总成本的比率，还可以是物料对产品质量的影响程度等。一般而言，物料的重要性越高，企业在制定采购策略时给予的重视度越高。

第二是物料的供应风险。这是指物料本身在短期和长期的供应可持续性和保障性，它一般会受到物料的采购提前期、物料的替代可能性、制程复杂度、供应商的数量、供应商的可靠性及准时交货率等因素的影响。一般而言，如果物料的风险程度越大，那么在采购管理方面的难度就会相对越大，也就是说，采购方在谈判过程中所处的谈判地位降低，而其相应的支配能力也会较弱。按照上述分析，依据物料的重要性以及供应风险，就可以建立一个两个维度的组合，从而形成一个矩阵，这个矩阵是二维四象限的，战略物料、瓶颈物料、杠杆物料和一般物料分别位于矩阵的四个象限之中，如图 4-5 所示。

（1）战略物料。

战略物料是对企业来说重要性高而又存在着很高风险的物料。这类物料往往只有一个可以利用的供应来源，或者获取这类物料的困难度较高，而且无法在短期内取得快速的改变，不然可能会付出重大的代价。通常情况下，这类物料在最终成品的成本构架中占有很高的百分比，而又受很多外部条件所影响，它们的价值需要通过客户满意度而非采买价格来衡量。针对这类物料，需要与供应商紧密合作，建立长期稳定的友好合作关系，甚至建立战略同盟，实现成本的最优化。另外，由于此类物料的价格昂贵，也是企业在市场竞争中取得战略优势的保证，所以应该进行细致的市场调查并做出较为精准的预测，并以此为依据对安全库存进行合理的评估和构建，以确保供给稳定性。

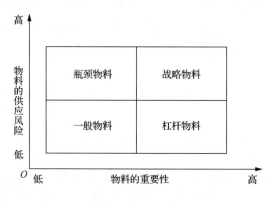

图 4-5　卡拉杰克矩阵物料分类图

（2）杠杆物料。

杠杆物料在企业中属于重要性高且风险相对较低的物料。这类物料采买价格较高，需要占用企业较多的资金来采购，其在最终成品的成本构架中也占很高的比率，但是市场上可供选择的供应商较多，企业可以通过不同的途径取得，风险相对较低。针对这类物料的管理策略注重于总成本最小化，往往可以采取扩大供应源增加供应商竞争、建立替代性物料、设定目标成本等方式来落实。另外，在库存管理方面则要选择先进的管理方式，尽量控制库存水平来降低库存成本和管理成本。

（3）一般物料。

一般物料不管是重要性还是供应风险都是比较低的。这类物料本身价值较低，在市场有大量的供应商可以选择，采购过程中的风险很低，然而这类物料的品种繁杂，需要耗费相对较多的时间及精力。为了节省有限的资料，针对此类物料应该采取物料标准化、减少频繁订购、采购流程简单化及自动化、提高业务效率等措施来降低管理成本。

（4）瓶颈物料。

瓶颈物料在企业中属于重要性相对较低但是存在很大供应风险的物料。这类物料品种较少，所占采购金额比率不高，在最终成品的成本架构中的所占比率也较低，但是却往往因为制程复杂、设计专用、合格供应商难以寻觅而导致很难在市场上获取。这类物料往往是卖方占优势的状态，也会存在因为供应商少、产能受限、物流不及时等原因造成的交货率低的情况，更严重的乃至造成缺货成本损失。针对此类物料需要提前规划，建立风险防范机制，同时也要积极开发新供应商或者导入纵向一体化，完善物料的转换，另外在库存方面，要保持警惕，建立一定的安全库存。

卡拉杰克矩阵分类法综合考虑了采购价值和供应风险两方面的因素，对不同性质、不同特征的采购物料进行分类，并分门别类进行有针对性的采购管理：对于价值较高的战略物料和杠杆物料，因其成本的高低直接影响到产品的最终成本、最终收益，所以应加以严格管理和控制；对于一般物料和瓶颈物料，在保证供应的前提下进行简单化的采购管理。同时，根据不同物料类型所具有的风险，可以从采购规模、采购形式等方面进行风险控制。

4.3 案例分析

4.3.1 ABC 分析法案例分析

A 钻探公司担负保障任务的物资供应工作责任重大，物资管理工作的好坏，直接影响企业的生产经营活动。库存管理在企业的物资管理中起着至关重要的作用，它与产品的生产成本及企业的管理成本都直接相关，做好库存管理优化工作能够为企业调整产品结构、加速资金周转、提高市场竞争能力打好基础。A 钻探公司属于资金密集和技术密集的企业，收入的增长离不开技术和装备的投入，近几年随着技术和装备的投入，库存储备量也不断增加，这就导致资金的过度占用及资产周转率有所降低。在资源有限的情况下，应该加强库存管理工作，提高效率，以取得事半功倍的效果。ABC 分析法是一种科学的现代管理方法，在目前企业面临原材料短缺和价格上涨、流动性紧张、产品成本上升等问题的形势下，有效利用 ABC 分析法来解决企业库存管理中遇到的问题，具有非常重要的现实意义。ABC 分析法的具体实施如下。

（1）确定统计期。

根据企业性质和物资周转频率及库存峰值，确定统计期。

（2）收集基础数据。

将各系列的出库金额进行统计，按降序排列，取排列前 15 名的系列作为 ABC 分析法物资统计的数据基础，如表 4-7 所示。

表 4-7 物资分类消耗表

序号	大类	产品名称	种类	金额/万元
1	19	火工产品及放射性材料	48	1300
2	37	石油专用仪器仪表	100	800
3	32	电工材料	25	70
4	36	电子工业产品	52	60

续表

序号	大类	产品名称	种类	金额/万元
5	21	劳动保护产品	56	50
6	7	油品	14	45
7	20	轻纺产品	17	40
8	14	橡胶及制品	10	35
9	55	重型汽车配件	103	30
10	60	杂品	63	25
11	17	通用化工产品	8	10
12	54	内燃机及拖拉机配件	30	9
13	56	一般汽车配件	62	8
14	40	工具器具	84	7
15	34	日用电器	48	5
		小计	720	2494

（3）制定物资消耗 ABC 分类表。

通过对种类及消耗金额占全部种类及消耗金额的百分比，分类及累计汇总，编制出年度物资消耗 ABC 分类表，如表 4-8 所示。

表 4-8 年度物资消耗 ABC 分类表

序号	产品名称	种类	品目百分比（%）	平均资金占用额/万元	平均资金占用额百分比（%）	平均资金占用额累计百分比（%）	分类
1	火工产品及放射性材料	48	6.67	1300	52.12	52.12	A
2	石油专用仪器仪表	100	13.89	800	32.08	84.20	A
3	电工材料	25	3.47	70	2.81	87.01	B
4	电子工业产品	52	7.22	60	2.41	89.42	B
5	劳动保护产品	56	7.78	50	2.00	91.42	B
6	油品	14	1.94	45	1.80	93.22	C
7	轻纺产品	17	2.36	40	1.60	94.82	C
8	橡胶及制品	10	1.39	35	1.40	96.22	C
9	重型汽车配件	103	14.31	30	1.20	97.42	C
10	杂品	63	8.75	25	1.00	98.42	C

续表

序号	产品名称	种类	品目百分比（%）	平均资金占用额/万元	平均资金占用额百分比（%）	平均资金占用额累计百分比（%）	分类
11	通用化工产品	8	1.11	10	0.40	98.82	C
12	内燃机及拖拉机配件	30	4.17	9	0.36	99.18	C
13	一般汽车配件	62	8.61	8	0.32	99.50	C
14	工具器具	84	11.66	7	0.28	99.78	C
15	日用电器	48	6.67	5	0.22	100	C
	小计	720	100	2494	100		

（4）汇总 ABC 分类表。

汇总 ABC 分类表如表 4-9 所示。

表 4-9　汇总 ABC 分类表

序号	大类	产品名称	分类
1	19	火工产品及放射性材料	A
2	37	石油专用仪器仪表	A
3	32	电工材料	B
4	36	电子工业产品	B
5	21	劳动保护产品	B
6	7	油品	C
7	20	轻纺产品	C
8	14	橡胶及制品	C
9	55	重型汽车配件	C
10	60	杂品	C
11	17	通用化工产品	C
12	54	内燃机及拖拉机配件	C
13	56	一般汽车配件	C
14	40	工具器具	C
15	34	日用电器	C

（5）绘制 ABC 分类图。

以品种累计百分比为横轴，以累计消耗金额百分比为纵轴，绘制 ABC 分类图，如图 4-6 所示。

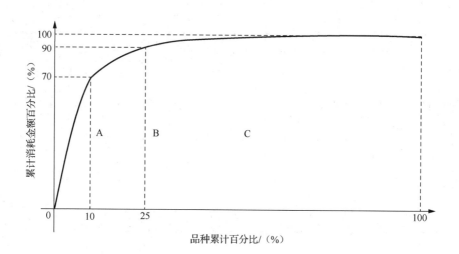

图 4-6 ABC 分类图

（6）根据分类对 A、B、C 三类产品采用不同的管理方式。

根据以上几步的分析结果，可以明确在企业库存管理中的管理侧重点，对不同的三类产品进行有区别的管理。考虑 A、B、C 三类产品，企业管理者可以分别决定其采购模式和重点管理对象等内容。

A 类产品的管理目标：采取定期采购模式，并预测出每种产品的预定采购额，加大力度压缩库存量，短期限的盘点商品数量。维持企业最低需求的库存预测。

B 类产品的管理目标：采取定量采购模式，基于企业经营模式，调节库存水平，如订购量与库存量成比例的升降调节。

C 类产品的管理目标：采用不定期定量采购（订货点）方法，储存采取双仓法，库存管理方式是集中式地大量订货和保持大库存量。

4.3.2 卡拉杰克矩阵分类法案例分析

H 公司主营业务为生产涡轮增压器，其主要客户为汽车主机厂。为了支持和保证 H 公司的正常运作，为了满足各使用部门的日常需求，H 公司采购部门需要采购大量的物料和服务。大到生产设备，小到订书钉，都需要采购员通过正规的采购流程进行采购。H 公司的物料采购清单如表 4-10 所示。

表 4-10 H 公司的物料采购清单

物料类型	总金额/元
生产线耗材类	4283054
IT 耗材类	51515

续表

物料类型	总金额/元
办公室耗材类	167073
仓库耗材类	109171
生产线工具类	678001
劳保耗材类	396427
实验室耗材类	105467

每年，H公司需要采购的物料不计其数。物料可以大概分为紧急的和非紧急的。一般而言，生产线上的备件和耗材为紧急物料，若发生缺货或者延期交货，重则会影响生产线的正产运作。而办公室的耗材，如文具、桌椅等，即使缺货，也不会产生非常严重的后果。在这种情况下，H公司应根据物料的类别和紧急性，将对应的物料划分成几大类，制定相应的采购策略，并确保对物料的实时监控。

1. 卡拉杰克矩阵分类法的实施

根据卡拉杰克矩阵分类法，用物料的重要程度和供应风险两大因素可以将物料分为四大类，即杠杆物料、瓶颈物料、战略物料和一般物料。

杠杆物料。一般情况下，该类物料由多家供应商供应，货源渠道多样，并且，该类物料在总成本里也占很大的比例，为了达到降成本的目的，可利用招标等手段，通过竞争的方式降低价格。

瓶颈物料。通常这类物料的价值占总成本份额不大，但是市场供应力脆弱。一般情况下，仅有少数供应商能够提供该物料，而且供货周期和服务完全受限于供应商，企业缺乏主动权。在这种情况下，企业能够做的有两点：第一点是通过安全库存和定向采购等方式，确保该类物料的及时供应，避免供应风险；第二点是不断挖掘新的有资质的供应商，做好储备工作，扩大供应商资源，从而将此类物料转换成其他的物料。

战略物料。一般情况下，该类物料由单一供应商供应，货源渠道单一，而且为了降低重大损失的风险，企业在短时间内很难更改这种状态。并且，该类物料的价值在总成本里占很大的比例。对于这类供应商，企业需要与其达成战略合作伙伴关系，保持长期稳定的合作。同时，有必要接触其生产过程甚至接洽更上游的供应商，共同寻找改善机会，从而控制甚至降低价格。

一般物料。通常这类物料的价值最低并且有大量的供应商可以选择。但是这类物料耗时耗力是最大的。为了提升工作效率和减轻工作量，企业需要对这类物料的采购流程进行优化，减少不必要的采购步骤，节约采购时间和精力。也可以通过对同类别物资进行合并采购管理，精简供应商数量，从而降低采购管理成本。

根据上述物料的特点，列出H公司的物料分类表，如表4-11所示。

表 4-11 基于卡拉杰克矩阵的物料分类表

分类项目	杠杆物料	瓶颈物料	战略物料	一般物料
供应风险	低	高	高	低
是否标准件	标准	多半为非标准件	多半为非标准件	标准
年消耗量	高	低	高	低
供应商数量	多	少	少	多
该业务对供应商的吸引力	高	低	高	低
对应H公司的物料类别	生产线工具类 劳保耗材类	实验室耗材类	生产线耗材类	办公室耗材类 仓库耗材类 IT耗材类

2. 根据不同物料分类采取差异化的采购策略

（1）战略物料采购策略。

H公司的战略物料包括生产线耗材类物料。该物料大部分为非标件和进口件。此类物料的特点在于供应商资源稀缺，但是年消耗量大且总价值最大。对于此类物料，H公司需要与优质供应商形成战略合作关系，可以介入供应商产品开发的初期，寻找改善机会，从而从源头上降低采购成本。

（2）杠杆物料采购策略。

H公司的杠杆物料包括生产线工具类和劳保耗材类物料。此物料一般为标准件，市场购买渠道多，且年消耗量大、金额高。对于此类物料，H公司需要根据历年的消耗量及当前产量，预估该物料年需求量，从而进行大批量集中采购。利用反向竞标等手段，迫使供应商降价。对于转换成本高的物料，精简供应商，将采购需求集中在几家关键供应商手上，从而减少采购过程成本和供应商管理成本。对于转换成本低的物料，尽可能多地邀请供应商进行竞价，以获取更优惠的价格。

（3）瓶颈物料采购策略。

H公司的瓶颈物料包括实验室耗材类物料。该物料大多为实验室量、检具，大部分为非标准件。由于精度要求，符合要求的供应商资源有限，交货周期得不到保障。对于此类物料，H公司需要做好库存工作，重点关注供应风险，价格和成本次之；建立科学有效的风险预案，防患于未然；对于现有供应商，尽量建立起长久合作的伙伴关系。同时，尽量寻找更多供应商资源，将此类物料从瓶颈物料转为一般物料。

（4）一般物料采购策略。

H公司的一般物料包括办公室耗材类、仓库耗材类和工厂耗材类物料。该类物料的年度采购费用较低、供应渠道多及供应商风险极低。对于此类物料，H 公司需要简化采购流程，采取批量采购和自动化采购流程；减少供应商，并对供应商进行集中管理，优化管理流程和体系。

练习题

1.（单项选择题）下列不属于卡拉杰克矩阵分类法的项目是（　　）。
 A. 瓶颈物料　　　　B. 特殊物料　　　　C. 杠杆物料　　　　D. 战略物料
2.（单项选择题）在 ABC 分析法中，A 类商品的订货量（　　）。
 A. 少　　　　　　　B. 较多　　　　　　C. 多　　　　　　　D. 不确定
3.（单项选择题）在 ABC 分析法中，A 类商品占库存商品累计金额是（　　）。
 A. 60%～80%　　　B. 20%～30%　　　C. 15%～25%　　　D. 30%～40%
4. 试论述 ABC 分析法的策略。
5. 对表 4-12 中的库存物品进行 ABC 分类。

表 4-12　库存物品

物品编号	单价/元	库存量/件
A	4	300
B	8	1200
C	1	290
D	2	140
E	1	270
F	2	150
G	6	40
H	2	700
I	5	50
J	3	2000

6. 设计库存策略包含的因素有哪些？
7. 传统 ABC 分析法的缺点是什么？
8. ABC 分类在仓库管理、采购管理和库存管理中是如何应用的？

第 5 章
仓库库内优化

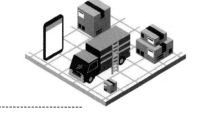

📦【本章学习目的与要求】

1. 掌握仓库布局影响要素及方法。
2. 掌握储位优化的原理及应用。
3. 掌握仓库内拣选策略及路线优化策略。

第 5 章
仓库库内优化

【思维导图】

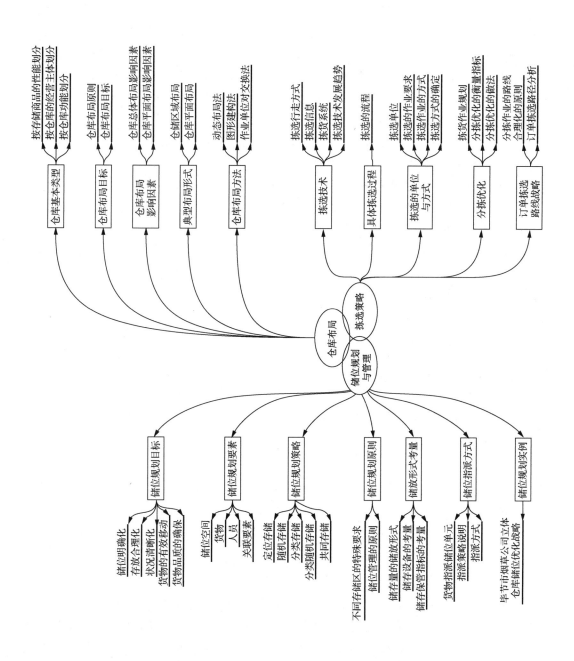

📦【导入案例】

A 公司是我国著名的洁具产品制造企业，主要生产水龙头、花洒、阀门和感应洁具等水暖产品，现拥有 7 家下属子公司，具有从模具、铸造、压铸、机加工、抛光、电镀、装配到实验检测和污水处理等一系列先进制造流程的生产体系。

A 公司在国内各大中城市设有两千多个营销网点，营销网络遍布国内外，产品远销北美、欧洲、东南亚等地区。随着市场需求的不断增大，A 公司原材料和零部件的采购量、产品的品种和生产量以及销售量都急剧增加。

原先的产成品仓库已不能满足迅速增长的物流仓储需要。为了实现对企业物流更加高效、快捷、安全和低成本的管理，满足企业发展对物流的迫切需求，需要对企业物流和新厂房的物流中心进行科学合理的规划。

1．在选址时应该考虑哪些因素？
2．该公司在选取设备时应该考虑哪些条件？
3．该公司在选择仓库时需要考虑哪些要求？

5.1 仓库布局

5.1.1 仓库基本类型

作为物流仓储活动发生的主要场所，仓库既要适用于各种货物的特性，又要提升整个物流网络的效益，并且随着需要存储的物品逐渐多样化，不同企业对仓储的要求也各有差异，所以要正确地认识仓库的种类，这样才能更好地发挥仓储的价值。

1．按存储商品的性能划分

（1）通用仓库。

通用仓库主要是指常温下的一般仓库，用于存储没有特殊要求的一般性货物，如存储一般的生产物品、生活物品、金属材料、工具等（这类物品往往不需要对温度、湿度等储存条件进行控制）。一般这类仓库设施比较简单，只要求有一般通用的库房和堆场，但储藏的货物种类繁杂，作业过程和保管方法、要求均不同。

（2）恒温仓库。

恒温仓库主要是指能够调节温度、湿度的仓库，一般包括冷藏库、恒湿库、恒温库，用于储存对湿度、温度有一定要求的货物，如对温度有要求的水果、肉类、海鲜和医药制品等。这类仓库往往需要在建筑中相应地增加一些隔热、防寒和密封的功能，并配置控温控湿的设备，如制冷机、冷凝器、空调等。

（3）特种仓库。

特种仓库主要用于存放化工产品、危险品、易腐蚀品、石油及药品等有特殊性能、要求特别保管条件的物品，如油罐仓库，电石、氰化钾、氯化物、硫酸、烧碱等化学危险品仓库，以及专门用于储藏粮食的粮仓等。特种仓库的仓储物单一、保管方法一致，但需要特殊的保管条件，这类仓库必须配备有防火、防盗、防虫等设施，其构造、安全设施都比其他种类的仓库要求要高。

2. 按仓库的经营主体划分

（1）企业自营仓库。

企业自营仓库包括生产企业和物流流通企业的自营仓库。生产企业自营仓库是指企业自有的仓储设施，作为生产企业的库存，一般用于存储生产使用的原材料、半成品、最终产品等生产过程中产生的产品。因此，企业自营仓库储存对象单一，以满足生产为原则。物流流通企业自营仓库则指自拥有的仓储设施对其经营商品的一种仓储保管的行为，仓储种类多，其目的为支持流通企业销售所需的库存。

（2）营业仓库。

营业仓库是指仓储经营人以其拥有的仓储设施，向社会提供专门商业性仓储服务的仓库。仓储经营人与存货人通过合同形式确定仓储关系，并依据合同向存货人提供仓储服务和收取仓储费。该类仓库的目的是在仓储商业活动中获得经济效益，并实现经济效益的最大化。

（3）公共仓库。

公共仓库是指社会公用服务的配套设施，其运作的主要目的是保证车站、码头等流通场所正常的物品流通作业，如铁路车站货场、港口的码头仓库、公路货场的货栈仓库等。

（4）国家储备仓库。

国家储备仓库是由国家根据国防安全、社会稳定的需要而设立的，除了保持物资的正常周转，对于平衡供需矛盾、抗御灾害、应对突发事件、保证经济和社会稳定都有重要意义。该类仓库由国家控制，通过立法、行政命令执行。该类仓库的安全系数要求极高，并且储存时间长，储量大。

3. 按仓储功能划分

（1）储存仓库。

储存仓库主要用于对货物进行较长时间的仓储，用以解决生产和消费的时空不均衡。储存仓库的物品一般比较单一，但存量较大。由于物品存期长，存储过程中需注意对物品的质量保管。

（2）流通仓库。

流通仓库除了具备一定的仓储功能，还需要具有装配、流通加工、包装、理货以及配送功能，具有周转快、附加值高等特点，用于减少在流通过程中因为货物停滞而产生的费用，实现物流的时间价值。该类仓库一般储存品种较丰富，批量较大，批量进库、分批出库，整体吞吐能力强。

（3）转运仓库。

转运仓库是为了保证不同运输方式的高效衔接，减少运输工具的装卸和停留时间，在不同的运输方式的衔接处（港口、车站仓库等）进行的仓储。转运仓库具有大进大出的特性，物品存期短，注重物品的周转作业效率和周转率。

（4）保税仓库。

保税仓库是指经过海关批准，在海关的监管下，专门存放未办理关税手续入境或过境的货物的仓库。其分为公用型保税仓库和自用型保税仓库。存储在保税仓库的物品经批准可在仓库内进行改装、分级、抽样、混合和再加工等，这些货物如再出口则免缴关税，如进入国内市场则须缴关税。各国对保税仓库货物的堆存期限均有明确规定。设立保税仓库除为贸易商提供便利外，还可促进转口贸易。

4. 按建筑形式划分

按仓库的建筑形式可分为单层仓库、多层仓库、立体仓库和智能化仓库。单层仓库是最常见的仓库，也是使用最广泛的仓库，仓库投资少，建设周期短。多层仓库为多层或局部多层结构，可根据仓储作业或办公等辅助业务需求划分不同区域。立体仓库又称高层货架仓库，通常使用立体货架配合堆垛机存取物品。智能化仓库又称无人仓库，库内所有的仓储指令和操作都由计算机和机器完成。智能化仓库是仓库发展的一个前沿方向，但该类仓库投资大，建设周期长。

5.1.2 仓库布局目标

仓库布局对仓储作业的效率、储存质量、储存成本和仓库盈利目标的实现产生很大的影响。仓库布局包括仓库平面布局和仓库总体布局。在库房内部需要进行仓库平面布局。仓库平面布局是指对仓库的储货区、入库检验区、理货区、流通加工区、配送配货区、办公区、通道以及辅助作业区在仓库内进行全面合理的安排。总体布局即确定仓库内建筑物、货场、构筑物、运输系统、附属固定设备、地下设施等的平面位置和竖直高度，库房、货棚、辅助间等的单体布置，同时对供电、排水布局等各要素进行科学规划和整体设计。

1. 仓库布局原则

仓库布局的目标是通过对仓储设施的布置使得在仓储活动中的人力、物力、财力和人流、物流、信息流得到最经济合理的安排，确保在进行仓储活动中能够以最小的投入获得最大的经济效益。

（1）关于出入库效率。物品出入库时要符合物流操作流程，做到单向和直线运动，避免迂回运输和大幅度改变运动方向的低效率运作。例如，仓库内商品的卸车、验收、存放地点的安排，必须适应仓储生产流程，按一个方向流动。

（2）关于仓库容积大小。在设计仓库通道长度和宽度时，要满足物品搬运设备大小、类型、转弯半径的要求，使仓库通道占用面积尽可能小。同时，应该尽量充分利用仓库的高度，提高可用仓储容积。

（3）关于存储计划的设置。在制订存储计划时，应有利于作业优化，作业的连续性要高，尽量一次性完成作业，装卸次数、搬运距离、搬运环节等都应尽可能缩短、减少，商品的卸车、验收、堆码作业最好一次完成。

（4）关于安全文明作业。库区或仓库内都要在布局时遵循防火建筑规范的法律法规，保证一定的防火间距，同时应增加一定的防水、防火、防盗设施设备，以保障仓储物资、仓储人员和仓储设施的安全。在库内布局时，除了要满足物品的作业连续性，也要考虑通风光照等条件，在库区布局时还要同时兼顾环境绿化。

2. 仓库布局目标

（1）保护目标。

首先，若仓库储存中存在易燃、易爆、易氧化的危险物品，要将这些物品与其他物品分开放置，进行单独管理，以防止因非人为因素造成的损坏或爆炸等；其次，要确认仓库中需要特殊安全设施的物品（一般是价值高昂或有重要意义的），需要对其进行重点保护，以防被盗；最后，应对有温度要求的设备或者会积热的物品进行妥善安置，以防出现因温度失控带来的经济损失。

（2）效率目标。

在保证仓储搬运设备正常运作的前提下，应该利用现有储存设备高度，尽量提高仓库容积，减少使用率低的空间。同时在设计物品出入库时，仓库的台架布局要合理，尽量呈直线型或者按一个方向流动，在提高出入库效率、提升设备利用率的同时也能减少因迂回作业而带来的人工成本和搬运成本。

（3）作业成本。

在物流活动中，货物包装、运输、存储、装卸搬运、信息处理等方面都需要投入人力成本和物力成本。在仓库设施布置时，需要考虑在拣选路径和不同的拣选情况下的人力投入，因此需要在规划仓库布局时，对功能区以及功能区的货架等存储设备进行合理规划。

（4）设备的机械化。

大规模系统地使用机械化设备能极大地提高出入库效率。特别是在仓库物品大多是形状规则、容易搬运、产品数量波动很小且大批量移动和仓库订单较为频繁时,大规模使用机械化设备出库效率最高。同时在投资机械化、自动化设备时,应考虑设备和投资风险,这包括因为技术的快速变化等引起的设备磨损和贬值,以及大规模投资的回报问题。

5.1.3 仓库布局影响因素

活动关联与区域面积的配置

仓库布局的影响因素众多,可以从仓库总体布局和仓库平面布局两方面分析。

在仓库总体布局时,要遵循有利于生产、加快物流速度、方便消费和提高物流效益等原则,统筹规划,合理安排,对提升仓储物流系统的整体功能有重要意义。仓库平面布局是指对仓库的存货区、入库检验区、理货区、流通加工区、配送备货区、通道以及辅助作业区在规定范围内进行全面和合理的安排。仓库平面布局对仓储作业的效率、仓储成本和仓库盈利目标的实现产生很大影响。

1. 仓库总体布局影响因素

(1)市场情况。

仓库内货物最终是为消费者服务的,消费者的消费水平受地区经济发展水平的限制,各地区呈现的需求量也有所差异,并且有一定的地区消费特征。所以,考虑各种物品的地区销售规律和销售市场,是仓库布局的一个重要依据。

(2)基础设施条件。

交通运输是物流的一项重要组成部分,如果交通条件落后,势必造成物品运输的困难,从而带来一系列的仓储问题。因此在仓库的总体布局上,要特别重视交通运输条件,仓库的地址应该尽量选择在具有铁路、公路、水路等运输方便可靠的地方,这是合理组织物流的基础。

(3)自然环境因素。

自然环境因素对仓库的整体布局有着重要影响,在选择位置时应该考虑气象、地形地质、水文等自然条件。例如,仓库中有露天堆放的商品时应该避开风口,因风口会加速商品老化;地质条件要好,避开松散地质,以免因承重问题出现地段塌陷等问题;地形要开阔平坦,便于施工建设,同时远离易泛滥和上溢的河川流域。

2. 仓库平面布局影响因素

(1)仓库的规模和功能。

仓库的规模越大、功能越多,则仓库需要的设施设备也就越多,各作业区域的划分和区域内设施的布置衔接成为平面布局中的主要问题,增加了布置的难度;反之则简单。

（2）仓库的专业化程度。

仓库的专业化程度与仓库内需要存储的物品有关，物品对存储环境要求越高，对应的仓库内专业设备也应该增加，专业化程度也应相应提高。需要存储的物品种类越多，各种物品的理化性质会有所差异，在仓储布局时应该考虑满足其存储要求。

（3）仓库的设施。

不同的仓库设施需要配合不同的仓库平面布局以及货位设置。在考虑仓库平面布局时应该根据仓库的功能、存储对象、环境的要求确定主要设施，是以存取为主还是以分配为主，在不同功能下对应的货架、叉车、托盘、分拣机、搬运车等设施设备需要的数量和种类也有区别。

（4）仓库的类型。

不同类型的仓库在平面布局时会有不同的要求。单层仓库在布局时应该在仓库出入口附近设置留有收发作业用的面积，内部的主要运输通道一般采用双行道；多层仓库在存放物品时应该采用上轻下重的原则，并且将周转率高的物品放置在底层。根据不同类型的仓库进行合理规划有利于提高仓库整体效率。

（5）仓库内的作业流程。

仓库平面布局要适应仓储作业过程的要求，有利于仓储作业的顺利进行。仓库内物品的流向通常为单一流向，在设计作业流程时，在考虑全局的情况下应尽可能将关联性高的货物，放置在相近位置，以减少搬运距离，降低人工成本，提高经济效益和仓库的利用率。

（6）仓库的生产安全。

在仓库平面布局时应该严格执行中华人民共和国国家标准《建筑设计防火规范（2018年版）》GB 50016—2014 的规定，设施之间留有一定的防火间距，并采取防盗安全设计。同时，作业环境应符合国家的有关规定。

5.1.4 典型布局形式

仓库的布局需要根据具体的情况，灵活进行布局。比较经典的仓储区域布局和仓库平面布局有以下几种。

1. 仓储区域布局

（1）横列式布局。

横列式布局是让货架、货垛的长度方向与仓库的围护结构互相垂直。这种布局的主要优点是主通道的长度和宽度都设计得能让工作人员和设备顺畅地通行，副通道虽然较短但也能起到很好的补充作用，并且可以让仓库布局上更加整齐美观，便于仓库日常的仓储和盘点，尤其是对于存储型仓库来说，可以获得更好的通风和采光。该布局如图 5-1 所示。

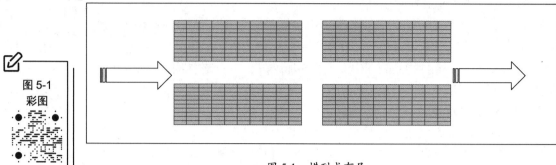

图 5-1 横列式布局

（2）纵列式布局。

纵列式布局是让货架、货垛的长度方向与仓库的围护结构互相平行。这种布局的主要优点是可以配合货物出入库频率进行更灵活的货位安排。基本是将出入库频次高、在库时间短的货物安排在主通道两侧，而出入库频次低、在库时间长的货物则安排在不靠近主通道的里侧，提高仓库内的作业效率。该布局如图 5-2 所示。

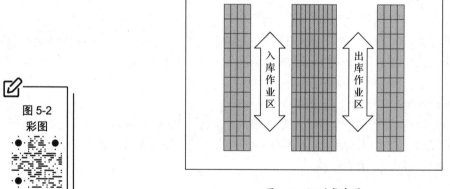

图 5-2 纵列式布局

（3）纵横式布局。

纵横式布局方式是前面两种布局的结合，在仓库内同时采用横列式布局和纵列式布局，将二者的布局优点相结合，在合理的布置下可以达到更好的效果。该布局如图 5-3 所示。

（4）货架倾斜式布局。

货架倾斜式布局是在横列式布局的基础上为了配合叉车等库内搬运设备工作而进行改动的布局方式，通常可以减小叉车等设备的回转角度，使作业人员更好地在仓库内操作设备，从而提高仓库作业效率。该布局一般会让货架、货垛与仓库的侧墙或主通道成 60°、45° 或 30° 夹角。该布局如图 5-4 所示。

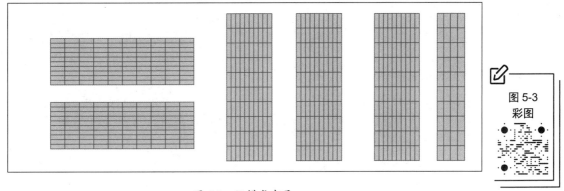

图 5-3 纵横式布局

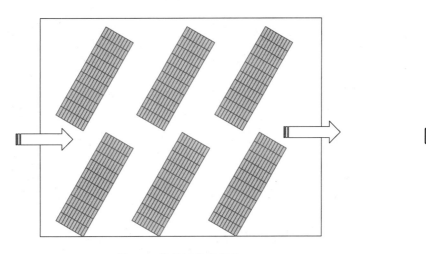

图 5-4 货架倾斜式布局

（5）通道倾斜式布局。

通道倾斜式布局是将仓库的通道斜穿保管区，从而把仓库划分为具有不同作业特点的作业区域，如大量存储和少量存储的存储区等，以便进行综合利用。这种仓库布局形式复杂，货位和出入库路径较多。该布局如图 5-5 所示。

（6）围绕式布局。

围绕式布局一般用于维修间之类的小空间仓库、办公室式的小屋。将存货区域的货位布置在仓库的靠墙位置，其货位多适合存放体积较小的货物方便作业人员随时对货位上的货物进行整理和出入库，中间的空间一般多为工作型场地。该布局如图 5-6 所示。

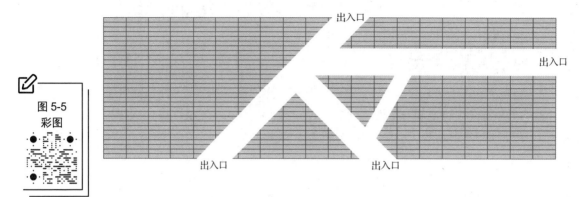

图 5-5 通道倾斜式布局

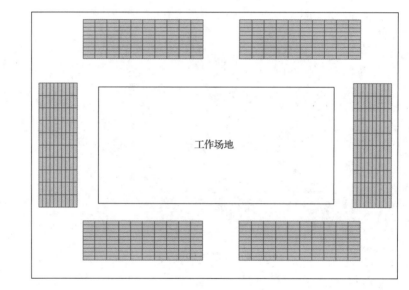

图 5-6 围绕式布局

2. 仓库平面布局

（1）Ⅰ型布局（直线型布局）。

Ⅰ型布局适合于有独立的进出货月台且进出货月台分别在仓库的两侧的仓库，仓库的运作流程基本是直入直出。因为货物在库内的搬运作业是直线平行的，所以仓库内的通道一般是明确流向，这使得仓库内的人流和物流出现碰撞的可能性很低。这种布局的仓库内作业流程与区域划分一般都相对简单，规模相对较小的仓库非常适用这种布局，并且可以应对进出货高峰同时发生的时间段。但是这种布局决定了货物进出库必须要通过仓库全程，且进货月台和出货月台分开，在监管和人力等方面的支出要增加。该布局如图 5-7 所示。

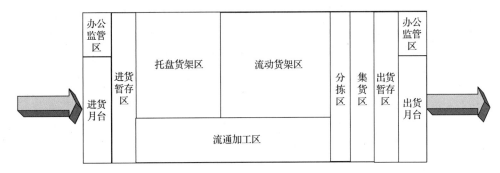

图 5-7　I 型布局

（2）U 型布局。

U 型布局适合于进出货月台都在仓库的同一侧，其设计的概念来源于高速公路的循环运输线。这种布局下运输的货车以及装卸搬运等设备都可以集中在一边，方便进行管理与安全防范的同时也提高了对仓库外围空间的利用效率。可以将仓库内出入库频次高的货物安排至靠近进出货月台的存储区域，减少拣货、搬用所需的路程及时间，减少仓库的人力需求。但是这种布局意味着仓库内必须要有严格明确的作业规范，现场的管理人员要有丰富的经验进行有效的组织，不然容易造成混乱。

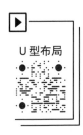

U 型布局方便货物根据出入库的频次合理安排储位，内部存储区域也比较集中，是目前很多仓库采用的布局。该布局如图 5-8 所示。

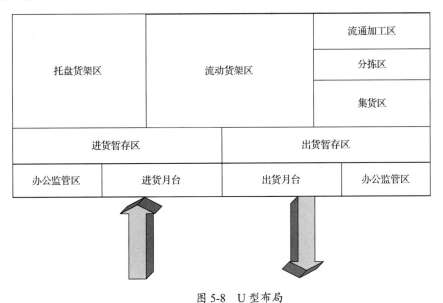

图 5-8　U 型布局

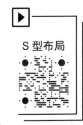

（3）S 型布局（锯齿型布局）。

S 型布局的出入货月台一般在仓库的不同侧面，通常适用于多排并列的货架区内，托盘货架区域面积一般大于流动货架区域面积，货物在仓库中的流动路线呈锯齿型。该布局如图 5-9 所示。

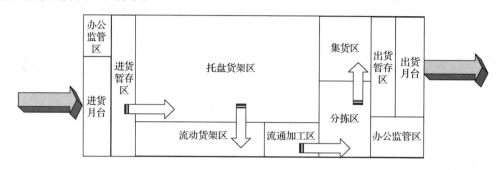

图 5-9　S 型布局

（4）T 型布局。

T 型布局是一种非常经典的仓库布局，适用范围很广，尤其适用于需要快速满足流转和储存需求的企业，后期还可以按照需要进行调整或增加作业区面积。该布局如图 5-10 所示。

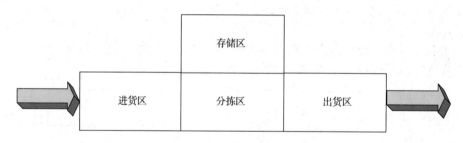

图 5-10　T 型布局

5.1.5　仓库布局方法

仓库的布局是根据具体目标，参照仓库布局影响因素，合理地将仓库空间分配给各个作业区域。一般来说，仓库都要靠其合理的布局来缩短存取货物的时间、降低仓储管理成本。从某种意义上来说，仓库类似于制造业的工厂，因为物品也需要在不同区域（单元）之间移动。因此，仓库布置也可以有很多不同的方法。经过关联性分析，根据各作业区域之间的定性测量值（接近程度）和定量测量值（货物流量）确定了各作业区的相对位置后，需考虑空间需求面积，要采用一定方法，对各区域进行合理布局，确定具体位置。下面介绍动态布局法、图形建构法和作业单位对交换法 3 种。

1. 动态布局法

（1）思路。

动态布局法也称流程式布局法。此方法主要根据仓库的各个物流实体作业区域多半具有流程性关系的特性,首先考虑区域间物流动态(物体流动状态,即移动途径),选择流程类型,进行流程动态分析,依据作业顺序布置各实体作业区域。其次考虑区域间活动关系,进行活动关联性分析,依据关联性布置各周边辅助活动区域。最后判断布局方案是否满足关联性原则,即关系密切或流量大的区域是否邻近布置,如果不满足,则需要对原有方案予以修正,直到满足为止。

流程的基本类型有4种,即 I 型(直线型)、U 型、S 型(锯齿型)和 T 型。在实际规划时,设计者可直接选择其中一种进行规划,也可以将多种类型组合进行混合式的规划,这取决于仓库出入口的位置。通常出入口位置不同,仓库内部流程类型也不同。

(2)步骤。

第一步,根据仓库外部道路情况,确定出入口位置。

第二步,根据估计的面积大小与长宽,将仓库各区域按一定比例制作成方块模板。

第三步,选择仓库内部由进货到出货采用的流程动态类型。

第四步,根据作业流程安排各物流实体作业区域位置,依据的法则是:首先安排面积较大且长宽比例不易变动的区域,如储存区;其次插入面积较大且长宽比例易变动的区域,如集货区;最后插入面积较小且长宽比例易变动的区域,如理货区。

第五步,安排各周边辅助活动区,如行政办公区的位置。

第六步,进行各区域关联性分析,如产生的方案违反关联性原则,则回到第三步进行修正。

(3)实例。

某仓库需要布置的区域有 11 个,分别是进货月台、进货暂存区、托盘货架区、重力货架区、分类输送区、流通加工区、集货区、出货暂存区、出货月台、进货办公区和出货办公区。现在要求采用动态布局法合理布置各个区域在仓库的位置。

① 直线型布局。

第一步,根据仓库外部道路情况,确定其出口和入口分别位于仓库两侧。

第二步,根据估计的面积大小与长宽,将仓库 11 个区域按一定比例制作成方块模板,如图 5-11 所示。图中方块模板大小不同,表明所代表的区域大小不同。模板大,则区域大;模板小,则区域小,模板是根据区域实际面积和长宽按一定比例压缩得到的。

第三步,根据出入口的位置选择流程动态类型为直线型,即物料将来在仓库内部按照作业顺序依次经历各区域,移动的路径趋于直线,如图 5-12 所示。

第四步,按照作业顺序,依据选择的流程类型,合理布置仓库各实体作业区域。首先布置面积较大、长宽比例不易变动的托盘货架区和分类输送区,如图 5-13 所示。其次布置面积较大、长宽比例易变动的重力货架区和集货区,如图 5-14 所示。最后布置面积小、长宽比例易变动的进出货暂存区和流通加工区,如图 5-15 所示。

重力式货架

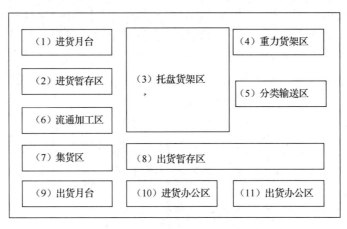

图 5-11 仓库缩略图

图 5-12 直线型布局流程动态

图 5-13 布置作业区域 1

图 5-14 布置作业区域 2

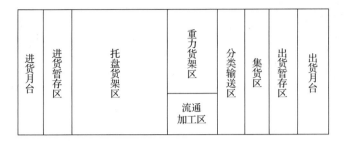

图 5-15 布置作业区域 3

第五步，出于物料进出仓库时人员办事方便考虑，进出货办公区和进出口的关系很密切，所以把进出货办公室邻近出入口布置，如图 5-16 所示。

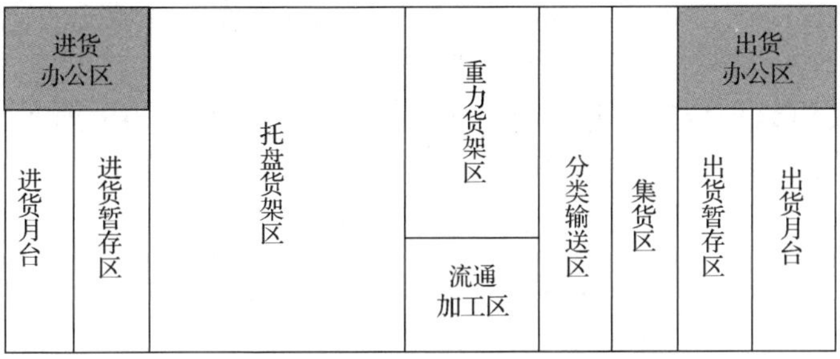

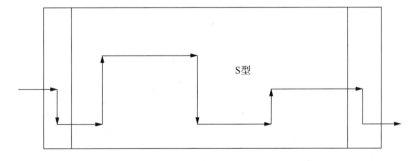

图 5-16 最终直线型布局图

第六步，因为最终布局是经过流程动态分析和活动关联性分析得到的，所以基本未违反关联性原则，则该布局方案是可以接受的。

② S 型（锯齿型）布局。

以上面的实例为例，如果流程动态类型选择为 S 型，则流程动态如图 5-17 所示。采用相同的步骤可以得到该流程下的最终布局图，如图 5-18 所示。将其与图 5-16 相比可知，布置仓库实体作业区域时，选择的流程动态类型不同，最终产生的布局方案是不同的。

图 5-17 S 型布局流程动态

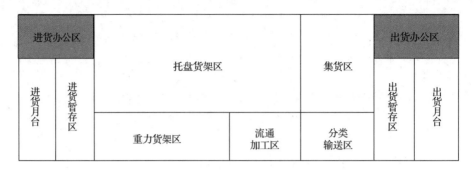

图 5-18 最终 S 型布局图

2. 图形建构法

图形建构法以不同作业区域间的权数总和作为挑选作业区域的法则,主要是根据节点插入的算法来构建邻接图,并且保持共平面的性质。

图形建构法首先要设定各作业区域间的关联权重。图 5-19 所示为作业关联图,图 5-20 所示为关联线图。

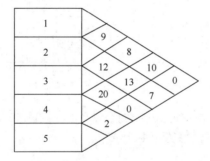

图 5-19 作业关联图

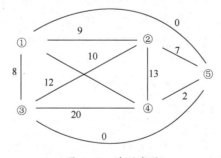

图 5-20 关联线图

(1)从作业关联图中,选择具有最大关联权重的成对作业区域。因此,在本例中作业区域 3 和作业区域 4 首先被选中而进入关联线图中。

(2)选定第三个作业区域进入作业关联图中,其根据是这个作业区域与已选入的作业区域 3 和作业区域 4 所具有的权重总和为最大,如表 5-1 所示。作业区域 2 的权数总和为 25,所以入选。线段②—③、③—④和④—②构成一个封闭的三角形,这个图形可以用符号（2-3-4）来表示，如图 5-21 所示。

表 5-1 关联权重总和表

作业区域	3	4	合计
1	8	10	18
2	12	13	25（最佳）
5	0	2	2

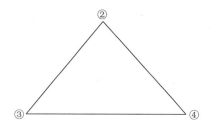

图 5-21 图形（2-3-4）关联线图

（3）对尚未选定的作业区域，建立关联权重总和表，如表 5-2 所示。由于加入作业区域 1 和作业区域 5 的关联权重分别为 27 和 9，因此作业区域 1 被选定，以节点的形态加入图形（2-3-4）中，如图 5-22 所示。

表 5-2 关联权重总和表

作业区域	2	3	4	合计
1	9	8	10	27（最佳）
5	7	0	2	9

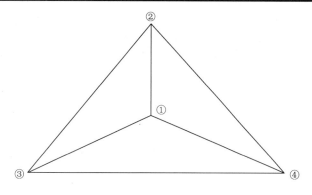

图 5-22 图形（1-2-3-4）关联线图

（4）剩余的工作是决定作业区域 5 应该加入到哪一个图形中。在这个步骤中，先建立作业区域选择关联权重总和表，如表 5-3 所示。

表 5-3 关联权重总和表

作业区域	1	2	3	4
5	0	7	0	2

图形	合计
1-2-3	7
1-2-4	9（最佳）
1-3-4	2
2-3-4	9（最佳）

作业区域 5 可以加入图形（1-2-3）、图形（1-2-4）、图形（1-3-4）或图形（2-3-4）中。作业区域 5 加入图形（1-2-4）或图形（2-3-4）都得到相同的权重值 9，所以任意选择其一即可。

本例将作业区域 5 加入图形（1-2-4）中。最后得到的邻接图如图 5-23 所示，此图为图形建构法的最佳解，线段上的权数总和为 81。

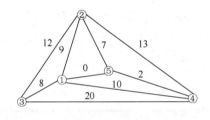

图 5-23 邻接图

（5）构建完成一个邻接图之后，最后一步是依据邻接图来重建区域布局，如图 5-24 所示。

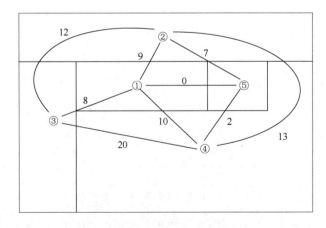

图 5-24 最终区域布局图

3. 作业单位对交换法

作业单位对交换法是一种改进型的布局算法，它可采用相邻交换和距离交换为目标函数，但后者更为常用。

作业单位对交换法的思路是先给定初始布局方案，计算该方案下的物料流动总成本。然后，考察作业单位对位置所有可能的交换方式，计算每一种方式下的总成本，选取使总成本减少最多的作业单位对进行交换，产生新的布局方案。之后，不断地重复交换，迭代计算，直到两次迭代计算差值为负，即最后一次迭代的最小计算值比上次迭代的最小计算值还要大，则迭代结束。

作业单位使用两两交换法在区域面积相等时很容易实现，但若不相等，就要设法重新安排要交换的区域和其他区域。下面以一个等面积区域的例子来简单介绍作业单位对交换法。

假设有 4 个一样大小的区域，它们之间的物流量矩阵表如表 5-4 所示，初始布局如图 5-25（a）所示，按初始布局得到的距离从至表如表 5-5 所示。

初始布局的目标函数值（或总成本）可按下式计算。

$$TC_{1234} = 10 \times 1 + 15 \times 2 + 20 \times 3 + 10 \times 1 + 5 \times 2 + 5 \times 1 = 125$$

其中，TC 的下标表示初始布局中各区域的顺序。

表 5-4　物流量矩阵表

		从			
		区域 1	区域 2	区域 3	区域 4
至	区域 1		10	15	20
	区域 2			10	5
	区域 3				5
	区域 4				

表 5-5　按初始布局得到的距离从至表

		从			
		区域 1	区域 2	区域 3	区域 4
至	区域 1		1	2	3
	区域 2			1	2
	区域 3				1
	区域 4				

图 5-25 每一次迭代所对应的布局方案

在初始布局方案下，因为所有区域面积相等，则可能交换的作业单位对是 1-2、1-3、1-4、2-3、2-4 和 3-4。对每一次交换重新计算距离从至表，交换后的总成本分别如下。

$$TC_{2134}(1-2) = 10\times1+15\times1+20\times2+10\times2+5\times3+5\times1 = 105$$

$$TC_{3214}(1-3) = 10\times1+15\times2+20\times1+10\times1+5\times2+5\times3 = 95$$

$$TC_{4231}(1-4) = 10\times2+15\times1+20\times3+10\times1+5\times1+5\times2 = 120$$

$$TC_{1324}(2-3) = 10\times2+15\times1+20\times3+10\times1+5\times1+5\times2 = 120$$

$$TC_{1432}(2-4) = 10\times3+15\times2+20\times1+10\times1+5\times2+5\times1 = 105$$

$$TC_{1243}(3-4) = 10\times1+15\times3+20\times2+10\times2+5\times1+5\times1 = 125$$

由于交换 1 和 3 后的总成本 95 是所有交换中的最小值，因此，选择交换 1-3 作业单位对，结果如图 5-25（b）所示。进行第二次迭代，还是考虑同上一步的所有可行的交换。交换后的总成本分别如下。

$$TC_{3124}(1-2) = 10\times1+15\times1+20\times2+10\times2+5\times1+5\times3 = 105$$

$$TC_{1234}(1-3) = 10\times1+15\times2+20\times3+10\times1+5\times2+5\times1 = 125$$

$$TC_{3241}(1-4) = 10\times2+15\times3+20\times1+10\times1+5\times1+5\times2 = 110$$

$$TC_{2314}(2-3) = 10\times2+15\times1+20\times1+10\times1+5\times3+5\times2 = 90$$

$$TC_{3412}(2-4) = 10\times1+15\times2+20\times1+10\times3+5\times2+5\times1 = 105$$

$$TC_{4213}(3-4) = 10\times1+15\times1+20\times2+10\times2+5\times1+5\times3 = 105$$

总成本 90 是最小值，因此选择交换 2-3 作业单位对，结果如图 5-25（c）所示。接下来，进行第三次迭代，计算如下。

$$TC_{1324}(1-2) = 10\times2+15\times1+20\times3+10\times1+5\times1+5\times2 = 120$$

$$TC_{2134}(1-3) = 10\times1+15\times1+20\times2+10\times2+5\times3+5\times1 = 105$$

$$TC_{2341}(1-4) = 10\times3+15\times2+20\times1+10\times1+5\times2+5\times1 = 105$$

$$TC_{3214}(2-3) = 10\times1+15\times2+20\times1+10\times1+5\times2+5\times3 = 95$$

$$TC_{4312}(2-4) = 10\times1+15\times1+20\times2+10\times2+5\times3+5\times1 = 105$$

$$TC_{2413}(3-4) = 10\times2+15\times1+20\times1+10\times3+5\times1+5\times2 = 100$$

因为这次迭代的最小总成本为 95，比第二次迭代的最小值 90 还要大，故迭代结束，最终布局为 2-3-1-4。这一最终布局也称为二相优化布局，因为再没有两两交换能进一步减少布局成本了。

作业单位使用两两交换法并不能保证得到最优布局方案,因为最终的结果依赖于初始布局,即不同的初始布局得到的结果不一样,所以只能说是局部优化。此外可以看到,布局方案可能会循环计算以前的迭代结果。例如,本例中在进行第二次迭代时,区域 1 和区域 3 再次交换,又回到原位。

5.2 储位规划与管理

【导入案例】

啤酒与婴儿纸尿裤

20 世纪 90 年代,美国一家沃尔玛超市的管理人员分析销售数据时发现了一个奇怪的现象:在某些特定的情况下,"啤酒"与"婴儿纸尿裤"两件看上去毫无关系的商品会经常出现在同一个购物篮中。这种独特的销售现象引起了管理人员的注意,经过后续调查发现,这种购物行为主要出现在年轻的父亲身上。

在美国有婴儿的家庭中,一般是母亲在家中照看婴儿,年轻的父亲前去超市购买纸尿裤。父亲在购买纸尿裤的同时,往往会顺便为自己购买啤酒,这样就会出现啤酒与纸尿裤这两件看上去不相干的商品经常出现在同一个购物篮中的现象。如果这个年轻的父亲在商店只买到了两件商品之一,则他很有可能会放弃购物而到另一家商店,直到可以一次同时买到啤酒与纸尿裤为止。沃尔玛发现了这一独特的现象,开始在超市中尝试将啤酒与纸尿裤摆放在相同的区域,让年轻的父亲可以同时找到这两件商品,并很快地完成购物;而沃尔玛超市也从而获得了更高的商品销售收入。本节就来介绍一些储位规划的方法,来实现库存管理的优化。

案例来源:https://blog.csdn.net/wxj8783/article/details/102468615.[2021-11-21].

传统的物流系统中,仓储一直扮演着重要的角色,但是在现今生产制造技术及运输系统都相当发达的情况下,仓储的角色也已发生变化。虽然其调节生产量与需求量的原始功能一直没有改变,不过为了满足现今市场少量多样需求的形态,使得物流系统中拣货、出货、配送功能的重要性已高于仓储保管功能。货物在拣货出库时的数量控制与掌握就称为"动管",以与传统仓储的"保管"相区别。而动管的目的在于因应时效性配送,故而重视其分类配送机能。

储位问题的识别案例

由于分类配送功能被重视,货物的保管已不再简单,为了配合配送时效及市场少量多样的需求，货物的流通变得快速且复杂，相对的，仓储作业就会因流动频率及货物品种的增加而难以掌控。要如何有效地控制货物的去向及数量呢？最有效的方法就是利用储位来使货物处于"被控制状态"，而且能够明确地指示储位的位置，并且货物在储位上的变动情况都能被记录下来。一旦货物处于"被控制状态"就能时刻掌握货物的去向及数量，并了解其具体位置。储位管理就是提供这种位置管理的方法，这也是储位管理的意义所在。

简而言之，储位规划要素是根据仓库、存储货物的具体情况，实行仓库分区、货物分类和定位保管，利用储位来使货物处于"被控制状态"。我们进行储位管理的目的是通过明确的储位分配，反映、记录货物在储位上的变动情况，实现货物的"位置—数量—状态"的全程状态跟踪，从而对货物进行科学管理，实现仓储作业高效率、低成本运行。

5.2.1 储位规划目标

1. 储位明确化

在仓库中所储存的货物应有明确的存放位置。应该做到所有货物皆能随时准备存取，因为储存增加货物的时间值，因此若能做到一旦有需求货物马上变得有用，就算是良好的储位规划。与此同时，也要使储位空间得到充分的利用。

2. 存放合理化

每类货物的存放都需要遵循一定的规则。例如，对储存货物的体积、重量、包装单位等规格，以及腐蚀性、温湿度要求、气味影响等物性彻底了解，来达到对货物按特性适当储存，即储存货物特性的全盘考量。

3. 状况清晰化

货物的数量、品种、位置等变化情况都必须正确记录，仓库管理系统对货物的存放情况明确清晰。

4. 货物的有效移动

在储存区内进行的大部分活动是货物的搬运，需要一定数量的人力及设备来进行货物的搬进与搬出，因此人力与机械设备操作应达到经济和安全的程度。

5. 货物品质的确保

货物在储存时必须保持在良好条件下，以确保货物品质。

5.2.2 储位规划要素

储位管理规划需考虑的基本要素为储位空间、货物、人员及关联要素（储放、搬运设备与资金等)。

1. 储位空间

不同形态的物流中心,其所重视的功能也不同,有的重视保管功能,有的重视分类配送功能。故在储位空间的考虑上,在重视保管功能的物流中心中,主要是仓库保管空间的储位分配;而在重视分类配送功能的物流中心中,则为拣货、动管及补货的储位配置。在储位配置规划时,先确定储位空间,如空间大小、柱子排列、梁下高度、走道、机器回旋半径等基本因素,再考虑其他外在因素,方可做出完善配置。

2. 货物

如何管理放置在储位空间中的货物?首先必须考虑货物储存。影响货物储存的因素有以下几点。

(1)供应商。商品是由他人供应的,还是自己生产的,有无其行业特性。

(2)商品特性。商品的体积、重量、单位、包装、周转率、季节性分布,以及物理特性(腐蚀性等)、温湿度要求、气味影响等。

(3)量的影响,如生产量、进货量、安全库存量等。

(4)进货时效,如采购前置时间、采购作业特殊要求等。

(5)品项,如种类、规格等。

然后考虑如何摆放。摆放时应考虑以下几点。

(1)存储单位。存储单位是单品,是箱,还是托盘,且其商品特性为何。

(2)存储策略。采用定位存储、随机存储、分类存储,还是分类随机存储,或者是分级、分区存储。

(3)储位分配原则。一般靠近出口,以周转率高为准。

(4)商品相依性。

(5)商品特性。

(6)补货的方便性。

(7)单位在库时间。

(8)以订购概率为基础。

货物摆放原则如图 5-26 所示,货物摆放好后,就要做好有效的在库管理,随时掌握库存状况及其品种、数量、位置、出入库状况等所有资料。

3. 人员

人员包括仓管人员、搬运人员、拣货人员、补货人员等。仓管人员负责管理及盘点作业,拣货人员负责拣货作业,补货人员负责补货作业,搬运人员负责入库和出库作业、翻堆作业(为了货物先进先出,或为了通风避免气味混合等目的)。人员在存取搬运货物时,讲求的是省时、高效率。而在方便员工的条件下,讲求的是省力。因此要达到存取效率高、省时、省力，则作业流程方面要合理化；储位配置及标示要简单、清楚、一目了然，且要好放、好拿、好找；各种表单要简单、统一且标准化。

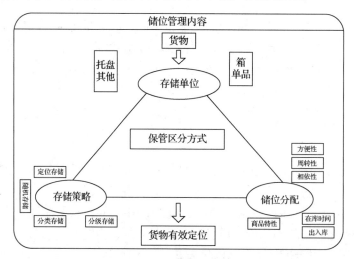

图 5-26　货物摆放原则

4. 关联要素

除了上述三项基本要素（储位空间、货物、人员），其他主要的关键要素为储放设备、搬运与输送设备。当货物不是直接堆叠在地板上存放时，则必须考虑相关的托盘、货架等。此外还需考虑输送机、笼车、堆高机等搬运与输送设备。

（1）搬运与输送设备。

在选择搬运与输送设备时，考虑货物特性、单位、容器、托盘等因素，以及人员作业时的流程与状况，再加上储位空间配置等，选择适合的搬运与输送设备。当然还要考虑设备成本与人员使用操作的方便性。

（2）储放设备。

储放设备也同搬运与输送设备考虑的一样，如货物特性、单位、容器、托盘等基本条件，再选择适当的设备配合使用。例如，自动仓储设备，或是固定货架、重力架等的选择使用。有了货架设备时，必须做好标示、区隔，或是颜色辨识管理等。若是拣货作业，则考虑电子辅助标签的应用；出货、点货时，无线电传输设备等皆纳入考虑。然后，将各储位及货架等进行统一编码，以方便管理，编码原则是简明易懂、方便作业。

一般储位编码的方法有下列四种。

① 区段方式。

把保管区域分割为几个区段，再对每个区段编码。

此种编码方式是以区段为单位，每个编码所标注的储位区域较大，因此适用于容易单位化的货物,以及大量或保管周期短的货物。在 ABC 分类中的 A、B 类货物很适合用这种编码方式。货物以物流量大小来决定其所占的区段大小;以进出货频率来决定其配置顺序。

② 品项群方式。

把一些相关性货物经过集合以后,分成多个品项群,再对每个品项群进行编码。

这种编码方式适用于比较容易进行分类保管及品牌差距大的货物。例如,服饰、五金方面的货物。

③ 地址方式。

利用保管区域中的现成参考单位,如建筑物的第几栋、区段、排、行、层、格等,依照其相应顺序来进行编码,就像地址一样。

这种编码方式由于其所标注的区域通常是一个储位,且具有顺序性,使用起来简易明了,所以为目前物流中心使用最多的编码方式。但由于其储位体积所限,适合一些量少或单价高的货物,如 ABC 分类中的 A 类货物。

④ 坐标方式。

利用空间概念来编排储位的方式。这种编码方式由于其对每个储位定位切割细小,在管理上比较复杂,对于流通率很小,要长时间存放的货物(也就是一些生命周期较长的货物)比较适用。

一般而言,由于储存货物特性不同,所适合采用的储位编码方式也不同,而如何选择编码方式就得依保管货物的储存量、流通率、保管空间布置及所使用的保管设备而做选择。不同的编码方法,对于管理的容易与否也有影响,这些都必须先行考虑以上因素及信息管理设备,才能适宜地选用。

5.2.3 储位规划策略

储位规划策略主要是制定储位的分配原则,即制定存储策略。良好的存储策略可以减少出入库移动的距离、缩短作业时间,能够充分利用储存空间。常见的存储策略如下。

1. 定位存储

每种货物都有固定储位,货物不能互用储位,因此每种货物的储位容量不得小于其可能的最大在库量。选用定位存储的原因有以下几个。

(1)储区安排考虑了货物尺寸及重量(不适合随机存储)。

(2)储存条件对货物非常重要。例如,有些货物对温度有要求。

(3)易燃物必须限制存放于一定高度,以满足保险标准及防火规定。

(4)依货物特性,由管理或其他政策指出某些物品必须分开存储,如肥皂、化学原料和药品。

(5)保护重要物品。

(6)储区能被记忆,容易提取。

定位存储的优缺点如下。

其优点如下。

(1)每种货物都有固定存储位置,拣货人员容易熟悉货物储位。

(2)货物的储位可按周转率高低或出货频率来安排,以缩短出入库搬运距离。

(3)可针对各种货物的特性进行储位调整,将不同货物间的相互影响减至最小。

其缺点是:储位必须按各种货物的最大在库量设计,因此储区空间的使用效率较低。

总体来说,定位存储容易管理,所用的总搬运时间较少,但却要用较多的储存空间。因此该策略较适用于以下两种情况。

(1)厂房空间大。

(2)品种多且数量少的货物的储存。

2. 随机存储

每个货物被分配的储存位置都是随机的,而且可以改变,也就是说,任何货物都可以被存放在任何可利用的位置。将所有货物在一定时期内占用储位数量的最大值作为随机存储的基准储位数量。随机存储一般是按货物入库的时间顺序存放。随机存储的优缺点如下。

储位规划原则与原理

其优点是:由于储位可共用,因此按所有库存货物最大在库量设计即可,储区空间的使用效率较高。

其缺点如下。

(1)货物的出入库管理及盘点工作的困难度较高。

(2)周转率高的货物可能被存放在离出入口较远的位置,增加了出入库的搬运距离。

(3)会相互影响的货物可能相邻存放,易对货物造成损坏或发生危险。

一个良好的储位系统中,采用随机存储能使货架空间得到最有效的利用,因此能减少储位数量。由模拟研究显示,随机存储系统与定位存储系统相比,可节省约35%的移动储存时间同时可增加约30%的储存空间,但较不利于货物的拣选作业。因此随机存储较适用于以下两种情况。

(1)厂房空间有限,尽量利用储存空间。

(2)种类少或体积较大的货物。

表5-6为随机存储的人工储存记录表,能将随机存储的信息详细予以记录。

表5-6 随机存储的人工储存记录表

储位号码	储位空间		货物名称		货物代号
存取日期/时间	采购单号码	进货量	拣货单号码（订单号码）	拣取量	库存量

若能运用计算机协助管理随机存储，将仓库中每项货物的储存位置都交由计算机记录，则不仅进出货查询储区位置时可使用，也能借助计算机来调配进货储存的位置，依计算机所显示的各储区、各储位剩余空间来配合进货物项做安排，必要时也能调整货物储放位置做移仓的动作规划。随机存储的计算机配合记录形式如表5-7所示。

表5-7 随机存储的计算机记录表

储位号码	储位空间	货物名称	货物代号	货物库存	储位剩余空间

而此记录表要随时与进货、出货、退货资料配合更改。

① 进货：该货物进货量→加至货物库存→扣减储位剩余空间。
② 出货：该货物出货量→由货物库存扣减→增加储位剩余空间。
③ 退货：该货物维修后再入库量→加至货物库存→扣减储位剩余空间。

3. 分类存储

所有的储存货物按照一定特性加以分类，每类货物都有固定存放的位置，而同属一类的不同货物又按一定的规则来指派储位。其中组合货物在一定时期内占用储位的数量，与非组合货物所在储位的最大值之和作为基准储位数量。分类存储通常按产品相关性、流动性、产品尺寸、重量等产品特性来分类。分类存储的优缺点如下。

分类存储的优点如下。
（1）便于畅销品的存取，具有定位储放的各项优点。
（2）各分类的储存区域可根据货物特性再做设计，有助于货物的储存管理。
分类存储的缺点如下。
储位必须按各项货物最大在库量设计，因此储区空间的平均使用效率低。

分类存储较定位存储更具弹性，但也有与定位存储同样的缺点。因而较适用于以下情况。

（1）产品相关性大者，经常被同时订购。

（2）周转率差别大者。

（3）产品尺寸相差大者。

4. 分类随机存储

每类货物都有固定存放位置，但在各类储区内，每个储位的指派都是随机的。分类随机存储优缺点如下。

优点：既有分类存储的部分优点，又可节省储位数量，提高储区利用率。

缺点：货物出入库管理及盘点工作的困难度较高。

分类随机存储兼具分类存储及随机存储的特点，需要的储存空间介于两者之间。

5. 共用存储

在确定知道各货物的进出仓库时刻，不同的货物可共用相同储位的方式称为共用存储。共用存储在管理上虽然较复杂，所用的储存空间及搬运时间却更经济。

5.2.4　储位规划原则

在仓库商品保管中，为了保证商品的质量和商品流通的有效性，一般会遵循以下原则：①先进先出原则；②零数先出原则；③重下轻上原则；④ABC 分类规划原则；⑤按照货物类别存放原则。

通常引起商品变化的因素有内因和外因两种，内因是变化的根据，外因是变化的条件。

影响商品质量变化的内在因素有：①商品的物理性质；②商品的机械性质；③商品的化学性质；④商品的结构。

影响商品质量变化的外在因素有：①温度；②空气的湿度；③微生物和害虫；④日光；⑤空气中的氧；⑥卫生条件；⑦有害气体。

有效的储位管理是物流仓储服务管理的重要内容，为配送服务的顺利开展奠定良好的基础。储位管理的目的是要对货物进行随时跟踪，掌握货物数量和去向的变动情况，缩短找货时间和行走距离。

1. 不同存储区的特殊要求

按照作业方式的不同，可以将仓库或其他物流中心的存储区分为三种类型，每类存储区对储位管理都有其特殊要求。

（1）保管型存储区。这类存储区中的货物滞留时间较长，因此，应当通过有效的储位管理手段提高存储区的利用率。

（2）通过型存储区。货物在这种类型的存储区中只停留较短的时间，对货物进行的作业通常是分拣、包装或流通加工。所以，储位管理应当以满足缩短拣货时间和拣货距离、降低出错率为目的。

（3）移动型存储区。配送车辆上装载的货物在配送车辆上的摆放顺序和方法，能够对配送服务的质量产生影响，特别是在共同配送或送货与取货混排的情况下；货物在车辆中的摆放顺序和位置是否合理，将直接关系到配送作业效率的高低。

2. 储位管理的原则

（1）先进先出原则。这一原则是指先入库的货物应当先发出。其主要适用于保质期要求严格的货物，如感光材料、食品等，以避免出现老化、变质、损耗等情况。若在产品形式变更少、产品寿命周期长、保管时损耗不易产生等情况时，则需要考虑采用先进先出的管理费用及其所得到的收益，比较两者之间的优劣点比较后，再来决定是否要采用先进先出原则。

（2）面向通道原则。为了使货物上的标志、名称等信息便于查找，方便对货物进行搬运、拣选等，使仓库内能流畅进行及活性化，应将货物面向通道保管。货物面对通道来保管，可识别的标号、名称可以让作业员容易地辨识。

（3）周转率对应原则。这是指按照商品在仓库的周转率（出货量与出货频率）来确定货物的储位，周转率越高的货物应当越靠近进出口，也就是将活动性大的货物分配到离进出口较近的空储位上。

具体实施流程如下。

① 按周转率由高到低排序。

② 将此序列分为若干段，同属于一段中的货物列为同一级，依照定位或分类存储法的原则，指定储存区域给每一级的货物。

（4）产品相关性原则。这是指应当把同一类型或具有互补性的相关货物存放在相互靠近的储位上。产品相关性大小可以利用历史订单数据做分析。

（5）重量对应原则。这是指应当按照货物重量的不同决定其储位的高低。通常情况下，重的货物应当存放在货架的下层位置，而轻的货物应存放在货架的上层位置。

（6）形状对应原则。这是指根据货物的外形及尺寸进行储位的安排。包装标准化的货物应当放置在货架上保管，非标准化的货物应当依其形状，考虑整批数量分配特殊储位。

（7）产品特征原则。储位的分配必须考虑产品的特征，对危险品、化学品及易腐蚀品应当隔离放置，以免对其他货物产生影响。对其他易受影响的货物，应当采取相应的隔离措施。

（8）产品同一性原则。这是指把同一货物存放于同一保管位置的原则。这种将同一货物保管在同一个场所来加以管理的方式，其管理效果是可想而知的。同一性原则是任何物流中心皆应遵守的重点原则。

（9）产品类似性原则。这是指将类似品比邻保管的原则，便于仓储管理，节约资源，此原则是与同一性原则同样的观点而来。

（10）产品互补性原则。互补性高的货物也应存放于邻近位置，以便缺货时可迅速以另一品项替代，便于拣选及出库。

（11）明确标示原则。这是指对货物的品种、数量以及存储位置做到清晰、准确地标示，以方便查找，进而提高作业效率。

（12）作业便捷原则（堆高原则）。所谓堆高原则，即是将货物堆高存放。利用托盘等工具来将货物堆高的容积效率要比平置方式要大。

其作业要点是：若在有严格的先进先出等库存管理限制条件时，一味堆高并非最佳选择，应考虑使用合适的货架以及其他仓储装备，以使堆高原则不至于影响出货效率。

（13）大流动量产品靠近出口原则。快速流动的货物应该最为靠近备货和发货区域，便于提高仓库作业效率，提高周转率。

总的来说，仓储服务的储位管理应当依据以上原则，结合不同类型存储区的特殊要求，做到储位的标示明确、货物的储位合理，并要及时登记货物的变动情况。

5.2.5　储放形式考量

1. 储存量的储放形式

"量"参数在储存上一般可划分为以下几类。

（1）大批储存。

一般指3个托盘以上的存量。大批储存都以托盘运作，多采用地板堆积或自动仓库储存的方式。

（2）小批储存。

小批储存一般指小于一个托盘的储存，一般以箱为出货拣取单位。在储存区的小批量物品一般被存放于托盘货架、棚架、储物柜等。

（3）中批储存。

中批储存一般指1～3个托盘的存量，可以托盘或箱为出货拣取单位。多采用托盘货架或地板堆积的方式。

（4）零星储存。

零星区或拣取区皆是使用储物柜或棚架储存小于整包货物的地方。一般来说，订货拣取在此区域中进行。然而，若产品很小及整批量并不占用大空间，则整批产品也能储存于零星区。

零星拣货区一般包括检查与打包的空间，同时为了安全目的应与大量储区分开。另外，此储区最好置于低楼层及居中的位置，以降低等候拣取时间及减轻出货时理货的工作量。

2. 储存设备的考量。

（1）地板堆积储存。

地板堆积储存是使用地板支撑的储存，有将物品放于托盘或直接着地存放两种。堆积的稳定性可借墙的倚靠来提升，即使袋装物也能简易存放，但除非以人工或较传统的机械来作业，否则不易提取。其堆积方式可分为行列堆积及整区堆积两种。

① 行列堆积。

行列堆积是指在堆积之间留下足够的空间，使得任何一行（列）堆积的托盘提取时皆不受阻碍。而当在一长行（列）储区中只剩少数托盘时，即应将这些托盘转移至小批量储区，而让此区域能再存放大批产品。

② 整区堆积。

整区堆积是指每一行与行之间的托盘堆积并不留存或浪费任何空间，此方式能节省空间，但只能在储存大量产品时使用。采用整区堆积时必须很小心，以免托盘互相连接，提取时很容易发生危险。

地板堆积储存的优点包括以下几点。

① 不规则形状的储存，尺寸及形式不会造成地板堆积的困难。

② 适合大量可堆积货物的储存（如重量不能过重），能提供规则形状或容器化的货物的有效储存空间。

③ 只需简单地建筑即可。

④ 堆积尺寸能依储存量适当调整。

⑤ 廊道的需求较小，且能简单改变。

地板堆积储存的缺点包括以下几点。

① 不可能兼顾先进先出，若要先进先出，则必须增加翻堆作业，增加工作量且易损坏货物。

② 堆积边缘无法被保护，容易被搬运设备损坏。

③ 地板堆积容易不整齐，且特殊单位的拣取需要较多的搬移。

④ 一些货物（如易燃物）不适于储存，需置于一定高度。

（2）棚、货架储存。

棚架及货架的样式很多，但大体可分为两面开放式及单面开放式的棚、货架。

① 两面开放式棚、货架。

此种棚、货架的前后两面皆可用于储存与拣取，对于整个系统的设计较具弹性，且较易配合先进先出的原则。

② 单面开放式棚、货架。

此种棚、货架只有单面可供储存及拣取，因而在系统设计上较无弹性，欲达到先进先出，则需花较大的工夫。但多采用背对背式排列，所以使用的空间较小。

棚、货架储存的优点如下。

① 不论存或取皆较便利。

② 适用于品项数量不多且不宜于地板堆积时。

③ 欲做选择性提取时（如先进先出），采用棚、货架储存较有利。

④ 棚、货架储存空间除适于规则形货物的储存外，也能用于不规则形货物的储存，但不能超出储架范围。

现今最常用的棚、货架形式有以下三类。

a. 托盘货架——单面。

b. 流动棚架——双面。

c. 驶入式货架——单面、双面。

（3）储物柜。

单行的储物柜应被安排为背对背，若可能，最好靠墙放置，因靠墙放置将能提供良好的位置来储存不规则形货物及长时间储存的货物。

储物柜如今已改良成具有最大弹性的可卸下、可搬运形式的储物柜，用来储存各尺寸的货物以调整储物空间。由储物柜的安排可看出，使用不同形式的抽屉、盒子或篮子放于储物柜来保存任何小物品，是货架等无法取代的功能。

对于储物柜的安排，应注意以下几点。

① 小批量及较主要的品项置于储物柜中央（较活泼）位置，以利于拣取。

② 厚重、体积大的品项尽量堆放于储物柜的最下方（不活泼）的位置。

③ 量轻、体积大的品项尽量堆放于储物柜较上方（不活泼）的位置。

（4）自动仓库。

由托盘上将箱子拣取出来的作业，若能由自动仓库将托盘取出，拣取后自动将托盘送回，再进行下一个托盘作业的方式取代，则能增加拣取出货的效率及正确性。

目前所使用的自动仓库形式常见的有下列几种。

① 单位负载式自动仓库。

a. 单宽通道、单深钢架。

b. 单宽通道、双深钢架。

c. 单宽通道、双深钢架、双叉牙。

d. 双宽通道、双深钢架。

e. 附台车式高架吊车。

② 小料件式自动存取系统。

a. 料盒式自动存取系统。

b. 塑胶箱式自动存取系统。

c. 水平旋转式货架。

d. 垂直旋转式货架。

e. 移动式货架。

综上所述，配合储存需求及设备特性可归纳如下。

① 少样，高量——地板堆积储存、自动仓库。

② 多样，低量——托盘货架。

③ 多量，不可堆叠——驶入式货架。

④ 多样，小体积产品——棚架，储物柜。

⑤ 小量——棚架，储物柜。

在货物准备进入储位之前，必须先行了解本章所述之法则与建议，再做储存作业的应用选择，这是储位管理的首要步骤。

3. 储存保管指标的考量

（1）储区面积率 = $\dfrac{储区面积}{物流中心建物面积} \times 100\%$

应用目的：衡量厂房空间的利用率是否合理。

（2）可供保管面积率 = $\dfrac{可保管面积}{储区面积} \times 100\%$

应用目的：判断储位内通道规划是否合理。

（3）储位容积使用率 = $\dfrac{存货总体积}{储位总容积} \times 100\%$

单位面积保管量 = $\dfrac{平均库存量}{可保管面积}$

应用目的：判断储位规划及使用的货架是否合理。

（4）平均每品项所占储位数 = $\dfrac{货架储位数}{总品项数}$

应用目的：由每个储位保管品项数的多寡来判断储位管理策略是否应用合理。

（5）库存周转率 = $\dfrac{出货量}{平均库存量} \times 100\%$ 或 $\dfrac{营业额}{平均库存金额} \times 100\%$

应用目的：库存周转率可用来检验公司的营运绩效，以及作为衡量当前货物储存量是否合理的指标。

（6）库存掌握程度 = $\dfrac{\text{实际库存量}}{\text{标准库存量}}$

应用目的：作为设定产品库存的比率依据，以供存货管制参考。

（7）库存管理费率 = $\dfrac{\text{库存管理费用}}{\text{平均库存量}} \times 100\%$

应用目的：衡量公司每单位存货的库存管理费用。

（8）呆废品率 = $\dfrac{\text{呆废品件数}}{\text{平均库存量}} \times 100\%$ 或 $\dfrac{\text{呆废品金额}}{\text{平均库存金额}} \times 100\%$

应用目的：用来测定货物耗损影响资金积压的状况。

5.2.6 储位指派方式

储位指派是指用什么方法把预备保管的货物指派到最适宜的储位上。例如，以人工指派管理、以计算机辅助指派管理或全由计算机指派管理等。至于哪一种方法是最佳方式，却并非绝对的，也并非全由计算机来指派储位就是最好的储位指派方式；必须因地制宜，要配合货物的储位储存单元来互相评量。而管理方式可根据计算机配合协助的程度分成四级。其与储位储存单元的关系如表 5-8 所示。

表 5-8　储位储存单元与指派方式

储位储存单元计算机化程度	个别储位单元	纵深储位单元	区域储位单元（储区）
未应用计算机，以人工管理指派储位	×	×	○
应用计算机建立货物储位管理档，以人工管理指派储位	×	△	○
应用计算机辅助人工管理派储位	△	○	○
计算机全自动管理指派储位	○	○	○

注：×不适合；△勉强可用；○适合。

1. 货物指派储位单元

货物指派储位单元就是每一次指派时的计算管理单位，因进货量的大小、储存设备种类的不同，而使得指派货物上架时会有大小数量不同的指派单元，其大致可分为以下三种。

（1）个别储位单元，表示每一储位的储存状况均列入管理状态。

（2）纵深储位单元，表示以每道纵深的储位为一个管理单元，每单元以放置一种货物为原则，其储存状况均列入管理状态。其主要储放设备为后推式货架、驶入式货架、流动式货架。

（3）区域储位单元，表示以客户单一货物的最常进货批量、最适宜进货批量或最小进货批量为公倍数，设置一个储区作为管理单元，如10个托盘所占的区域为一个单元，每区域单元储位以放置一种货物为原则，其储存状况均列入管理状态。

2. 指派策略说明

指派方式若是以人工作业时，是依据库存储位报表来决定货物摆放位置，并记录货物储位变动情形。计算机辅助指派是在做进货批次作业时，管理者由计算机查询出库存储位状况，指示作业人员摆放货物，且在货物摆放后，借由读取条码的掌上型终端机做储位变动记录。计算机全自动指派则是储位的指派全由计算机运算后指示信息人员，作业人员由无线电传输终端机接收储位摆放指示将货物上架，并将储位变动信息传入计算机进行计算，以便进行下一次的储位指派。

由于个别储位单元作业繁复，故在管理上必须较为严密；而储区式则作业单纯，管理上较不严密，且各区域货物存量多，故存量掌握不易精确。当计算机化、自动化程度提高时，设备投资成本也增加，但相对的可减少人力的投入。

3. 指派方式

储位指派方式依计算机使用程度可分为三种。

（1）人工指派方式

人工指派储位是管理者根据自身对储位管理的相关经验，所进行的主观决策。该方式的优缺点及管理要点如下。

人工指派方式的优点如下。

① 计算机及相关事务设备投入少，费用不必投入太多。

② 以人脑来决定储位的调配，弹性大。

人工指派方式的缺点如下。

① 易受作业人员能力影响，效率不稳定。

② 出错率高。

③ 效率一般较计算机化低。

④ 要大量投入人力。

⑤ 过分依赖管理者的经验。

⑥ 执行效率差。

人工指派的管理要点如下。

① 指派决策者必须熟记这些储位指派原则，并且灵活运用。例如，进行ABC分析法来排列货架，因为从货架上存取货物以人体腰部的高度最容易取出货物，因此若将货架分成三段，把经常存取的A类商品放在中段，下段则放置出货量仅次于A类的B类

商品，而进出货频率不高的 C 类商品则放在上段。若以缩短取货的距离观点来看，就要把 A 类商品指派到靠近出口处，其次是 B 类商品，而货架的最里面则放置 C 类商品。若有笨重货物则要考虑指派到储架底层，而贵重货物就要考虑另外存放至可封锁隔离的储区中。总之，对于货物的指派，事先必须经过一番规划，定出一套自己公司所保存货物的特性要求规则表，日后的储位指派便可依照这份规则表来参考进行。

② 仓储人员必须确实遵守指派决策者的指示（最好能以书面方式指示，避免以口头方式交代），一一将货物存放于指定的储位上，并且一定要把指派上架的结果记录在储位表单上。有一些物流中心仓储配置全由仓库管理人员决策调配，货物在保管空间的储放指派除了少数简单基本原则，其他一切都靠仓管人员依经验自行调度。在如此依赖人脑分派储位的情况下，一旦仓管人员离职或工作变动，就会因为储位管理信息缺乏整合延续，而引起作业混乱。

③ 仓管人员每完成一个储位指派的内容后，就必须把这个储位内容确实记录至表格中，相同的货物因补货或拣货从储位移出后也必须登录消除，这个登录工作虽然很烦琐，但必须确实执行以保证料账的正确性。为了简化登录工作，可利用计算机并配合一些自动读取登录设备来达成，如条码扫描读取机等。

（2）计算机辅助指派方式及计算机全自动指派方式。

在储位管理中以计算机来指派所凭借的就是信息技术。利用自动读取或辨识设备来读取数据，通过网络，再配合相应的管理软件来控制储位的指派，这两种方式由于其数据输入/输出均以条码机读取，故错误率低。数据读取后，通过网络即刻把数据传回，后台软件实时处理，因此其在执行上效率远胜人工指派方式。

① 计算机辅助指派方式。

利用一些图形监控软件，经收集在库储位信息后，即时地转换显示在库的各储位使用情况，以供储位指派决策者即时查询，用来作为储位指派的参考，其由人工下达储位指派指示，依此进行调仓作业。

② 计算机全自动指派方式（不进行调仓作业）。

利用一些图形监控及储位管理软件，经收集在库储位信息及其他入库指示后，经计算机运算后，由计算机自动下达储位指派指示，任何时段都可保持储位的合理安排，故不需要进行调仓作业。

计算机全自动指派方式相对于计算机辅助指派方式的优缺点如下。

其优点包括：①不受人为因素影响；②效率高；③数据输出/输入错误率低。

其缺点包括：①设备费用高；②维护困难。

5.2.7 储位规划实例

典型案例5-1

毕节市烟草公司立体仓库储位优化战略

毕节市烟草公司物流中心立体仓库（以下简称毕节立库）2013年开始建设，2015年投入使用，是毕节市卷烟物流配送中心的存储中心，承担了为分拣中心快速补货的职责。由于该中心业务量逐年增大，每年需要投入更多的人力24小时分拣才能完成高峰期任务。

1. 仓库整体概况

毕节立库库区长115.8米、宽24米，可使用面积2499.2平方米。

（1）功能区域。

立库分为三个区域，入库区完成工业企业来货件烟的入库功能；高架库区完成件烟实托盘、空托盘组的存取功能；出库区完成分拣所需卷烟的出库拆垛功能和整托盘出库功能。高架库区共有4个通道，每通道52列，共有3744个储位。

（2）存储物料。

库存物料500余种，物料码放到托盘上存放到高架库存，空托盘10个一组，存入高架库区，需要时系统自动从库区下架，输送到需求站台。常规件烟一托盘30件。

（3）仓库业务流程。

送货到毕节市烟草公司的件烟由卡车运至配送中心，件烟经扫码，人工堆码完成。仓库管理系统获取码垛完成的托盘组盘信息后，将整托盘输送到立体仓库存放。分拣系统根据订单和设备缓存情况向仓库管理系统提出出库申请，仓库管理系统根据申请需求，将立体仓库的托盘输送到拣选出口或者整托盘出库口。完成拣选的托盘返回立体仓库存放。

毕节立库的件烟主要作业类型有收货入立库、分拣补货出库、分拣余料返库三类。其中收货入立库作业的源站台有两个；分拣补货出库的目标站台有三个；分拣余料返库的源站台有一个。

2. 仓库储位优化问题分析

仓库管理系统接收组盘信息完成来料入库，接收出库信息完成物料出库，出入库以托盘为单元进行输送，对储位的优化研究需要选取现有系统货位分配策略、设备运行参数、存储物料出入库任务进行数据分析。

收货入立库遵循通道间物料均分，通道内货位存放左右均分，近出库口优先存放的控制策略。分拣补货出库遵循通道间任务均分，通道内物料先进先出的控制策略。分拣余料返库与收货入立库控制策略相同。

统计高峰期内任务完成时间平均在3分钟以内，4个小时最多能完成80个托盘的输送，已经达到设计指标。在设备利用率稳定的情况下，需要优化储位分配策略，尽量缩短堆垛机总的运行距离，提高自动化立体仓库的工作效率。

3. 仓库储位优化方案

毕节立库分为4个通道，通道间物料均匀分布，符合自动化立库存放基本原则。通过数据分析，对物料可以根据出入库任务频率进行ABC分类。通道内按照品规ABC分类进行物料分区优化处理，在分区确定后根据任务实时情况再进行货位优化处理，提高立库整体作业效率。

（1）物料分区优化。

整理高峰期、低峰期任务数据，利用帕累托原则（80/20原则）根据物料返库频率进行物料分类。对于出库频率高且基本是整托盘出库的物料定义为A类，对于返库频率较高的物料定义为B类，剩余物料定义为C类。统计分类物料库存数据，确定各类物料储位需求数。

对于A类物料，入库、出库在库区的两端，总体运行时间相同，考虑出库优先原则，对权值矩阵进行镜像，对储位因子进行排序，根据储位需求数，确定存放区域。对于B类物料，出库返库集中在库区后端，首先对权值矩阵进行镜像，对储位因子进行排序，根据储位需求数，确定存放区域。对于C类物料，直接对储位因子排序，确定存放储区区域。

这样得到的物料分区限定，在系统实际入库运行中可能会出现限定货区内没有空闲储位的情况，但可以进行修正，修正的原则是A类物料货区存满存入B类物料货位，B类物料货区存满存入A类物料货区，都存放满后存入C类物料货区。

（2）储位分配策略优化。

毕节立库在高峰期24小时出入库。立库一端入库，一端出库，同时出入库时段长。堆垛机在完成入库作业后会在原位置等待，接收下一条任务指令。储位分配策略优化的主要目标是在出入库货区确定后，尽可能地优选储位，最大限度地缩短堆垛机行走时间。

通过库存数据分析，物料在货区存放一天以上才会出库。物料入库如果是按天密集存放在一起，出库需要保证先入先出，堆垛机可能就会出现在通道内来回移动以完成出入库任务，为减少堆垛机任务间的移动距离，入库储位选择同货区同储位因子下物料间隔存放方式；出库储位选择在同期物料集合中物料存放储位在当前堆垛机位置之后的储位。

案例来源：https://kns.cnki.net/kcms/detail/detail.aspx?dbcode=CJFD&dbname=CJFDLAST2020&filename=CUYN202005054&v=w4gvRq1fwRsRyWOoD2YHWvYiIggNnpTYpwKUd6Fn%25mmd2BT8bZy8rIN5ceaQRzVJV39YC.[2021-12-04].

典型案例5-2

中国石化新东营原油库的绿色转型

中国石化新东营原油库占地面积 504 亩，库容规模 68 万立方米，与老库相比，库容量扩大 30%，单位库容用地降低 25.6%。新油库具备全面感知、共享协同、安全预警、绿色低碳的智能化能力，实现油库各类业务管控模式由被动向主动转变，投产后操作人员由原来的 189 人减少到 20 人。油田不同区块生产的原油品质不一，为了满足下游企业个性化需求，新油库可以通过流量计、密度计自动计算识别不同油品，在无人操作的情况下自动分质分储分输。新油库还能实现智能安防、输油管线智能优化等功能，助力企业实现本质安全环保。

正如党的二十大报告中所强调的，我们要加快发展方式绿色转型，实施全面节约战，发展绿色低碳产业，倡导绿色消费，推动形成绿色低碳的生产方式和生活方式。新油库采用了安全环保智能化技术，利用太阳能、蒸汽等绿色低碳能源替代传统加热炉，通过热能三级梯级利用回收，实现"零异味""零泄漏""零固废""零排放"，结合在库区周边实施的碳中和林项目，有望实现油库碳中和，助力黄河三角洲生态保护和高质量发展。

5.3 拣选策略

【导入案例】

金佰利公司是全球健康卫生护理领域的领导者。个人健康护理用品、家庭生活用纸、商用消费产品和医疗健康护理用品是金佰利公司的四大核心业务。由于金佰利生产的产品属于日常快消品，每天全球约有四分之一的人在使用金佰利公司的产品。以某一仓库为例，仓库平均每天出库 3 万多箱货物，平均每单 312 箱货物，需要按托盘订货。按累计库存量对商品进行 ABC 分类，单品数量排在前 200 的货物占据仓库累计库存总量的 83.96%，每单平均订货物项数为 5，订单有较大程度的重合，因此订单的拣选方式为播种式拣选。这种拣选方式在订单数量庞大时，可以显著提高工作效率，缩短拣选货物时行走搬运的距离，增加单位时间的拣选数量。订货频率为平均 6 分钟一单。订单响应时间为 30 分钟时达到利益最大化。

金佰利在订单分析时使用了 EIQ 分析法，E（Entry）表示订单或客户、I（Item）表示商品品项、Q（Quantity）表示客户订单数量或者出库量。EIQ 分析就是利用 E、I、Q

三个物流要素来研究物流中心的需求特性,具体包括了订单量(EQ)分析与订货物项数(EI)分析。通过对全年日出库单—客户订单平均箱数、日出库单—客户订单箱量最大值、日出库单—客户订单平均托数、日出库单—客户订单平均品项数的分析,为物流中心提供规划依据,使公司在客户订单满意程度上深受好评。

针对客户的订单,将每个订单上所需的不同种类的商品,由仓库或配送中心取出集中在一起,包括拆包或再包装,就是所谓的拣选(分拣、拣货)作业。随着商业竞争日趋白热化,零售点对于商品配送的需求逐渐转为多样少量、高频率的配送方式。"在正确的时间内,将正确的商品及数量,以最好的产品状态与服务品质,在最低的运送成本下,送到正确的场地,给正确的客户"这一基本理念将依赖整个仓库或配送中心各项作业的相互配合来实现。不可否认的是,拣选作业的快慢及正确与否,将直接影响对客户的服务品质。

资料来源:https://www.kimberly-clark.com.cn/.[2012-12-04].

本节主要简述拣选的策略,包含拣选技术、具体拣选过程、拣选的单位与方式,详细介绍了人至货(摘果法)、货至人(播种法)等拣选方式的原理与特点,对不同拣选方式进行简单比较;然后介绍分拣优化的相关内容;最后简要介绍订单拣选路线战略。

5.3.1 拣选技术

1. 拣选行走方式

拣选行走方式主要有人至货、货至人两大类。

(1)人至货方式。

人至货方式是最常见的,拣货员通过步行或搭乘拣选车辆到达货物储存位置。人至货的系统构成简单,柔性高,可以不用机械设备和计算机支持。

"货到输送机"法是拣选工作在输送机两边进行,拣出的货物由拣货员直接送到输送机(集货点),或用容器集中后送到输送机(集货点),再由输送机送到集货中心。因有输送机的帮助,拣货员的行走距离短,劳动强度低,拣选的效率高,每小时每人可拣选1000件货物。

输送机将拣选作业区分成两个部分,在拣选任务不是均匀分布在两边的货架时,不能协调两旁拣货员的工作节奏,同时也造成系统的柔性差、补货不方便、所需的作业面积大等问题。因为有输送机的存在,存储区同时也是拣选区的通道较宽,以布置输送机械。

人至货技术是目前国内企业应用较多的一类拣货方式。虽然拣货方式没有较大变化,但致力于提升该方式作业效率的拣货技术却一直历经变革,较早的是电子标签技术、无线射频技术,目前新的趋势是语音技术。这项拣选技术在一些企业中已经得到应用,并取得了很好的效果,如亚马逊、迪亚天天等。

（2）货至人方式。

货至人方式则相反，主要行走的一方为被拣货物，拣取者在固定位置内作业，不需要去寻找货位。

货至人方式可分为普通的、闭环的和活动的三种。对普通的货至人方式，拣货员不用行走，拣选效率高、工作面积紧凑、补货容易、空箱和空托盘的清理也容易进行，可以优化拣选员的工作条件与环境；不足之处在于投资大、拣选周期长。这种拣选方式的应用系统称为小件自动化仓储系统。

闭环的货至人拣选方式中，载货托盘总是有序地放在地上或搁架上，处在固定位置。输送机将拣选货架（或托盘）送到集货区，拣选员根据拣选单拣取货架中的货物，放到载货托盘上，然后移动拣选货架，再由其他拣选员拣选，最后通过另一条输送机，将拣选货架送回。

这种方法的优点在于：拣选路线短，拣选效率高，系统柔性好，空箱和无货托盘的清理容易，所需作业面积小，劳动组织简单。

这种方法的缺点在于：为了解决拣选货架的出货和返回问题，仓库、输送机和控制系统的投资大；因顺序作业，造成作业时间长等。

活动的货至人拣选方式是拣货员（或拣选机器人、高架堆垛机）带着集货容器（集货点）在搬运机械的帮助下，按照订单的要求，到货位拣选，当集货容器装满后，到集货点卸下所拣选物。此系统一般是由机器人拣选。但机器人取物装置的柔性较差，不能同时满足箱类货物、球状货物、柱状货物的拣取，这也就限制了它的应用。这种系统一般用在出库频率很高、货种单一的场合，是托盘自动仓库的主要方式。

货至人技术目前的发展趋势是由散点式机器人进行随机拣货，如亚马逊的智能机器人kiva。除这些专门的拣选技术外，物联网与大数据技术的发展，正在进一步促进和支撑仓储领域拣货技术的变革。在物联网的基础上，大数据驱动的智能拣货和智能算法能够通过精准计算，随机对拣货员进行指派，从而做到拣货员一直朝前走，不用回头，确保全部拣选完之后，路径最短，通过这种智能计算和智能推荐，可以把传统作业模式的拣货行走路径减少60%。因此，在物联网与大数据技术变革的基础上，拣货技术将进一步向智能化方向发展。

2. 拣选信息

拣选信息是按照原始订单或相应生成的信息来指示拣货的进行，它是拣货操作开始前最重要的准备工作，也是完成订单必不可少的环节。拣货信息的表现手段主要有以下几种。

（1）传票拣选。

这是最原始的拣选方式，直接利用客户的订单或公司的交货单作为拣选指示。一般采用摘果式策略，即依据订单，拣货员对照货物品名寻找货物，再拣出所需数量，对多品种订单拣货员需要多个来回才能拣选完成一张订单。

（2）拣选单拣选。

这是目前最常用的方式，将原始的客户订单信息输入仓库管理系统（Warehouse Management System，WMS）后进行拣选信息处理，打印拣货单。WMS具备货位管理功能，拣货单上的品名按照货位编号重新排序，以使拣货员行走路径最短，同时拣选单上有货位编号，拣货员按编号寻找货物更方便。拣货单一般按作业分区和拣货单位分别打印，分别拣货后，在出货暂存区分选集货后等待出货，这是一种最经济的拣货方式，但必须与货位管理配合才能发挥其效益。

（3）拣选标签。

拣选标签与拣选单的不同之处在于，拣选标签的数量与分拣数量相等。拣选标签按要出货的箱（件）数打印，与订购数量一致，每次拣货时标签贴完表示拣货完成，是一种防错的拣货方式。标签上还印有条码可用来自动分类。这种方法一般用于高单价的货物，可用于按货物类别拣货。依据拣货单位的不同，有整箱拣货标签、单品拣货标签和送货标签等。它的缺点是环节较复杂，成本较高。

（4）电子标签辅助拣选。

电子标签辅助拣选是一种计算机辅助的无纸化的拣货系统。它在每一个货位都安排数字显示器，利用计算机控制将订单信息传输到数字显示装置上，作为拣货信息指示，拣货完成后按确认键。以电子标签取代拣选单，在货架上显示拣选信息，减少了寻找时间。每个电子标签都有一个灯，灯亮表示有待拣货物，因而得名Pick-to-Light。电子标签系统包括电子标签货架、信息传递装置、计算机辅助拣选台车、条码、无线通信设备等，在现代配送中心经常应用。它适用于播种式或分区式拣选，但货物种类多时不适合，应用于ABC分类的A、B类货物上。

（5）无线射频辅助拣选。

这是比电子标签更先进的技术，它利用无线射频技术，通过无线射频终端机显示拣选信息，显示的信息量更多，且可结合条码技术使用，实现拣选和WMS信息的及时更新。它的原理是利用集成无线射频和条码扫描的掌上终端将订单信息由WMS主机传输到掌上终端，拣货人员依此信息拣货，并扫描货位上的条码，如信息不一致，终端会报警，如一致就会显示拣货数量，拣货完成后，按确认键即完成拣货工作，同时信息利用无线射频传回WMS主机扣减库存数据，这是一种即时的无纸化系统。

（6）自动拣选。

自动拣选主要是自动仓库的拣货方式。自动仓库按货物大小可分为托盘自动仓库和小件自动仓库，它们的存取货都是自动进行的，对拣选来说属于货至人的方式。自动仓库由计算机系统控制，采用自动存取系统（Automated Storage and Retrieval System，AS/RS），在仓库中可以一次拣取多个订单的全部货物，并分类集中整理好（配套自动分拣系统），然后直接进行发货。

托盘自动仓库是最常见的自动拣选方式，它是采用自动通道堆垛机及配套的输送机械来完成拣货作业的。自动仓库采用高架形式来利用空间。当计算机将拣选信息传入时，通道堆垛机移至指定货位，取出整托盘货物，送到地面输送机械系统，再传输到相应位置，甚至可以与自动导引车（Automated Guided Vehicle，AGV）结合起来，送到真正需要的位置。它是以托盘作为拣选单位的。

3. 拣货系统

拣货技术的应用出发点是"解放拣货人员"，提高拣货作业效率，增强客户满意度，最终降低仓储作业成本。目前主流的拣货技术包括信息显示技术、货物识别技术、机械搬运和取放技术、智能定位与导航技术等。

技术是设备的支撑，设备是技术的功能化集成，两者相辅相成。拣货技术的功能需要靠设备来实现。另外，拣货技术与设备的应用效率最大化必然以系统集成的方式体现，这里的系统集成既能以随机离散的方式体现，也能以集中连续的方式体现，重点在于内部指令的有序化与集成化。下面以两个典型的拣货系统为例对拣货技术与设备的实际应用进行解析。

（1）高性能 LED 数显拣货系统。

高性能 LED 数显拣货系统的特点是设计了显示器，将来自控制计算机的物品数量和位置实时地显示出来，实现无纸化办公，提高拣货的便利性。高性能 LED 数显拣货系统适用于多品种、小批量、高频率的物流配送中心和自动化仓库。

高性能 LED 数显拣货系统的特征及优点主要表现为：采用 LED 数显拣货系统可以大大提高拣货员的视觉能力；实用性强，能够满足多种拣货系统要求；易用于现有各种货架系统；增加设备时扩展增容方便；设备标准化，购入安装容易；实现无纸拣货作业，降低拣货成本；误拣率极低；使拣货作业合理化、标准化，提高拣货效率；大幅度缩短拣货时间；实现在库管理，装卸误差极小。

（2）跟踪式拣货系统。

跟踪式拣货系统的拣货系统主要由控制部分、投料部分、显示器等构成；操作台由 CPU、汉字系统、打印机、存储装置等构成；搬运系统由输送机、自动切换装置、集货输送机等构成；显示器设置在货架侧面便于拣货员观察。

跟踪式拣货系统的功能包括接受主计算机的信息数据、输送机控制、拣货显示控制、跟踪指示灯控制、拣货状态的监视。在联机状态下接收数据，通过储存介质把批次运输和实际数据存储在硬盘中；通过对条形码扫描得到拣货信息并对集货输送机移动位置进行跟踪控制；根据料箱移动和批次显示信息，控制装置指令拣货作业。跟踪控制是指随着料箱移动指示灯亮，拣货监控装置发出输送机待机指示并投入所拣物品。另外，关于具体拣货方法，主要是跟踪式拣货系统移送装置定时、定距离地把料箱送到集货输送机上,拣货员从箱式流动货架中取出物品的同时,集货输送机侧面的指示灯亮,则可知道料箱信息;把物品投入料箱后拣货结束并压下"拣货完了"开关,表示拣货结束;之后料箱移动到下一个拣货位置,进行另一批次的拣货作业。

4. 拣选技术发展趋势

随着电子商务的快速发展,客户需求结构发生了重大变化,促使同等条件下的拣选速度成为拣货效率的首要评价指标。在信息技术生活化之前,客户需求与企业响应之间存在合理的时间差,此时企业的出库作业一般采用推动式作业模式;随着信息技术的强势生活化,电子商务的快速发展在满足客户时间需求的同时,进一步刺激了这类需求向小批量、多品种的形式演变。这一需求变化对电商企业提出了新的要求。因此,自动化物流技术受到关注并得到越来越多的使用,以有效应对客户订单激增的需求,加快订单履行速度。

5.3.2 具体拣选过程

拣选作业的流程归纳如下。

生成拣货信息→查找货物→行走→拣取货物→分类与集中→文件处理

其中各项活动所占时间参考比例如图 5-27 所示。

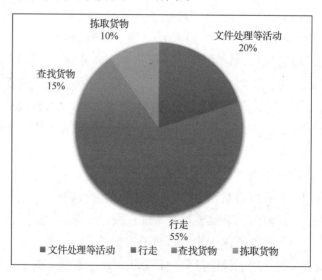

图 5-27 拣选作业各项动作的时间构成

(1)生成拣货信息。

拣选作业开始前,必须根据订单完成指示拣选作业的单据和信息。虽然有些配送中心直接根据订单或公司的交货单作为人工拣选的工作单,但是其无法标示出产品的货位,指导拣货员缩短拣选路径,所以必须将原始的订单转换成拣选单或电子信号,以便拣货员或自动拣取系统进行更有效的拣选作业。

(2)查找货物。

如果上一步中已由 WMS 生成包含货位信息的拣选资料,或者有电子标签显示,查找就会很容易。否则必须建立规范的货位设置与管理方法,以简化查找。

(3)行走。

在拣选时移动最频繁,按行走时有无货物可分为行走和搬运。进行拣选时,要拣取的货物必须出现在拣货员面前,这可以由人至货和货至人两类不同的拣选方式来实现。

(4)拣取货物。

当货物出现在拣货员面前时,接下来的动作就是抓取与确认货物。确认的目的是确定抓取的货物品种、数量是否与指示拣选的信息相同。实际作业时拣货员读取品名与拣选单对比,更先进的方法是利用无线传输终端读取条码由计算机进行对比,或采用货物重量检测的方式。准确的确认动作可以大幅度降低拣选的错误率,同时也比在出库验货时发现更及时有效。

(5)分类与集中。

由于拣选策略的不同,拣取出的货物可能还需要按订单类别进行分类与集中。分类完成的每一批订单的类别和货物经过检验、包装等作业后发货出库。

(6)文件处理。

手工完成拣选作业,并核对无误后,可能需要作业者在相关单据上签字确认,若在提取时已采用电子确认方式,就交给计算机进行处理。

5.3.3 拣选的单位与方式

1. 拣选单位

拣选单位与存货单位基本对应,但可能会因用户的需要而使单位更小。一般来说,拣选单位可分成托盘(Pallet)、箱(Case)及单品(Bulk)三种,即通常说的 PCB。以托盘为拣选单位的体积及重量最大,其次为箱,最小单位为单品。

(1)单品是拣选的最小单位。单品可由箱中取出,人工可用单手拣取,尺寸一般在 10cm^3 以下,单边长不超过 20cm,重量在 1kg 以下。

(2)箱是由单品所组成,可由托盘上取出,人工必须用双手拣取,尺寸一般在 10cm^3 到 1m^3 之间,单边长不超过 1m,质量在 1~30kg。

(3)托盘由箱叠码而成,无法用人工直接搬运,必须利用叉车或托盘搬运车等机械设备。

此外，还有一种情况为特殊品，特殊品由于体积大、形状特殊，无法按托盘、箱归类，或必须在特殊条件下作业，如大型家具、桶装油料、长杆形货物、冷冻货物等，其存储和拣选时都必须特殊考虑。

2. 拣选的作业要求

从功能及成本分析可以得出，仓库或配送中心作业的自动化、省力化，通常都是以拣选作业及相应的存储和搬运方式为实施重点；此外，拣选的时程及拣选策略的应用，也往往是接单出货的时间长短的最主要的因素。同样地，拣选的精确度更是影响出货物质的重要环节之一。现代物流对拣选作业的要求主要有以下几点。

（1）无差错地拣出正确的货物。
（2）时间快，至少不影响后面的送货。
（3）拣选后必要的包装和贴标签。
（4）品种多，数量少。
（5）订单跟踪。
（6）完整的供应链服务和管理。

3. 拣选作业的方式

拣选是仓库的一项基本服务，一般占仓库的近一半作业成本，是影响日后拣选效率的重要因素。

仓储作业主要包括收货、摆放/上架、保管、拣选和发货 5 个环节，订单的信息处理流程主要包括订单准备、订单传输、订单进入、拣选和订单状态报告 5 个步骤。如图 5-28 所示，"拣选"作为仓储作业的物流和订单处理的信息流的交集，需要从作业和信息两个维度考虑拣选策略。

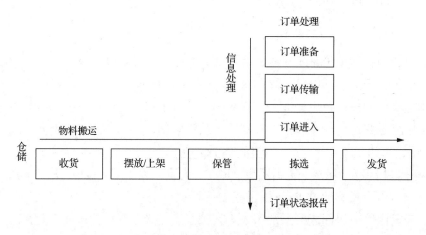

图 5-28 仓储作业与订单信息处理的交集——拣选

拣选作业方式通常有 4 种策略。

（1）摘果式。

摘果式作业也称单订单拣取，这种作业方式要求拣选人员巡回于仓库内，一次将一个订单的所有货物从头到尾拣取出来并集中的方式，是较传统的拣选方式。

摘果式作业的原理如图 5-29 所示。

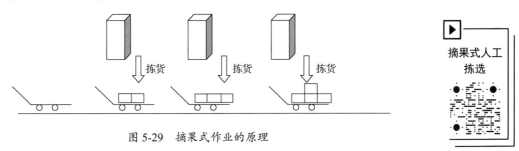

图 5-29　摘果式作业的原理

摘果式作业主要有以下特点。

① 按订单拣选，易于实施，而且配货准确度较高，不易出错。

② 对各用户的拣选相互没有约束，可以根据用户需求的紧急程度调整配货先后次序。

③ 拣选完一个订单货物便配齐，因此货物可以不再落地暂存，直接装上配送车辆，有利于简化工序，提高作业效率。

④ 用户数量不受限制，可在较大范围内波动，拣选人员数量也可随时调整，作业高峰时可临时增加拣选人员，有利于开展准时配送。

⑤ 对机械化、自动化没有严格要求，不受设备水平限制。

摘果式作业的优缺点如表 5-9 所示。

表 5-9　摘果式作业的优缺点

优点	作业方法单纯；订单处理前置时间短；导入容易且弹性大；作业人员责任明确；派工容易、公平；拣货后不必再进行分拣作业
缺点	商品品种数多时，拣货行走路线过长，拣取效率降低；拣取区域大时，搬运系统设计困难；小批量、多批次拣取时，会造成拣货路径重复费时，效率降低

摘果式作业适用于大批量、少品种订单的处理，或是订单大小差异较大（如订单数量变化频繁、商品差异较大）的情况，如化妆品、家具、电器、百货、高级服饰等。

（2）播种式。

播种式作业是把多张订单集合成一个批次，按商品品项将数量加总后再进行拣取，拣取完后按客户订单做分类处理（称为二次分拣）。其中，第一段按产品类别汇总后一次拣出，第二段将同一产品按客户订单进行分配。

播种式作业的原理如图 5-30 所示。

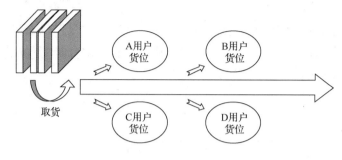

图 5-30 播种式作业的原理

播种式作业主要有以下特点。

① 由于是集中取出共同需要的货物，再按用户的货位分放，这就需要在收到一定数量的订单后进行统计分析，安排好各用户的货位之后才能反复分货作业，因此，这种作业方式难度较高，计划性较强，与按单拣选相比错误率较高。

② 由于是各用户的配送请求同时完成，可以同时开始对各个用户所需货物进行配送，因此有利于车辆的合理化调配和规划配送线路，与按单拣选相比可以更好地发挥规模效益。

③ 对订单的到来无法做出及时反应，必须等待订单达到一定数量才做一次处理，因此会有停滞时间，只有根据订单到达的状况做等候分析，决定出适当的批量大小，才能将停滞时间减至最低。

播种式作业的优缺点如表 5-10 所示。

表 5-10 播种式作业的优缺点

优点	适合订单数量庞大的系统；可以缩短拣取时的行走搬运距离，增加单位时间的拣取量；越要求少批量、多批次的配送，批量拣取就越有效
缺点	对订单的到来无法做出及时的反应，必须等订单达到一定数量时才做一次处理，因此会产生停滞时间

播种式作业适合订单变化较小，订单数量稳定的配送中心和外形较规则的商品出货情况，也适合需进行流通加工的商品拣选。

（3）单人分拣式。

单人分拣式，即一人持取货单进入分拣区分拣货物，直至将取货单中内容完成为止。

单人分拣式作业的优缺点如表 5-11 所示。

表 5-11　单人分拣式作业的优缺点

优点	分拣简单，出错率低；不需要进一步分类处理
缺点	分拣过程不固定；需要耗费更长的行走时间

（4）分区式。

分区式可以是各个拣货员分别在不同拣选区共拣一个订单的货物或多个订单的货物。每个拣货员只负责拣取他所在分区的货物。拣取的货物最后再分选、合并。每个拣货员负责一片存储区内货物的拣选，在一个拣选通道内，先将订单上所要货物中该通道内有的全部拣出，汇集一起后再分配。

分区式作业的优缺点如表 5-12 所示。

表 5-12　分区式作业的优缺点

优点	将订单分解，能降低总的行走时间；每个人只负责自己熟悉的一部分，能够提高分拣效率、降低出错率
缺点	需要进行二次分拣；货物的分区原则需要不断改进，才能最大限度地提高效率

（5）复合分拣方式。

复合分拣方式如表 5-13 所示。

表 5-13　复合分拣方式

	摘果式 （一单）	播种式 （多单）	单人分拣式 （一人/区）	分区式 （多人/区）
摘果式 （一单）			方式 1	方式 3
播种式 （多单）			方式 2	方式 4
单人分拣 （一人/区）	方式 1	方式 2		
分区式 （多人/区）	方式 3	方式 4		

方式 1：一人一单式分拣。一张订单由一个人从头到尾负责拣取完毕。此种分拣方式的分拣单，只需将订单资料转为分拣需求资料即可。

方式 2：一人多单式分拣。主要是应用在每一订单只有少数品项的场合，为了提高输、配、送的装载效率，故将多张订单汇总成一张分拣单，由一人一次拣取后，集中出库。

方式 3：多区一单式分拣。将储存或分拣区划分成几个区域，一张订单由各区人员采用前后接力式或分区汇总式完成。前者只需一张分拣单，不需将一张订单拆成几张分拣单；后者需要将一张订单拆成各区域所需的分拣单，再将各区域所拣取的货物汇集到一起。

方式 4：多区多单式分拣。多张订单合并后按照分区式分拣完成，同样分为接力式和汇总式两种。

4. 拣选方式的确定

首先需要了解关于拣选货物的一些基本概念，接收订单（Entry of Order）、品种（Item）、数量（Quantity），分别取其英文首字母组合而成，具体说明如下。

E 是指每一笔接收的订单，并具有同时拣货、同时配送至同一地点的特征。只要在订单截止时间内，数笔追加的订单均可合并成单一订单，在物流作业过程视为同一订单。反之，在同一批量的订单下，要求以不同时间或不同地点配送货物，对物流中心而言即视为多个订单，必须进行订单分割。

I 是指商品品种或种类。只要是不同质、量、包装单位、包装形式等的货物，都视为不同的品种。原则上以各供应商的品号为区别依据。

Q 是指每一笔订单、每一品种所订购的数量。订单与品种间数量的分布状态是物流配送中心的作业特征分析的基础。

确定拣选方式的分析有以下几种。

（1）EQ 分析：为单张订单出货数量的分析。

EQ 分析目的：可以明确地了解客户的订货量及比例，进而掌握货物配送的需求及客户订单 ABC 分类，以作为管理参考的依据。

EQ 分布图目的：在面对众多的处理对象时，适时给予分类管理，或是在资源有限时给予重点管理，以求事半功倍的效果。也就是通过观察多少百分比的订单数，占多少百分比的出货量。

（2）EN 分析：为单张订单出货物种数的分析。

EN 分析目的：依单张订单品种数据可了解客户订购品种数的多寡，选择适用的拣货方式。

EN 分布图目的：让管理人员更容易掌握客户订货物种数的分布情形，以决定使用的拣货方式应为按批拣选或按单拣选来提高拣货效率，并可由分布图判断拣货时间与拣货人力需求，依此作为拣货作业的生产力指标。

EN 越大，越适合按单拣选。

（3）IQ 分析：为单一品种出货总数量的分析。

IQ 分析目的：针对众多商品进行分类并予以重点管理，也就是观察多少百分比的出货商品，占多少百分比的出货量，是否出货量集中在某些商品，由此可以知道哪些品种为当期出货的主要产品。

IQ 分布图目的：通过分析 IQ 分布图让管理人员易于了解主要产品的状况及需加强控制的商品。IQ 分布图影响商品储区的规划弹性，甚至拣货系统的设计。

（4）IK 分析：为每单一品种出货次数的分析。

IK 分析目的：统计各种品种被不同客户重复订货次数，有助于了解各产品的出货频率。

IK 分布图目的：由分析得知产品出货频率，若能再配合 IQ 分析，两者将使设计者易于决定仓储及拣货系统的设计，并可进一步划分储区及储位配置。

IK 值越大，越适合批量分拣。

5.3.4 分拣优化

1. 拣货作业规划

分拣作业的优化，即实现高效率分拣，这就要采用先进的分拣作业方法和分拣作业的机械化、现代化。如果人工分拣和自动分拣能得到完美结合，则实现高效率的分拣更有保证。

分拣优化的基本思路如下。

按订单分拣的时间，具体包括寻找货物的时间、从货架取货时间、搬运至配货区的时间，以及将多余的货物送回货架的时间 4 项。因此提高分拣效率的基本思路是尽可能缩短以上分拣作业中涉及的行走时间、寻找时间和取放货时间。相较于取放货时间，行走时间和寻找时间更长，是提高分拣效率的优化重点。

而对于自动化立体仓库和旋转货架等货物自动拣选和搬运的分拣系统，优化的两个关键因素分别是设备的选型是否合理，设备的使用方法是否恰当。

2. 分拣优化的衡量指标

分拣优化的衡量指标是分拣配货率，即从库存的货物种类中分拣出的种类占库存种类数的百分比，分拣配货率越高，分拣配货效率越高。在机械设备选定时有分拣配货率高的机械设备，也有分拣配货率低的机械设备，如流动货架与一般货架相比，在分拣配货率较高时选用流动货架。

3. 分拣优化的做法

（1）在分拣配货单上输入货架编码。为了高效率地按订单进行分拣，货物在哪里、是什么货物，必须是任何一位分拣作业人员都能熟知的，最好是将商品保管进行"四号定位"，按货位编码进行分拣。其编码如下：每一个货位的编号按其"货物区域—货架列数—货架层数—货架分段"的四位编码顺序来编排。这是为了每一个区域的分拣作业人员提高分拣的熟练程度和精确度，这种分拣法称为区域分拣。

（2）在台架上保管的商品应采用单一分拣。某些货物，特别是一些单品货物，不是存放在货架上，而是平放在台架上保管，这种情况采用单一分拣效率较高。

（3）利用重力式货架提高分拣效率。利用重力式的货架区域分拣，可以使商品补充从早晨到傍晚一直进行。分段分拣时可利用重力式货架提高分拣和商品补充的效率。

（4）采用数字化分拣。如果采用数字化分拣，能进一步提高分拣效率。

拣选路径策略

5.3.5 订单拣选路线战略

1. 分拣作业的路线合理化原则

（1）存放时应考虑易于出库和拣选。这是在仓库设计时就要考虑的存储策略。

（2）提高保管效率，充分利用存储空间。空间利用可采用立体化储存，减少通道所占空间和放置一些专门的保管和搬运设备。

（3）减少搬运错误。拣选时错误在所难免，除可用自动化方法外，还要求拣货员能减少目视取物操作上的错误。可采用工业工程的方法，在作业批示和货物的放置方面仔细研究。

（4）作业应力求平衡，避免忙闲不均的现象。这要求计划安排、事务处理和上下游作业环节的协调与配合。

2. 订单拣选路径分析

订单分拣就是依据顾客的订货要求或配送中心的送货计划，尽可能迅速、准确地将商品从其储位拣取出来，并按一定的方式进行分类、集中，等待配装送货的作业过程。

在仓库的所有流程中，订单分拣越来越受到企业和研究领域的关注。一方面，在非自动化仓库或配送中心里，分拣一直被认为是劳动最密集、成本最高的运作，同时也是很多企业降低仓储成本与提高生产力最优先考虑的运作；另一方面，订单分拣可以直接影响客户满意度，因此，企业能够快速并且准确地处理客户订单已经成为企业获取竞争力的重要组成部分。

近年来，随着电子商务的发展、生产准时制的要求，订单的规模越来越小，甚至是拆箱分拣。拆箱分拣也称小件订单分拣或单品拣货或拆零拣货。虽然当前有很多成功的自动分拣系统已经应用到仓储运作中，但由于仓储分拣系统是一个非静态、非一次性的活动，并且自动分拣系统不仅成本高而且灵活性低，手动分拣系统仍然有一定的实际意义。

订单分拣是提高仓库生产效率最优先考虑的运营活动，分拣成本会占到仓库运营成本的65%，而又有研究表明分拣人员的行走时间会占到总分拣时间的50%。可见，减少分拣人员的行走时间对于提高分拣效率和降低仓库运作成本是有意义的。分拣人员的行走时间与很多要素有关,其中,合理安排分拣路径是减少行走时间的一项有效措施。

分拣路径的目标就是确定分拣单上货物的拣货顺序,通过启发式或优化路径来减少分拣人员的行走距离。在实际工作中,人们通常应用启发式的分拣路径。这主要是由于优化产生的路径可能不符合分拣人员通常工作的逻辑,不易操作,而且优化路径没有考虑线路拥挤问题。

有几种针对单区仓库分拣作业的启发式分拣路径方法,即穿越路径、返回路径、中点回转、最大间隙等策略。此外,还有分割穿越策略、分割回转策略以及针对多区布局下应用的通道接通道策略。下面将对各种启发式的拣选路径进行介绍。

(1)穿越路径策略。

穿越路径策略(又称穿越式拣货路径)简单易执行,很多仓库都在应用,尤其适合拣货密度高的情况。当采用穿越路径时,拣货员从某一个拣货作业的通道一端进入,同时拣取通道两侧货架上的物品,然后从该通道的另一端离开。拣货员在返回仓库的出入口时,会走遍所有包含拣选作业位置的通道。穿越式路径策略如图 5-31 所示。

当被拣品分布的通道数为偶数时,穿越策略必须穿越每个具有被拣品的通道;当被拣品分布的通道数为奇数时,除最后一个被拣品所在的通道外,其余通道均需要被穿越。因此,穿越路径策略中拣货通道内行走距离完全取决于被拣品分布的通道数。

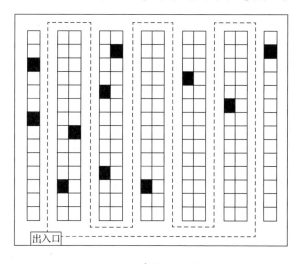

图 5-31 穿越路径策略

穿越式拣货路径

(2)返回路径策略。

在返回路径策略(又称回转式拣货路径)中,拣货员从分拣通道的一端进入,先沿路拣取一侧货架上所需物品,当一侧货架上的物品拣取完,就返回开始拣取另一侧货架上的物品,最后从进入通道的一端离开。拣货员只需要进入包含拣取位置的通道,不包含拣取位置的通道可以跳过。返回路径策略如图 5-32 所示。

回转式拣货路径

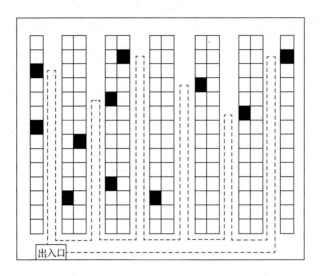

图 5-32 返回路径策略

若采用返回路径策略,要缩短拣货行走距离,应该使被拣品距离进入通道的位置尽可能短。也就是说,如果被拣品的分布呈现向货架一端分布的趋势,其返回过程中的行走距离就越短,这样采用返回路径策略就能使总的行走距离越短。

(3)中点回转策略、分割回转策略。

中点回转策略(图 5-33)是从拣货通道的中点处将分拣区域分成前、后两部分,拣货员从通道的一端进入,拣取完货物后回转折返,最远处就是该通道中点,当拣货员离开拣货区域的前半部分时,拣货员要从最右边的通道穿越进入通道后半部分,以同样方法开始后半部分的拣货。当后半部分的拣货完成后,穿越最左边的通道回到出入口。这里不但采用回转方法而且在进入和退出后半部通道时采取了穿越路径策略。

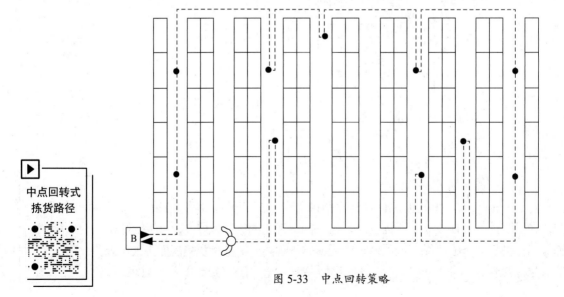

图 5-33 中点回转策略

分割回转策略要求先将整个拣货区域分割为前、后两个部分,但分割点不一定是以中心点为界。

从中点回转策略的行走路径规则可以看出,除了最左通道和最右通道必须穿越,其他通道内的行走类似于返回路径策略。要缩短拣货行走距离,应该使被拣品位置离巷道两端的距离尽可能短。如果被拣品分布呈现出集中于货架的两端,则通道中返回行走的距离越短,采用中点回转策略就能使总的行走距离越短。

(4)最大间隙策略、通道接通道策略。

最大间隙策略(图 5-34)是指在同一个通道内,待取的货物和上下两侧底端通道的距离做比较,选择较短距离的路径,若货物和上下两侧底端的通道距离小于货物之间的最小距离,则直接回转。最大间隙策略与中点回转策略相似,二者区别在于,在最大间隙策略下,拣货员最远可到达最大间隙而非中点。

通道接通道策略是针对具有多个横向通道仓库的启发式方法。一般来讲,每个纵向通道只访问 1 次。拣货员从入口处开始,然后进入最左边的有待取物品的通道,当一个纵向通道内的所有物品拣选完,接着选择一个横向通道进入下一个纵向通道。该方法需要确定从一个纵向通道向下一个纵向通道过渡的横向通道。

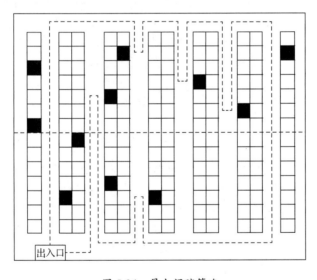

图 5-34 最大间隙策略

最大间隙式拣货路径

典型案例5-3

青岛福兴祥物流语音拣选系统

青岛福兴祥物流股份有限公司经过 12 年的快速发展,现已拥有青岛、胶州、文登三处大型物流基地，完成了物流基地的山东半岛布局，拥有仓储面积 15 万平方米，自主车队运输车辆近 200 辆，配送能力已辐射整个山东省。该公司在胶州市建设的福兴祥物流中心是一个管理先进、现代化程度高的第三方物流中心。在信息化建设上，采用高位立体存储、机械化作业，以条码技术为核心，应用无线网络通信技术和无线射频（Radio Frequency，RF）技术，引进了电子标签拣选系统、立体仓库系统、语音拣选系统、运输调度管理系统等，借助强大的信息系统支撑，实现了仓库全程无纸化作业、智能化管理，订单的全程闭环跟踪与监控。

语音技术是一种国际先进的物流应用技术，它是将任务指令通过文本——语言转换（Text To Speech，TTS）引擎转化为语音播报给作业人员，并采用波形对比技术将作业人员的口头确认转化为实际操作的技术。在欧美很多国家中，企业通过实施语音技术提高了员工拣选效率，从而降低了最低库存量及整体运营成本，并且大幅减少错误配送率，最终提升了企业形象和客户满意度。语音拣选可以简单地分为三个步骤：第一步作业人员听到语音指示，指令给了作业人员一个通道号和货位号，系统要求他说出货位校验号；第二步作业人员会把这个货位校验号读给系统听，当系统确认后，作业系统会告诉作业人员所需选取的商品和数量；第三步作业人员从货位上搬下商品，然后进入下一个流程，整个操作过程非常简单。而且，这个技术对作业人员的口音是没有要求的，各地的口音和方言，语音技术都能很准确地识别。语音技术的应用，可以加快工作速度，提高工作效率和准确率。语音技术是一个非常简单的技术，对作业人员的培训时间也很短。和手持无线通信终端比，语音技术不需要将终端一直拿在手上，使得终端摔坏的情况大大减少，可以降低整个终端的维护成本。语音拣选货物的时候，可以把握好几个步骤，使操作流程变得连贯，自然地走到正确的位置，自然地拣出正确的量。

在福兴祥胶州配送中心现场，日化区的拣选备货停止使用了 RF 手持扫描，而改用语音拣选，叉车司机在开车的同时可以听到语音指令；到达货位后，不必拿起 RF 扫描后再放下 RF 执行拣选，然后继续拿起扫描；只需要到达货位，直接拣选，然后开到下一个货位继续。在这一过程中，拿起 RF 扫描、放下 RF 拣选的过程被省略掉，而且作业人员在开车和拣选过程中全部可以使用双手操作。在福兴祥胶州配送中心的作业人员大部分是胶州本地人，在开始拣选前，先让作业人员使用平常的方言进行语音训练，之后在实际应用过程中，系统即可无障碍地解析出作业人员发出的语音指令。语音拣选的效果十分明显。以某作业人员为例，仅仅在开始使用语音拣选的第二天，他就做了 3 个大订单共 36 个订单行；这个统计数字还包括了 3 个大订单的开车，取托盘，送到出货口的时间；经过对比，比 RF 拣选要快许多。而且在执行拣选订单中，大订单的订单行越多，送货和取托盘所消耗的时间越少，效率越高。而当作业人员的熟练度增加后，必然会有更高的操作效率。

语音技术在国外配送应用已经有许多成功的案例，就技术本身而言是成熟的。在国内项目实施中主要是解决本地化的问题，如方言和中文识别播报，以及接口开发。

在实施中碰到了不少困难,然而在福兴祥和设备供应商德马泰克双方工作人员的共同努力下,解决了语音拣选系统的实施问题,如"修改提示中较长语句""报商品名称时,加上条形码后4位""优化排、列、层的播报方式"等。最终达到了较好的实施效果,订单拣选效率比RF提升20%以上。语音技术还可应用于冷链及生鲜物流加工配送中。语音技术可解决低温环境拣选问题,不但解放了作业人员的双手与双眼,还使作业人员摆脱在冷库内戴着手套操作无线手持终端等的诸多不便,解决无线手持终端屏幕无法适应-35℃以下低温的问题,更能将作业人员的注意力集中在双手搬运和拣选环节上,这给作业效率和准确率的进一步提升带来了很大的帮助。

资料来源:http://www.h3c.com/cn/d_200910/650640_30007_0.htm.[2021-12-13].

练习题

1. (多选题)常见的仓库动态布局类型包括(　　)。
   A. 直线式　　　　　　　　　　　B. 双直式
   C. 锯齿形　　　　　　　　　　　D. U形
   E. 分流式　　　　　　　　　　　F. 集中式

2. (多选题)储位规划时应考虑的要素有(　　)。
   A. 出库频率　　　　　　　　　　B. 货物相关性
   C. 先进先出　　　　　　　　　　D. 作业的便捷性
   E. 货物标识易识别性

3. (多选题)常用的拣选策略有(　　)。
   A. 单个订单依次拣选　　　　　　B. 两个订单同时拣选
   C. 批量订单依次拣选　　　　　　D. 批量订单同时拣选

4. 仓库布局的影响因素有哪些?如何合理选择仓储区域布局形式?

5. 根据仓库的作业特点,如何合理制定储位规划策略?

6. 人至货与货至人两种拣选方式分别适合哪些仓库?

第 6 章
物流需求预测

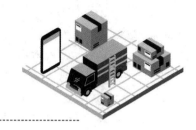

【本章学习目的与要求】

1. 了解专家判断法。
2. 了解德尔菲法。
3. 掌握时间序列预测法。
4. 掌握因果分析法。

第 6 章
物流需求预测

【思维导图】

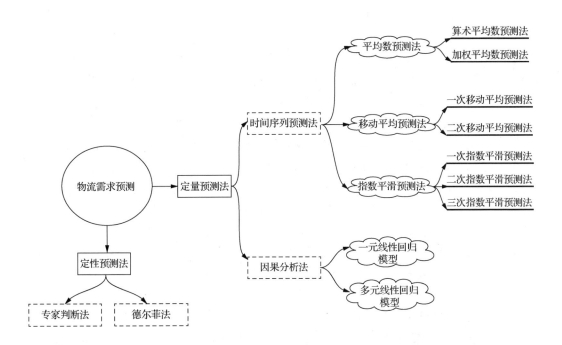

【导入案例】

海尔集团每个月平均接到 6000 多个销售订单，这些订单的定制产品品种达 7000 多个，需要采购的物料品种达 15 万多种。海尔物流整合以来，呆滞物资降低 73.8%，仓库面积减少 50%，库存资金减少 67%。如何能做到这一点呢？这就需要对顾客的需求及各种存货的需求做出精准的预测，从而有效地减少呆滞库存和资金占压。

预测理论作为通用的方法论，既可以应用于研究自然现象，又可以应用于研究社会现象。将预测方法与领域问题相结合，就形成了预测学科的不同分支，如物流预测、需求预测、人口预测、经济预测、政治预测、军事预测、气象预测等。物流需求预测就是利用历史资料和市场信息，运用适当的方法，对未来的物流需求状况进行科学的分析、估算和推断。预测可使用的方法有很多，这些方法可以分为定性预测法和定量预测法两类。定性预测法包括专家判断法和德尔菲法，定量预测法包括时间序列预测法和因果分析法。

定性预测法是指预测者通过调查研究了解实际情况，根据自己的经验和理论、业务水平，对事物发展前景的性质、方向、程度以及相关要素间的影响做出判断进行预测分析的方法。定性预测的目的主要在于判断事物未来发展的性质和方向。定性预测的准确程度主要取决于预测者的经验、理论、业务水平以及所掌握的情况和分析判断能力，这种预测综合性强，需要的数据少，能考虑无法定量的因素。在数据不多或者没有数据时，可以采用定性预测法。

定性预测法比较简单易行，可利用有关专家的丰富经验、专门知识和掌握的实际情况，综合考虑定性因素的影响，进行比较切合实际的分析。其缺点在于分析者由于工作岗位不同、掌握的情况不同、理论水平与实践经验有所差异，进行预测时受主观因素影响较多，对同一问题不同的人往往会做出不同判断，从而得出不同的结论。

定量预测法是指根据准确、及时、系统、全面的调查统计资料和信息，运用统计分析方法和数学规划模型，对事物未来发展的规模、水平等趋势进行预测。

定量预测法以调查统计资料和信息为依据，考虑事物发展变化的规律性和因果关系，建立统计分析或数学规划模型，可以对事物未来发展趋势进行科学的定量预测。其缺点在于不能充分考虑定性因素的影响，而且要求外界环境和各种主要因素相对稳定，当外界环境或者某些主要因素发生重大变化时，定量预测结果就会出现较大误差。

6.1 定性预测法

在实际的管理决策活动中，总会碰到不能够获取数据或者不能用定量预测法描述，只能根据相关事物的概念或语言描述以及先验知识对其进行分析，这就是定性预测法。

定性预测是预测者根据自己所掌握的实际情况、实践经验、业务水平,对事物发展前景的性质、方向和程度等做出的判断预测。通过定性预测,可以提出有预见性的建议,可以为政府进行经济决策、计划管理、指导工作提供依据,具有广泛的应用价值。定性预测普遍存在于掌握的数据较少、不够准确或主要影响因素难以用数字表示,且无法进行定量分析的情形。例如,国家方针政策的变化、消费者心理的变化等对市场商品供需变化的影响,均无法定量,只能通过判断分析进行定性预测。

6.1.1 专家判断法

定性预测通常建立在某一个专家的判断之上,或代表一组专家的一致意见。组织各个领域的专家运用其专业方面的经验和知识,通过对过去和现在发生的问题进行综合分析,从中找出规律,并对事物发展趋势做出判断,这就是专家判断法。专家判断法是一种经常被建议使用的方法。即使没有使用一定的定量模型,缺乏足够统计数据和原始资料的情况下,专家判断法在一定程度上仍提供了良好的预测。

专家判断法有几种,其中头脑风暴法是占有重要地位的一种基本的专家判断法。20世纪50年代,头脑风暴法作为一种创造性思维方法在预测中得到广泛运用,并日趋普及。从本质上来说,头脑风暴法主要是组织专家积极地产生创造性思维。

采用头脑风暴法组织专家会议时,应遵循如下原则。

① 就所讨论的问题提出一些具体要求,并严格规定提出设想时所用术语,以便限制所讨论问题的范围,使参加者把注意力集中于所讨论的问题。

② 不能对别人的意见提出怀疑,不能放弃和终止讨论任何一个设想,不管这种设想是否适当和可行。

③ 鼓励参加者对已经提出的设想进行改进和综合,为准备修改自己设想的人提供优先发言权。

④ 支持和鼓励参加者解除思想顾虑,创造一种自由的氛围,激发参加者的积极性。

⑤ 发言要精练,不需要详细论述。

⑥ 不允许参加者宣读事先准备的建议。

实践经验证明,利用头脑风暴法进行预测,通过专家之间直接交换信息,充分发挥创造性思维,有可能在较短的时间内得到富有成效的创造性成果。

为了给采用头脑风暴法的会议提供一个创造性思维环境,必须决定小组的最佳人数和会议的时长。小组规模以 10~15 人为宜,会议时长一般为 20~60 分钟。参加成员的选取应考虑两种情形:一是当参加者互相认识时,要从同一职位(职称或级别)的人员中选取,领导人员不应参加,否则对下属人员将产生一定压力;二是当参加者互不认识时,可从不同职位(职称或级别)中的人员中选取。这时不论成员是院士还是硕士,都应同等对待,赋予每个成员一个编号,以便以后按编号与参加者联系。参加者的专业是否与所讨论的问题一致,不是专家组成员的必要条件。在专家组中,更希望包括一些学识渊博，对所讨论的问题有很深理解的其他领域的专家。

预测的领导者要对预测的问题做如下说明：问题产生的原因，原因的分析和可能的结果；分析解决这类问题的实践经验；解决这一问题的现存途径；中心问题及其子问题，形成需要解决的问题。

最好将头脑风暴法的领导工作委托给预测专家负责。因为预测专家对如何应对所提的问题和从事科学辩论都有充分的经验，同时他们熟悉处理程度和处理方法。如果所讨论问题专业面很窄，则应邀请相关专家和预测专家共同负责领导工作。头脑风暴小组应由以下人员组成：方法学者，即预测专家；设想产生者，即所讨论问题领域专家；分析者，即所讨论问题领域的高级专家；演绎者，即对所讨论问题具有发达的推断思维能力的专家。头脑风暴小组参加者都应具有很强的联想思维能力。所有头脑风暴产生的结果，应当被认为是集体创造的成果。其中最有价值的一些设想，是在从前提出的设想的基础上发展的设想，以及对两个或几个设想综合的结果。

实践经验表明，采用头脑风暴法可以排除折中方案，对所讨论的问题通过公正的、连续的分析，可以找到一组切实可行的方案。头脑风暴法对其提出的一组可行方案，还不能按重要性进行排序和寻找达到目标的最佳途径，所以还应辅以专家集体评估，并对评估结果进行统计处理，协调专家组意见作为评估结果。

6.1.2 德尔菲法

德尔菲法是美国"兰德"公司20世纪40年代首先用于技术预测的方法。德尔菲法是专家判断法的一种发展。它以匿名方式通过几轮函询，征求专家们的意见。预测领导小组对每一轮的意见都进行汇总整理，将其作为参考资料再发给每位专家，供他们进行分析判断，提出新的意见。如此多次反复，专家的意见渐趋一致，结论的可靠性也就随之增大。

德尔菲法是系统分析方法在价值判断领域的一种有益延伸。它突破了传统的数量分析技术限制，为更合理、更有效地进行决策提供了支撑与依据。基于对未来发展中的各种可能出现和期待出现的前景及状态的概率估计，德尔菲法能够为决策提供多种选择方案。近年来，德尔菲法已成为一种广泛适用的预测方法，许多决策咨询专家和决策者常常把德尔菲法作为一种重要的决策工具。

德尔菲法应用如此广泛，足以说明方法本身在技术和社会预测方面具有较大价值。下面从德尔菲法的特点、专家的选择、编制调查表、预测过程以及组织预测应遵循的原则5个方面进行介绍。

1. 德尔菲法的特点

德尔菲法有如下3个特点。

（1）匿名性。为克服专家会议易受心理因素影响的缺点，德尔菲法采用匿名方式。

应邀参加预测的专家互不了解，完全消除了心理因素的影响。专家可以参考前一轮的预测结果，修改自己的意见而无须做出公开说明，无损自己的威望。

（2）轮间反馈沟通情况。德尔菲法一般要经过四轮预测。在匿名情况下，为了使参加预测的专家掌握每一轮预测的汇总结果和其他专家提出意见的论证，预测领导小组对每一轮的预测结果进行统计，并作为反馈材料发给每位专家，为提出下一轮预测意见供专家参考。

（3）预测结果的统计特性。对各轮反馈意见进行定量处理是德尔菲法的一个重要特点。为了定量评价预测结果，德尔菲法采用统计方法对结果进行处理。

2. 专家的选择

进行德尔菲法预测需要成立预测领导小组。领导小组不仅负责拟订预测主题、编制预测事件一览表，以及对每轮反馈结果进行分析和处理，更重要的是专家的选择。

德尔菲法是一种对意见和价值进行判断的作业。如果应邀专家对预测主题不具有广泛深厚的知识背景，则很难提出正确的意见和有价值的判断。即使预测主题比较窄、针对性很强，但要物色很多对这一专题涉及的各个领域都有很深造诣的专家也很困难，因而物色专家是德尔菲法成败的关键，是预测领导小组的一项主要工作。选择专家绝不能简单草率，不能事先不征得同意就将调查表发给拟邀请的专家。

选择专家需要明确什么叫专家、怎样选择专家和选择什么样的专家这三个问题。组织某一项预测时，拟选的专家应是指在该领域从事10年以上技术工作的专业人员。怎样选择专家是由预测任务决定的。如果要求比较深入地了解本部门的历史情况和技术政策，或牵涉本部门的机密问题，最好从本部门中选择专家。从本部门选择专家比较简单，既有档可查，又熟悉人员的实际情况。如果预测任务仅仅关系到具体技术发展，则最好同时从部门内外挑选。从外部选择专家，大体按如下顺序进行。

① 编制征求专家应答的问题一览表。
② 根据预测问题，编制所需专家类型一览表。
③ 将问题一览表发给每位专家，询问他们能否坚持参加规定问题的预测。
④ 确定每位专家从事预测所消耗的时间和经费。在选择专家过程中不仅要注意选择精通技术、有一定名望且有学派代表性的专家，同时还需要选择边缘学科、社会学和经济学等方面的专家。

预测小组人数由预测问题规模而定，一般以10~50人为宜，如果人数太少，则限制学科代表性，并缺乏权威，同时影响预测精度；而如果人数太多，则难以组织，结果处理起来比较复杂。然而对于一些重大问题，专家人数也可扩大到100人以上。在确定专家人数时，值得注意的是，即使专家同意参加预测，也可能因种种原因而不确保每轮必答，有时甚至中途退出，因此预选人数要多于规定人数。

3. 编制调查表

调查表一般根据实际预测问题的要求编制，通常分为目标手段调查表、事件完成时间调查表、肯定式回答调查表、推断式回答调查表等类型。

4. 预测过程

编制好调查表后就可以开始预测，预测过程中要创造条件使专家能够自由、独立地进行判断。经典德尔菲法一般分四轮进行。

（1）第一轮。发给专家的第一轮调查表不带任何框框，只提出预测主题。预测领导小组对专家填写后寄回的调查表进行汇总整理，归并同类事件，排除次要事件，用准确术语提出一个事件一览表，并作为第二轮调查表发给每位专家。

（2）第二轮。专家对第二轮调查表所列的每个事件做出评价，并阐明理由。领导小组对专家意见进行统计处理。

（3）第三轮。根据第二轮统计材料，专家再一次进行判断和预测，并充分陈述理由。有些预测在第三轮时仅要求持不同意见的专家充分陈述理由，因为他们的依据经常是其他专家忽略的一些外部因素或未曾研究过的问题。这些依据往往对其他成员重新做出判断产生重要影响。

（4）第四轮。在第三轮统计结果的基础上，专家再次进行预测。根据领导小组的要求，有的专家需要重新做出论证。

5. 组织预测应遵循的原则

采用德尔菲法预测时，不会有适用于所有情况的准则。然而，通过对大量预测的分析和研究，可以从中找出一些应共同遵循的原则。

（1）对德尔菲法做出充分说明。为了使专家全面了解情况，一般调查表都应有前言，用以说明预测的目的和任务，以及专家的回答在预测中的作用。领导小组应阐明德尔菲法的实质、特点，以及轮间反馈对评价的作用。

（2）问题要集中。问题要集中并有针对性，不能过于分散，以便使各个相关事件构成一个有机整体。问题要按等级排列，先总体，后局部；同类问题中，先简单，后复杂，这样由浅入深地排列，易于引起专家回答问题的兴趣。

（3）避免组合事件。如果一个事件包括两个方面，一方面是专家同意的，另一方面则是不同意的，这时专家难以做出回答。

（4）在编制调查表时常常会出现一些含混不清的用语，像"普遍""广泛""正常"等缺乏定量概念的用语应避免使用。

（5）领导小组的意见不应强加于调查表中。领导小组不应试图把自己的观点加在调查表中，作为反馈材料供下一轮预测时参考。不然，则会出现诱导现象，使专家的评价向领导小组意图靠拢。

(6)调查表要简化。调查表应有助于和方便专家做出评价，应使专家把主要精力用于思考问题，而不是理解复杂的调查表。

(7)问题的数量要有限制。问题的数量不仅取决于应答要求的类型，同时还取决于专家可能做出应答的上限。如果问题只要求做出简单的回答，数量可多一些；如果问题比较复杂，并有一些对立的观点和看法需要斟酌，则数量要少一些。

(8)支付适当报酬。20世纪70年代之前开展的德尔菲法预测，绝大部分没有给予专家应有的报酬，这必然会在一定程度上影响参加专家的积极性。因而在组织德尔菲法预测时，应酌情支付适当报酬，以鼓励专家积极参与。

上述原则来自大量的德尔菲法的实验总结和领导小组的经验。当然不是什么时候都必须遵循这些原则，有时即使遵循这些原则也未必会得到成功的预测。但是，研究和遵循这些原则，可以使领导小组少犯错误，并有助于得到有用的预测。

6.2 定量预测法

在定量预测法中应用比较广泛的有时间序列预测法（包括算术平均法、加权平均法、移动平均法、指数平滑法等）和因果分析预测法（包括一元线性回归法、多元线性回归法等）。

6.2.1 时间序列预测法

时间序列是指观察或记录到的一组按时间顺序排列的数据。例如，某段时间内，某类产品产量的统计数据，某地区人均收入的历史统计数据等。时间序列数据展示了研究对象在一定时期内的发展变化过程。因此，可以从时间序列数据中分析其变化特征，从而找出趋势和事物发展规律。时间序列预测法的基本思路是：分析时间序列的变化特征，选择适当的模型形式和模型参数建立预测模型，利用模型进行趋势外推预测，最后对模型预测值进行评价和修正，从而得到预测结果。

时间序列预测法通常假设预测对象的变化仅与时间有关，而与其他因素无关，根据其变化特征，以惯性原理推测其未来发展趋势。事实上，预测对象与外部因素有着密切而复杂的联系。时间序列中的每一个数据都反映了当时许多因素综合作用的结果，整个时间序列反映了外部因素综合作用下预测对象的变化过程。因此，预测对象是仅与时间有关的假设，是对外部因素复杂作用的简化，从而使得对预测的研究更为直接和简便。

现实中时间序列的变化受许多因素的影响，有些起着长期的、决定性的作用，使时间序列的变化呈现出某种趋势和一定的规律性；有些则起着短期的、非决定性的作用，使时间序列的变化呈现出某种不规则性。时间序列的变动情况大体可分为以下四种。

（1）趋势变化。趋势变化指观察对象随时间变化朝着一定方向呈现出持续稳定的上升、下降或平稳的趋势。

（2）周期变化。周期变化指观察对象受季节性影响，按某一固定周期呈现波动变化。

（3）循环变动。循环变动指观察对象按不固定的周期呈现波动变化。

（4）随机变动。随机变动指观察对象受偶然因素的影响而呈现出不规则波动变化。

平均数预测法

时间序列一般是以上几种变化形式的叠加或组合。确定型时间序列预测法的基本思想是用一个确定的时间函数 $y = f(t)$ 来拟合时间序列，不同的变化采取不同的函数形式来描述，不同变化的叠加采用不同函数的叠加来描述。

1. 平均数预测法

平均数预测法是最简单的定量预测方法，一般包括算术平均数预测法和加权平均数预测法，它只在时间序列主要表现为随机变动时采用。下面分别具体介绍这两种预测方法。

（1）算术平均数预测法。

设有时间序列如表 6-1 所示，对应于时间 $t = 1, 2, \cdots, n$；时间序列的数据为 $y_1, y_2, \cdots, y_n$。

表 6-1　时间序列数据

时间（t）	1	2	3	…	n
观察值（y_t）	y_1	y_2	y_3	…	y_n

设算术平均数为 $\bar{y}$，其计算公式为

$$\bar{y} = \frac{y_1 + y_2 + \cdots + y_n}{n} = \sum_{t=1}^{n} \frac{y_t}{n} = \frac{1}{n} \sum_{t=1}^{n} y_t \qquad (6-1)$$

式中：

$\bar{y}$——算术平均数；

y_t——第 t 周期的实际值；

t——时间下标变量，表示周期序号；

n——时间序列的周期个数，即数据个数；

$\sum$——连加号，$\sum_{t=1}^{n}$ 中的 $t=1$ 表示首项的时间下标变量取值为 1，n 表示末项的时间下标变量取值为 n。

【例 6-1】某公司的产品在某城市最近 6 个月的销售量如表 6-2 所示，试预测下个月的销售量。

表 6-2　某产品最近 6 个月的销售量

月份	1	2	3	4	5	6
销售量/台	950	970	940	960	970	980

观察实际数据序列，其变动特征主要为随机变动。因此，可采用算术平均数预测法预测下个月的销售量，即

$$\bar{y} = \frac{y_1 + y_2 + \cdots + y_n}{n} = \frac{y_1 + y_2 + \cdots + y_6}{6}$$

$$= \frac{950 + 970 + 940 + 960 + 970 + 980}{6} \approx 962$$

算术平均数 962 台反映了最近 6 个月产品销售量的平均水平。如果判断影响产品销售量的外界因素无重大变化，即可预测下个月的销售量为 962 台。此外，还可用极差和标准偏差研究数据的变动情况。

设极差为 R，其计算公式为

$$R = x_{\max} - x_{\min} \tag{6-2}$$

式中：

R——极差；

$x_{\max}$——所有观察值中的最大值；

$x_{\min}$——所有观察值中的最小值。

极差 R 表示数据的最大变动幅度。本例中，$x_{\max}=980$，$x_{\min}=940$，因此 $R=40$（台），即销售量的最大变动幅度为 40。

设标准偏差为 S，其计算公式为

$$S = \sqrt{\frac{1}{n}\sum_{t=1}^{n}(y_t - \bar{y})^2} \tag{6-3}$$

式中，S 表示数据的离散程度。由式（6-3）可知，S 越小，数据的离散程度越小。

本例的标准偏差计算如下。

$$S = \sqrt{\frac{1}{6}\sum_{t=1}^{6}(y_t - \bar{y})^2} = \sqrt{\frac{1084}{6}} \approx 13.44$$

$S \approx 13.44$ 台反映了数据的离散程度。算术平均数 $\bar{y}$、极差 R、标准偏差 S 是统计学中描述一组数据变动状况的三个数字特征。

（2）加权平均数预测法。

一般来说，通常认为近期的数据反映的预测信息比较早的数据更为重要，也就是说，各个时间数据的重要程度并不相等，则可以采用加权的方法对数据进行处理。设 $y_1, y_2, y_3, \cdots, y_n$ 为各个时间的观察值，对每一个数据估计相应的权数，分别表示为 $W_1, W_2, W_3, \cdots,$

W_n。则加权平均数 $\overline{y'}$ 的计算公式为

$$\overline{y'} = \frac{W_1 y_1 + W_2 y_2 + \cdots + W_n y_n}{W_1 + W_2 + \cdots + W_n} = \frac{\sum_{t=1}^{n} W_t y_t}{\sum_{t=1}^{n} W_t} \qquad (6-4)$$

式中：

$\overline{y'}$——加权平均数；

y_t——第 t 周期的观察值；

W_t——第 t 周期观察值的权数，通常设权数之和等于 1，即 $\sum_{t=1}^{n} W_t = 1$。

【例 6-2】沿用例 6-1 的数据，并设各时期销售量的权数依次为 0.1，0.1，0.15，0.15，0.25，0.25。其加权平均数计算如下。

$$\overline{y'} = \frac{\sum_{t=1}^{n} W_t y_t}{\sum_{t=1}^{n} W_t} = \frac{\sum_{t=1}^{6} W_t y_t}{\sum_{t=1}^{6} W_t}$$

$$= \frac{0.1 \times 950 + 0.1 \times 970 + \cdots + 0.25 \times 980}{0.1 + 0.1 + 0.15 + 0.15 + 0.25 + 0.25} = 964.5$$

同理，如果判断影响预测对象变化的外部因素无重大变化，即可将 964.5 台作为下个月产品销售量的预测值。

2. 移动平均预测法

移动平均预测法

移动平均预测法是一种简单平滑预测方法，它是在算术平均数预测法的基础上发展起来的一种预测方法。它的基本思想是根据时间序列数据逐项推移，依次计算包含一定项数的时间序列平均值，用以反映长期趋势的方法。因此，当时间序列的数值由于受周期变动和随机波动的影响起伏较大，不容易显示出事件的发展趋势时，使用移动平均预测法则可以消除这些因素的影响，显示出事件的发展方向与趋势（趋势线），然后根据趋势线分析预测序列的长期趋势。

（1）一次移动平均预测法。

虽然平均数可以消除随机变动对时间序列的影响，但算术平均数往往看不出时间序列的发展过程和数据演变趋势。图 6-1 中的虚线就是根据实际数据序列的算术平均值绘制出的。实际数据点的自然分布能真实反映时间序列的发展过程，但常常掺杂了多种变动因素，因此难以分辨出时间序列的发展规律。移动平均预测法在算术平均数预测法的基础上进行了改进。它的基本思想是，每次取一定数量周期的数据进行平均，按时间次序逐次推进。每推进一个周期时，舍去前一个周期的数据，增加一个新周期的数据，再进行平均。

第6章 物流需求预测

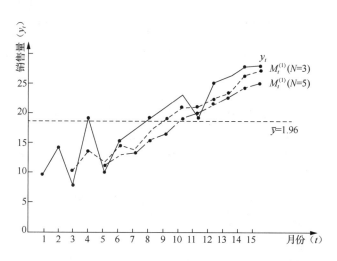

图6-1 数据分布及其算术平均值

一次移动平均数的计算公式为

$$M_t^{(1)} = \frac{y_t + y_{t-1} + \cdots + y_{t+N-1}}{N} \quad (6\text{-}5)$$

式中：

t——周期序号；

M_t——第 t 周期的平均数；

$M_t^{(1)}$——第 t 周期的一次移动平均数；

y_t——第 t 周期的实际值；

N——计算移动平均数所选定的数据个数。

以第 t 周期的一次移动平均数作为第 $t+1$ 周期的预测值，即 $\hat{y}_{t+1} = M_t^{(1)}$。

【例6-3】已知某产品最近15个月的销售量，分别取 $N=3$，$N=5$，计算一次移动平均数，结果如表6-3所示。

表6-3 某产品最近15个月的销售量

t	1	2	3	4	5	6	7	8	9	10	11	12	13	14	15
y_t	11	14	8	19	11	17	18	21	22	24	23	25	26	28	29
$N=3$	—	—	11	13.7	12.7	15.7	15.3	18.7	20.3	22.3	23	24	24.7	26.3	27.7
$N=5$	—	—	—	—	12.6	13.8	14.6	17.2	17.8	20.4	21.6	23	24	25.2	26.2

取 $N=3$，$N=5$，按式（6-5）计算，并把计算结果填入表6-3中。表6-3中一次移动平均数的计算过程举例如下（$N=3$）。

$$M_3^{(1)} = \frac{y_3 + y_2 + y_{3-3+1}}{3} = \frac{y_3 + y_2 + y_1}{3} = \frac{8 + 14 + 11}{3} = 11$$

$$M_4^{(1)} = \frac{y_4 + y_3 + y_2}{3} = \frac{19 + 8 + 14}{3} \approx 13.7$$

其余类推。

由上述计算过程可以看出，$M_4^{(1)}$ 比 $M_3^{(1)}$ 增添了一个新数据 y_4，同时去掉了一个旧数据 y_1，这就是移动平均的意思。移动平均数也构成了时间序列。为了研究移动平均预测法的特点，将实际数据序列和 $N=3$，$N=5$ 的移动平均序列用图形表示，如图6-1所示。

分析图6-1，可以得出如下结论。

① 移动平均法可以削弱随机变动的影响，具有平滑数据的作用。移动平均数序列比实际数据序列平滑，能在一定程度上描述时间序列的变化趋势。

② 合理地选择模型参数 N，是移动平均法的关键。N 越大，平滑作用越强，对新数据的反应越不灵敏；N 越小，则效果相反。

③ 在实际序列的线性增长部分，移动平均数的变化总是落后于实际数据的变化，存在着滞后偏差。当 N 越大时，滞后偏差也越大。

应注意到当 $N=1$ 时，移动平均数序列即为实际序列；当 N 等于全部数据的个数 n 时，移动平均数即为算术平均数。通常根据实际序列的特征和经验选择模型参数 N。N 的取值范围为 3~20。如果实际时间序列没有明显的周期变动和倾向变动，即可用最近时间的一次移动平均数作为下一周期的预测值。

若不考虑例6-3中线性增长趋势的影响，则可求得上一个月的销售量的预测值 $\hat{y}_{16}$。取 $N=3$，得出预测结果如下。

$$\hat{y}_{16} = \frac{y_{15} + y_{14} + y_{13}}{3} = \frac{29 + 28 + 26}{3} \approx 27.7$$

显然，从实际数据序列的变动情况来看，$\hat{y}_{16}$ 的数值偏低。这是由滞后偏差引起的。

移动平均预测法具有一定的适应性，即预测模型能自动识别数据结构的变化而加以调整，而这种特性使得移动平均预测法便于应用。但是，所有平滑预测方法对于序列的转折点都缺乏鉴别能力。鉴别转折点主要依靠预测者对外部因素的分析和判断，从而得以及时修正和调整原预测值。

（2）二次移动平均预测法。

如果时间序列具有明显的线性变化趋势，则不宜采用一次移动平均预测法进行预测。原因是滞后偏差将使预测值偏低，不能合理地进行趋势外推，因此，需要进行修正。修正的方法是在一次移动平均的基础上进行二次移动平均，利用移动平均滞后偏差的规律找出曲线的发展方向和发展趋势，然后建立直线趋势的预测模型，也称为趋势移动平均法。

二次移动平均预测法用于时间序列具有线性趋势的情况，它不是直接利用二次移动平均数进行预测,而是在二次移动平均数的基础上建立线性预测模型,然后利用模型进行预测。二次移动平均数是在一次移动平均数的基础上经过计算得到的。其计算公式为

$$M_t^{(2)} = \frac{M_t^{(1)} + M_{t-1}^{(1)} + \cdots + M_{t-N+1}^{(1)}}{N}$$ （6-6）

式中：

$M_t^{(1)}$——第 t 周期的一次移动平均数；

$M_t^{(2)}$——第 t 周期的二次移动平均数；

N——计算移动平均数所选定的数据个数。

【例 6-4】沿用例 6-3 的数据,若取 $N=3$,其二次移动平均数的计算结果如表 6-4 所示。

表 6-4 二次移动平均数的计算结果

t	1	2	3	4	5	6	7	8	9	10	11	12	13	14	15
y_t	11	14	8	19	11	17	18	21	22	24	23	25	26	28	29
$M_t^{(1)}$ $N=3$	—	—	11	13.7	12.7	15.7	15.3	18.7	20.3	22.3	23	24	24.7	26.3	27.7
$M_t^{(2)}$ $N=3$	—	—	—	—	12.4	14	14.6	16.6	18.1	20.4	21.9	23.1	23.9	25	26.2

实际序列和一次、二次移动平均数序列的图形如图 6-2 所示。建立预测模型,并求第 16、17 周期的预测值。

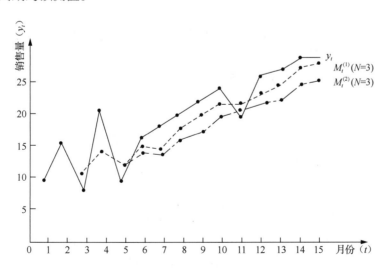

图 6-2 实际序列和一次、二次移动平均数序列对比图

观察图 6-2，一次移动平均数序列总是落后于实际数据序列，出现了滞后偏差；二次移动平均数序列也与一次平均数序列形成了滞后偏差。二次移动平均预测法正是利用这种滞后偏差的演化规律来建立线性模型进行预测的。

线性预测模型为

$$\hat{y}_{t+T} = a_t + b_t \cdot T \tag{6-7}$$

式中：

t——目前的周期序号；

T——由目前周期 t 到预测周期的周期间隔个数，即预测超前周期数；

$\hat{y}_{t+T}$——第 $t+T$ 周期的预测值；

a_t——线性模型的截距；

b_t——线性模型的斜率，即单位周期的变化量。

其中，

$$a_t = 2M_t^{(1)} - M_t^{(2)} \tag{6-8}$$

$$b_t = \frac{2}{N-1}(M_t^{(1)} - M_t^{(2)}) \tag{6-9}$$

下面介绍例 6-4 的线性预测模型的求解过程。

已知目前周期序号 $t=15$，将第 15 周期的一次、二次移动平均数代入式（6-8）和式（6-9），得

$$a_{15} = 2M_{15}^{(1)} - M_{15}^{(2)} = 2 \times 27.7 - 26.2 = 29.2$$

$$b_{15} = \frac{2}{N-1}(M_{15}^{(1)} - M_{15}^{(2)}) = \frac{2}{2}(27.7 - 26.2) = 1.5$$

得到线性预测模型为

$$\hat{y}_{15+T} = a_t + b_t \cdot T = 29.2 + 1.5T$$

试求下一个月的销售量预测值。

下一个月的周期序号 $t=16$，即周期间隔数 $T=16-15=1$，故

$$\hat{y}_{15+1} = \hat{y}_{16} = a_{15} + b_{15} \cdot 1 = 30.7$$

求第 17 周期的销售量预测值。周期间隔数 $T=17-15=2$，故

$$\hat{y}_{15+2} = \hat{y}_{17} = a_{15} + b_{15} \cdot 2 = 32.2$$

于是利用线性预测模型，求得第 16 周期和第 17 周期的产品销售量预测值分别为 30.7 和 32.2。

指数平滑法

3. 指数平滑预测法

指数平滑预测法是短期预测中有效的方法之一，简称指数平滑法。该方法很简单，只需要很小的数据量就可以使用。指数平滑预测法在同类预测法中被认为是最精确的，当预测数据发生根本性变化时还可以进行一定程度的自我调整。

（1）指数平滑预测法的基本理论。

移动平均预测法的预测值实质上是以前观测值的加权和，且对不同时期的数据给予相同的加权，这往往不符合实际情况。指数平滑预测法对移动平均预测法进行了改进和发展，其应用也较为广泛。

指数平滑预测法属于移动平均预测法中的一种，其特点在于给过去的观测值不一样的权重，即近期观测值的权数比远期观测值的权数要大。根据平滑次数的不同，指数平滑预测法分为一次指数平滑预测法、二次指数平滑预测法和三次指数平滑预测法。但它们的基本思想都是：预测值是以前观测值的加权和，且对不同时期的数据给予不同的权数，新数据给予较大的权数，旧数据给予较小的权数。

（2）一次指数平滑预测法。

设时间序列为 $y_1, y_2, \cdots, y_t, \cdots$，则一次指数平滑公式为

$$S_t^{(1)} = \alpha y_t + (1-\alpha) S_{t-1}^{(1)} \tag{6-10}$$

式中：

$S_t^{(1)}$——第 t 周期的一次指数平滑值；

α——加权系数（也称平滑系数），$0<\alpha<1$。

用上述平滑值进行预测，就是一次指数平滑预测法。其预测模型为

$$\hat{y}_{t+1} = S_t^{(1)} = \alpha y_t + (1-\alpha) \hat{y}_t = \alpha y_t + (1-\alpha) S_{t-1}^{(1)} \tag{6-11}$$

即以第 t 周期的一次指数平滑值作为第 $t+1$ 期的预测值。

【例 6-5】用一次指数平滑值预测例 6-3 中下个月的销售量 $\hat{y}_{16}$。

为了分析加权系数 α 的不同取值的特点，分别取 $\alpha=0.1$，$\alpha=0.3$，$\alpha=0.5$ 计算一次指数平滑值，并设初始值为最早的三个数据的平均值，即 $S_0^{(1)} = \dfrac{y_1+y_2+y_3}{3} = 11.0$。

以 $\alpha=0.5$ 的一次指数平滑值计算为例，有

$$S_1^{(1)} = \alpha y_1 + (1-\alpha) S_0^{(1)} = 0.5 \times 11 + 0.5 \times 11.0 = 11$$
$$S_2^{(1)} = \alpha y_2 + (1-\alpha) S_1^{(1)} = 0.5 \times 14 + 0.5 \times 11 = 12.5$$

以此类推，求得 $\alpha=0.1$，$\alpha=0.3$，$\alpha=0.5$ 时的一次指数平滑值数列，计算结果如表 6-5 所示。

表 6-5 一次指数平滑预测结果

t	1	2	3	4	5	6	7	8	9	10	11	12	13	14	15
y_t	11	14	8	19	11	17	18	21	22	24	23	25	26	28	29
$S_t^{(1)}(\alpha=0.1)$	11	11.3	11	11.8	11.7	12.2	12.8	13.6	14.4	15.4	16.2	17.1	18	19	20
$S_t^{(1)}(\alpha=0.3)$	11	11.9	10.7	13.2	12.5	13.9	15.1	16.9	18.4	20.1	21	22.2	23.3	24.7	26
$S_t^{(1)}(\alpha=0.5)$	11	12.5	10.3	14.7	12.9	15	16.5	18.8	20.4	22.2	22.6	23.8	24.9	26.5	27.8

指数平滑预测法的基本特点如下。

① 指数平滑预测法对实际序列具有平滑作用,权系数(平滑系数)α 越小,平滑作用越强,但对实际数据的变动反应越迟缓。

② 在实际序列的线性变动部分,指数平滑值序列出现的滞后偏差程度随着权系数(平滑系数)α 的增大而减少。

指数平滑预测法的优点如下。

① 对不同时间数据的非等权处理较符合实际情况。

② 实际应用中仅需选择一个模型参数 α 即可进行预测,简便易行。

③ 具有适应性,也就是说,预测模型能自动识别数据模式的变化而加以调整。

指数平滑预测法的缺点如下。

① 对数据的转折点缺乏鉴别能力,但这一点可通过调查预测法或专家判断法加以弥补。

② 长期预测的效果较差,故多用于短期预测。

(3)二次指数平滑预测法。

如果实际数据具有明显的趋势变动时,使用第 t 周期一次指数平滑预测法就能直接预测第 $t+1$ 周期之值。但当时间序列的变动出现直线趋势时,用一次指数平滑预测法来进行预测仍将存在着明显的滞后偏差。因此,也需要进行修正。修正的方法也是在一次指数平滑的基础上进行二次指数平滑,利用滞后偏差的规律找出直线的发展方向和发展趋势,然后建立直线趋势预测模型,故称为二次指数平滑预测法。

设一次指数平滑为 $S_t^{(1)}$,则二次指数平滑 $S_t^{(2)}$ 的计算公式为

$$S_t^{(2)} = \alpha S_t^{(1)} + (1-\alpha) S_{t-1}^{(2)} \tag{6-12}$$

式中:

$S_t^{(2)}$——第 t 周期的二次指数平滑值;

$S_t^{(1)}$——第 t 周期的一次指数平滑值;

$S_{t-1}^{(2)}$——第 $t-1$ 周期的二次指数平滑值;

α——加权系数(也称为平滑系数)。

若时间序列 $y_1, y_2, \cdots, y_t, \cdots$ 从某时期开始具有直线趋势,且认为未来时期也按此直线趋势变化,则与移动平均类似,可用如下的直线趋势模型来进行预测。

$$\hat{y}_{t+T} = a_t + b_t T, \quad T = 1, 2, \cdots \tag{6-13}$$

式中:

t——当前周期数;

T——由当前周期数 t 到预测期的时期数;

$\hat{y}_{t+T}$——第 $t+T$ 期的预测值;

a_t——截距,b_t——斜率,其计算公式为

$$a_t = 2S_t^{(1)} - S_t^{(2)} \quad (6\text{-}14)$$

$$b_t = \frac{\alpha}{1-\alpha}\left(S_t^{(1)} - S_t^{(2)}\right) \quad (6\text{-}15)$$

直线趋势模型公式（6-13）与二次移动平均预测法建立的线性模型的形式是一样的。

（4）三次指数平滑预测法。

若时间序列的变动呈现出二次曲线趋势，则需要采用三次指数平滑预测法进行预测。三次指数平滑是在二次指数平滑的基础上再进行一次平滑，其计算公式为

$$S_t^{(3)} = \alpha S_t^{(2)} + (1-\alpha)S_{t-1}^{(3)} \quad (6\text{-}16)$$

三次指数平滑预测法的预测模型为

$$\hat{y}_{t+T} = a_t + b_t T + c_t T^2 \quad (6\text{-}17)$$

式中：

$$a_t = 3S_t^{(1)} - 3S_t^{(2)} + S_t^{(3)} \quad (6\text{-}18)$$

$$b_t = \frac{\alpha}{2(1-\alpha)^2}[(6-5\alpha)S_t^{(1)} - 2(5-4\alpha)S_t^{(2)} + (4-3\alpha)S_t^{(3)}] \quad (6\text{-}19)$$

$$c_t = \frac{\alpha^2}{2(1-\alpha)^2}[S_t^{(1)} - 2S_t^{(2)} + S_t^{(3)}] \quad (6\text{-}20)$$

（5）加权系数的选择。

在指数平滑预测法中，预测成功的关键是 α 的选择。α 的大小规定了在新预测值中新数据和原预测值所占的比例。α 值越大，新数据所占的比重就越大，原预测值所占比重就越小，反之亦然。

若把一次指数平滑预测法的预测公式改写为 $\hat{y}_{t+1} = \hat{y}_t + \alpha(y_t - \hat{y}_t)$，则从该式可以看出，新预测值是根据预测误差对原预测值进行修正后得到的。α 值的大小表明了修正的幅度。α 值越大，修正的幅度越大；α 值越小，修正的幅度越小。因此，α 值既代表了预测模型对时间序列数据变化的反应速度，又体现了预测模型修正误差的能力。

在实际应用中，α 值是根据时间序列的变化特性来选取的。若时间序列的波动不大，比较平稳，则 α 值应取小一些，如 0.1~0.3；若时间序列具有迅速且明显的变动倾向，则 α 值应取大一些，如 0.6~0.9。实质上，α 是一个经验数据，通过多个 α 值进行试算比较而定，哪个 α 值引起的预测误差小，就采用哪个。

6.2.2 因果分析法

因果分析法

按照哲学的"事物普遍联系"的观点，社会经济客观事物之间、相关的要素之间普遍存在因果关系。在关联要素中能够向其他要素施加影响的要素为原因要素，而被影响的要素为结果要素。那么，研究识别这种影响关系的机制或规律，并利用所获得的规律去探究原因要素怎样影响结果要素，即假设原因要

素的某些状态，依据规律推演预估结果的可能状态的问题就是因果关系及预测问题。

1. 回归模型概述

回归分析预测法是从各种经济现象之间的相互关系出发，通过对与预测对象有联系现象的变动趋势的分析，推算预测对象未来状态数量表现的一种预测法。所谓回归分析，就是研究某一个随机变量（因变量）与其他一个或几个变量（自变量）之间的数量变动关系。由回归分析求出的关系式通常称为回归模型。

回归模型一般分为如下几类。

（1）根据回归模型中自变量个数的多少，可以分为一元回归模型和多元回归模型。

（2）根据回归模型是否线性，可以分为线性回归模型和非线性回归模型。

（3）根据回归模型是否带虚拟变量，可以分为普通回归模型和虚拟变量回归模型。

2. 一元线性回归模型

一元线性回归预测是回归预测的基础。若预测对象只受一个主要因素影响，并且它们之间存在着明显的线性相关关系时，通常采用一元线性回归预测法。

（1）预测模型。

设变量 x 与变量 y 之间有相关关系，当 x 确定之后，y 有某种不确定性，如果在散点图上可以看出 x 与 y 之间有线性相关关系，其相关方程为 $\hat{y}=a+bx$。

采用最小二乘法得到 a，b 的计算公式为

$$b=\frac{n\sum_{i=1}^{n}x_iy_i-\sum_{i=1}^{n}x_i\sum_{i=1}^{n}y_i}{n\sum_{i=1}^{n}x_i^2-\left(\sum_{i=1}^{n}x_i\right)^2} \tag{6-21}$$

$$a=\bar{y}-b\bar{x} \tag{6-22}$$

式（6-21）和式（6-22）中，x_i 和 y_i（$i=1, 2, \cdots, n$）均是已有的历史数据，a 称为截距，b 称为回归直线的斜率，也称回归系数，$\hat{y}$ 是变量 y 的估计值。

求直线回归方程 $\hat{y}=a+bx$，实际上是用回归直线拟合散点图中的各观测点。常用的方法是最小二乘法，也就是使该直线与各点的垂直距离最小，即求使观察值 y 与估计值 $\hat{y}$ 之差的平方和 $\sum(y-\hat{y})^2$ 达到最小时的 a 和 b。

（2）显著性检验。

判断一个线性回归方程的拟合程度的优劣称为模型的显著性检验，即判断所建立的一元线性回归模型是否符合实际，所选的变量之间是否具有显著的线性相关关系。这就需要对建立的回归模型进行显著性检验，通常用的检验法是相关系数检验法。相关系数是一元回归模型中用来衡量两个变量之间相关程度的一个指标，其计算公式为

$$r = \frac{\sum_{i=1}^{n}(x_i-\overline{x})(y_i-\overline{y})}{\sqrt{\sum_{i=1}^{n}(x_i-\overline{x})^2 \sum_{i=1}^{n}(y_i-\overline{y})^2}} = \frac{n\sum_{i=1}^{n}x_iy_i - \sum_{i=1}^{n}x_i\sum_{i=1}^{n}y_i}{\sqrt{n\sum_{i=1}^{n}x_i^2 - \left(\sum_{i=1}^{n}x_i\right)^2}\sqrt{n\sum_{i=1}^{n}y_i^2 - \left(\sum_{i=1}^{n}y_i\right)^2}} \quad (6\text{-}23)$$

相关系数 r 是一个重要的判断指标。从式（6-23）中可以看出，相关系数等于回归平方和在总平方和中所占的比率，即回归方程所能解释的因变量变异性的百分比。如果 $r=0.875$，说明变量 y 的变异性中有 87.5% 是由自变量 x 引起的；如果 $r=1$，表示所有的观测值全部落在回归直线上；如果 $r=0$，则表示自变量与因变量无线性关系。

下面通过例子说明一元线性回归预测法的使用。

【例 6-6】假定某企业的业务收入同广告费支出之间具有相关关系。该企业 2011 年至 2020 年的业务收入和广告费支出的资料如表 6-6 所示。

表 6-6 某企业业务收入与广告费支出表

年份	广告费支出 x_i/万元	业务收入 y_i/万元	x_iy_i	x_i^2	y_i^2
2011	5	8	40	25	64
2012	8	13	104	64	169
2013	9	18	162	81	324
2014	11	19	209	121	361
2015	13	24	312	169	576
2016	15	27	405	225	729
2017	19	30	570	361	900
2018	23	32	736	529	1024
2019	26	36	936	676	1296
2020	28	42	1176	784	1764
合计	157	249	4650	3035	7207

预测该企业 2021 年的广告费支出为 35 万元，要求在 95% 的概率下预测该年的企业业务收入。

① 相关分析。

在坐标系上将企业的广告费支出和业务收入的数据标出，形成散点图，可以发现图形呈直线趋势，从而判断二者呈一元回归线性。

② 建立相关方程 $\hat{y}=a+bx$，关键是求 a、b 的值。根据表 6-6 中的有关资料，利用式（6-21）和式（6-22）求得

$$b = \frac{n\sum_{i=1}^{n}x_iy_i - \sum_{i=1}^{n}x_i\sum_{i=1}^{n}y_i}{n\sum_{i=1}^{n}x_i^2 - \left(\sum_{i=1}^{n}x_i\right)^2} = \frac{10\times4650 - 157\times249}{10\times3035 - (157)^2} \approx 1.299$$

$$a = \bar{y} - b\bar{x} = \frac{\sum_{i=1}^{n}y_i}{n} - b\times\frac{\sum_{i=1}^{n}x_i}{n} = \frac{249}{10} - 1.299\times\frac{157}{10} \approx 4.506$$

所以，所求的相关方程为 $\hat{y} = 4.506 + 1.299x$。

③ 检验。

计算相关系数。

$$r = \frac{n\sum_{i=1}^{n}x_iy_i - \sum_{i=1}^{n}x_i\sum_{i=1}^{n}y_i}{\sqrt{n\sum_{i=1}^{n}x_i^2 - \left(\sum_{i=1}^{n}x_i\right)^2}\sqrt{n\sum_{i=1}^{n}y_i^2 - \left(\sum_{i=1}^{n}y_i\right)^2}}$$

$$= \frac{10\times4650 - 157\times249}{\sqrt{10\times3035 - (157)^2}\sqrt{10\times7207 - (249)^2}} \approx 0.9777$$

取显著性水平 $\alpha=0.05$，DF=n-2=8（DF 为自由度）。查相关系数临界值表得 $r_{0.05(8)}=0.632$。

因为 $r>r_\alpha$，说明广告费支出与业务收入存在很强的正相关关系。

④ 预测分析。

2021 年的广告费支出预计为 35 万元。将 $x_0=35$（万元）代入回归方程，得 $\hat{y}=4.506+1.299\times35=49.971$（万元）。

即 2021 年的业务收入可望达 49.971 万元。

3. 多元线性回归模型

一元线性回归预测法研究的是某一因变量和一个自变量之间的关系问题，而客观世界现象之间的联系是复杂的，许多现象的变动都涉及多个变量之间的数量关系，这种研究某一个因变量和多个自变量之间相互关系的理论和方法就是多元线性回归预测法。

多元线性回归预测法是对自变量和因变量的 n 组统计数据 $(x_{1i}, x_{2i}, \cdots, x_{mi}, y_i)$，其中 $i=1, 2, \cdots, n$，在明确因变量 y 与各个自变量间存在线性相关关系的基础上，给出合适的回归方程，并据此做出关于因变量 y 的发展变化趋势的预测。因此，多元线性回归预测法的关键是找到合适的回归方程。

类似于一元线性回归分析，可以用线性方程来近似描述 y 与 $x_1, x_2, \cdots, x_m$ 之间的线性相关关系。

$$\hat{y} = a + b_1x_1 + b_2x_2 + \cdots + b_mx_m \tag{6-24}$$

其中，$\hat{y}$ 为根据所有自变量计算出来的估计值，a 为常数项，$b_1, b_2, \cdots, b_m$ 为 y 对应

于 $x_1, x_2, \cdots, x_m$ 的偏回归系数。偏回归系数是假设在其他所有自变量保持不变的情况下，某一个自变量的变化引起因变量变化的比重。它的参数也可以用最小二乘法进行估计。自变量个数为 2 的多元线性回归方程称为二元线性回归方程，它是多元线性回归方程中的特例。多元（以二元为例）线性回归分析的步骤如下。

（1）建立线性方程。

$$y = a + b_1 x_1 + b_2 x_2$$

式中参数 a、b_1、b_2 仍使用最小二乘法推算，即

$$\begin{cases} \sum_{i=1}^{n} y_i = na + b_1 \sum_{i=1}^{n} x_{1i} + b_2 \sum_{i=1}^{n} x_{2i} \\ \sum_{i=1}^{n} x_{1i} y_i = a \sum_{i=1}^{n} x_{1i} + b_1 \sum_{i=1}^{n} x_{1i}^2 + b_2 \sum_{i=1}^{n} x_{1i} x_{2i} \\ \sum_{i=1}^{n} x_{2i} y_i = a \sum_{i=1}^{n} x_{2i} + b_1 \sum_{i=1}^{n} x_{1i} x_{2i} + b_2 \sum_{i=1}^{n} x_{2i}^2 \end{cases} \quad (6\text{-}25)$$

将相关数据代入上述方程组，得到系数 a、b_1、b_2。所以，二元线性回归方程为

$$\hat{y} = a + b_1 x_1 + b_2 x_2 \quad (6\text{-}26)$$

（2）显著性检验。

利用复相关系数检验回归方程整体显著性。

$$R = \sqrt{1 - \frac{\sum_{i=1}^{n}(y_i - \hat{y})^2}{\sum_{i=1}^{n}(y_i - \bar{y})^2}} = \sqrt{1 - \frac{\sum_{i=1}^{n} y_i^2 - a \sum_{i=1}^{n} y_i - b_1 \sum_{i=1}^{n} x_{1i} y_i - b_2 \sum_{i=1}^{n} x_{2i} y_i}{\sum_{i=1}^{n} y_i^2 - n \bar{y}^2}} \quad (6\text{-}27)$$

取一个特定的 α，并计算出 DF=n-k-1（k 为自变量个数），查相关系数临界值表得到 $R_{\alpha(\mathrm{DF})}$。如果 $R > R_\alpha$，说明 x_1、x_2 与 y 的线性关系显著。

（3）预测分析。

将 x_1、x_2 代入公式 $\hat{y} = a + b_1 x_1 + b_2 x_2$ 得到预测值 $\hat{y}$。

【例 6-7】假设商品销售额除了与广告费支出相关外，还与营业网点数有一定的相关关系。资料如表 6-7 所示。

表 6-7　例 6-7 资料

年份	广告费支出/万元	营业网点数/个	业务收入/万元
2011	5	1	8
2012	8	2	13
2013	9	5	18
2014	11	7	19
2015	13	10	24
2016	15	13	27

续表

年份	广告费支出/万元	营业网点数/个	业务收入/万元
2017	19	16	30
2018	23	18	32
2019	26	21	36
2020	28	27	42
合计	157	120	249

如果 2021 年该企业的广告费支出为 35 万元，营业网点数为 34 个，要求以 95%的概率预测企业 2021 年的商品销售额。

① 建立线性方程。从表 6-7 中可以看出，商品销售额与广告费支出、营业网点数两个因素均存在相关关系。所以拟合得到二元线性回归方程。

$y = a + b_1 x_1 + b_2 x_2$，式中参数 a、b_1、b_2 仍使用最小二乘法推算，即

$$\begin{cases} \sum_{i=1}^{n} y_i = na + b_1 \sum_{i=1}^{n} x_{1i} + b_2 \sum_{i=1}^{n} x_{2i} \\ \sum_{i=1}^{n} x_{1i} y_i = a \sum_{i=1}^{n} x_{1i} + b_1 \sum_{i=1}^{n} x_{1i}^2 + b_2 \sum_{i=1}^{n} x_{1i} x_{2i} \\ \sum_{i=1}^{n} x_{2i} y_i = a \sum_{i=1}^{n} x_{2i} + b_1 \sum_{i=1}^{n} x_{1i} x_{2i} + b_2 \sum_{i=1}^{n} x_{2i}^2 \end{cases}$$

有关数据的计算结果如表 6-8 所示。

表 6-8　例 6-7 计算结果

时间	x_{1i}	x_{2i}	y_i	$x_{1i}y_i$	$x_{2i}y_i$	x_{1i}^2	x_{2i}^2	$x_{1i}y_{2i}$
2011	5	1	8	40	8	25	1	5
2012	8	2	13	104	26	64	4	16
2013	9	5	18	162	90	81	25	45
2014	11	7	19	209	133	121	49	77
2015	13	10	24	312	240	169	100	130
2016	15	13	27	405	351	225	169	195
2017	19	16	30	570	480	361	256	304
2018	23	18	32	736	576	529	324	414
2019	26	21	36	936	756	676	441	546
2020	28	27	42	1176	1134	784	729	756
合计	157	120	249	4650	3794	3035	2098	2488

将相关数据代入上述方程组，得到

$$\begin{cases} 249 = 10a + 157b_1 + 120b_2 \\ 4650 = 157a + 3035b_1 + 2488b_2 \\ 3794 = 120a + 2488b_1 + 2098b_2 \end{cases}$$

解方程组，得到

$$\begin{cases} a = 9.948 \\ b_1 = 0.054 \\ b_2 = 1.1754 \end{cases}$$

所以，二元线性回归方程为

$$\hat{y} = 9.948 + 0.054x_1 + 1.1754x_2$$

② 显著性检验。利用复相关系数检验回归方程整体显著性，即

$$R = \sqrt{1 - \frac{\sum_{i=1}^{n}(y_i - \hat{y})^2}{\sum_{i=1}^{n}(y_i - \overline{y})^2}} = \sqrt{1 - \frac{\sum_{i=1}^{n}y_i^2 - a\sum_{i=1}^{n}y_i - b_1\sum_{i=1}^{n}x_{1i}y_i - b_2\sum_{i=1}^{n}x_{2i}y_i}{\sum_{i=1}^{n}y_i^2 - n\overline{y}^2}}$$

$$= \sqrt{1 - \frac{7207 - 9.948 \times 249 - 0.054 \times 4650 - 1.1754 \times 3794}{7207 - 10 \times (24.9)^2}} = 0.9903$$

取 $\alpha=0.05$，并计算出 DF=n-k-1=7，查相关系数临界值表得到 $R_{0.05(7)}$=0.758。因为 $R>R_\alpha$，说明 x_1、x_2 与 y 的线性关系显著。

③ 预测分析。

当广告费支出 $x_{1,0}$=35 万元，营业网点数 $x_{2,0}$=34 个时，有

$$\hat{y} = 9.948 + 0.054x_1 + 1.1754x_2 = 9.948 + 0.054 \times 35 + 1.1754 \times 34 = 51.8016（万元）$$

回归分析预测法是利用变量间因果关系进行预测的重要方法之一，除了线性回归分析预测法，还有非线性回归分析预测法。在物流需求预测中，由于企业中的物流人员经常需要的是编制短期计划所需的物流需求预测，因此常用时间序列法和回归分析法。为了使预测结果比较切合实际，提高预测质量，为决策和计划提供可靠的依据，通常将定性预测和定量预测两种预测方法相结合。

练习题

1. 在统计学中通常用哪些数字特征来描述一组数据的变动状况？
2. 移动平均预测法的特点是什么？
3. （多选题）以下关于指数平滑法叙述正确的有（   ）。
   A. 指数平滑法权系数（平滑系数）越小，平滑作用越强
   B. 指数平滑值序列出现一定的滞后偏差的程度随着权系数（平滑系数）的增大而减少

C. 对不同时间的数据的非等权处理较符合实际情况
D. 具有适应性，也就是说预测模型能自动识别数据模式的变化而加以调整

4.（多选题）以下关于多元线性回归叙述正确的有（　　）。
   A. 多元线性回归预测法是在明确因变量 y 与各个自变量间存在线性相关关系的基础上，给出适宜的回归方程，并据此做出关于因变量 y 的发展变化趋势的预测
   B. 多元线性回归预测法的关键是找到适宜的回归方程
   C. 偏回归系数是假设在其他所有自变量保持不变的情况下，某一个自变量的变化引起因变量变化的比重
   D. 它的参数可以用最小二乘法进行估计

5. 某地区的 2014 年至 2020 年的苹果产量如表 6-9 所示，试用指数平滑法预测 2021 年的苹果产量（平滑系数分别取 0.1 和 0.5），取预测误差较小者为正式预测时使用的平滑系数，以第一期水平为初始值。

表 6-9　苹果产量表

年份	2014	2015	2016	2017	2018	2019	2020
产量/吨	160	171	162	175	180	179	190

6. 企业为了研究员工的工龄和受教育时间与工作效率之间的关系，随机抽取了 7 个部门，得到数据如表 6-10 所示。试求受教育时间为 13 年、工龄为 16 年的工作效率。

表 6-10　员工资料表

序号	受教育时间/年	工龄/年	工作效率
1	11	13	205
2	12	14	227
3	14	16	254
4	13	14	236
5	12	13	224
6	11	12	217
7	13	14	238

第 7 章 仓库选址

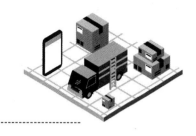

📖【本章学习目的与要求】

1. 理解仓库选址的基本概念。
2. 了解仓库选址方法。
3. 掌握重心法选址模型。
4. 掌握中值法选址模型。
5. 掌握鲍摩-瓦尔夫选址模型。

【思维导图】

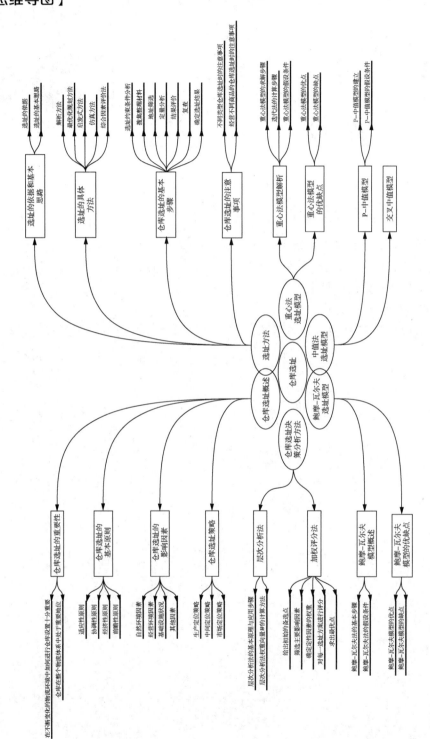

第 7 章 仓库选址

【导入案例】

光明乳业在华东地区的 4 个城市有生产厂，为 14 个区部供货。配送中心的物流布局与销售区域划分保持一致。光明乳业在华东地区有 14 个仓库，任何一个区部的销售网点都可以在本区部的配送中心内订购所需的全部类型产品，并得到配送支持。

现有的配送中心选址方案在一定程度上满足了客户的反应时间。然而，随着外部环境的变化，配送和仓储的物流运作成本也在发生变化。油价的上升导致配送费用增加，在同等的总需求量下，应尽量减小运输货物周转量，即增加配送中心，增加大吨位输送周转量，减少小吨位配送周转量。

路网建设使路桥变得更加畅通，在同等的客户反应时间内，货品的运输距离显著增加。因此，可考虑缩减配送中心数量以降低仓库租赁和管理费用，并可通过集拼大批量货物和减少装卸次数达到提高客户反应速度和降低配送成本的目的。在销量节节攀升，新的网点、路线不断出现的同时，仓库重新规划和整合就成为公司目前需要解决的问题。

1．该公司选址应该考虑哪些条件限制？
2．如果你是该公司负责人，你会如何做？

案例来源：https://www.docin.com/p-92720345.html.[2021-12-09].

7.1 仓库选址概述

选址的任务和意义

仓库选址是指在一个具有若干供应网点及若干需求网点的经济区域内，选定一个地址设置仓库的规划过程。较好的仓库选址会对企业的成本有很大的影响，其中包括固定成本和可变成本两种。

在考虑仓库选址成本的时候不仅要考虑仓库建设中的建设成本和建好仓库后的运营成本，还需考虑今后的运送成本。若仓库管理者决定在一个确定的地点建立仓库，那么许多的成本一定会沉淀成为固定成本，这类成本在今后的运营中是难以削减和改变的。若仓库建立在一个有着昂贵的劳动力、缺乏专业技能培养的地方，那么仓库后期的人力资源管理就会成为一个很大的问题，并可能导致此次投资的失败。若将一个先进的智能仓库建立在一个交通不便利或者生产力不足的地方，仓库也会出现闲置的现象。

7.1.1 仓库选址的重要性

科学选址的重要性

在不断变化的物流环境中如何进行仓库选址十分重要。20 世纪 90 年代以来，尤其是 21 世纪以来，随着社会物流量的不断增长和国家出台的十大产业振兴政策，物流业务范围不断扩大，经营业务日趋复杂，配送区域和辐射空间迅速扩展。因为建设仓库投资规模大，占用大量城市土地以及建成后不易调整，对社会物流和企业经营具有长期的影响，所以对仓库的选址决策必须进行详细的论证。选址的失误对于社会物流系统而言，可能会导致社会生产和商品交换的无秩序和低效率；对于企业经营而言，可能因为效率低下不能满足客户需要而直接影响企业的经营利润。很好的选址，能节省大量的运输等费用，能加强货物的周转率和及时送达率，能更好地满足客户对费用和效率要求。

仓库在整个物流体系中处于重要地位。在一个经济区域内，它拥有若干需求点及若干供应点，从这个区域里选取一个或多个地址作为仓库的过程，即为仓库的选址。优秀的选址方案能促进生产和消费的配合与协调，显著地节约费用，确保物流系统的平衡发展。总之，物流配送中心的合理选址是非常重要的。

7.1.2 仓库选址的基本原则

仓库设施一旦确定下来就会成为固定成本，很难再次改变，所以在选址时应该慎之又慎，遵循一定的原则。

1. 适应性原则

仓库的选址应该与国家和当地的相关政策相适应，与该区域内物流资源分布和需求分布相适应，还需要与区域经济的发展特征、主产品的特征相适应。既要考虑到仓库在经营运营上是否可行，还要考虑到与该地域的物流系统整体规划是否适应。

2. 协调性原则

仓库的选址要将国家或地区的物流网络作为一个大系统来考虑，在确立自身在网络中位置的同时，使仓库的设施设备在技术水平、物流作业能力等方面与该地区整个物流系统互相协调。

3. 经济性原则

与仓库选址有关的费用主要分为建设费和运营费，选址地点定在市中心、近郊区域和远郊区域所产生的费用有很大的不同。距离城市中心越近，仓库的建设费用就越高，但运营费用却恰恰相反，需将二者结合考虑，总原则为求得综合成本最低。

4. 前瞻性原则

选址建立仓库是一项长期的投资，在选址时不能只考虑眼前的现状，应该有战略眼光，既要考虑到目前的实际状况，也要考虑日后的发展趋势。

7.1.3 仓库选址的影响因素

在城市现代物流体系规划过程中，仓库建立的影响因素广而复杂，存放不同种类货物的仓库需要考虑的影响因素也不相同，不仅需要考虑宏观因素还需要考虑微观因素。总体来说，仓库的选址应主要考虑自然环境因素、经营环境因素、基础设施状况和其他因素，如图7-1所示。

选址决策影响因素与评价

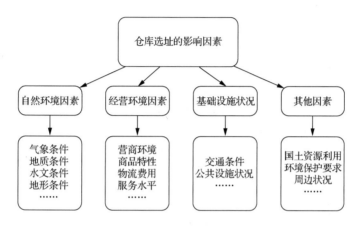

图7-1 仓库选址的影响因素

1. 自然环境因素

（1）气象条件。仓库选址过程中，主要考虑的气象条件有温度、风力、降水量、无霜期、冻土深度、年平均蒸发量等指标。例如，选址时要避开风口，因为在风口建设会加速露天堆放商品的老化。

（2）地质条件。仓库是大量商品的集结地。某些容重很大的建筑材料堆码起来会对地面造成很大压力。如果仓库地面下存在着淤泥层、流沙层、松土层等不良地质条件，会在受压地段造成沉陷、翻浆等严重后果，为此，地面承载力要高。

（3）水文条件。仓库选址需远离容易泛滥的江河流域与上溢地下水的区域。要认真考察近年的水文资料，地下水位不能过高，洪泛区、内涝区、故河道、干河滩等区域绝对禁止选用。

（4）地形条件。仓库选址应地势高、地形平坦，且应具有适当的面积与外形。若选在完全平坦的地形上是最理想的；次之选择稍有坡度或起伏的地方；对于山区陡坡地区则应该完全避开。在外形上可选择长方形，不宜选择狭长或不规则形状。

2. 经营环境因素

（1）营商环境。仓库所在地区的优惠物流产业政策对物流企业的经济效益将产生重要影响；数量充足和素质较高的劳动力条件也是仓库选址考虑的因素之一。

（2）商品特性。经营不同类型商品的仓库最好能分别布局在不同地域。例如，生产型仓库的选址应与产业结构、产品结构、工业布局等紧密结合进行考虑。

（3）物流费用。物流费用是仓库选址的重要考虑因素之一。大多数仓库选择接近物流服务需求地，如接近大型工业、商业区，以便缩短运距，降低运费等物流费用。

（4）服务水平。由于现代物流中能否实现准时运送是服务水平高低的重要指标，因此，在仓库选址时，应保证客户可在任何时候向仓库提出物流需求，都能获得快速满意的服务。

经营环境因素的权重系数一般是 0.3～0.5，是仓库选址时应考虑的主要因素。

地区选择主要考虑因素

3. 基础设施状况

（1）交通条件。仓库必须具备方便的交通运输条件。最好靠近交通枢纽进行布局，如紧邻港口、交通主干道枢纽、铁路编组站或机场，应有两种以上运输方式相连接。

（2）公共设施状况。仓库的所在地要求城市的道路、通信等公共设施齐备，有充足的供电、水、热、燃气的能力，且场区周围要有污水、固体废弃物等的处理能力。

4. 其他因素

（1）国土资源利用。仓库的规划应贯彻节约用地、充分利用国土资源的原则。仓库一般占地面积较大，周围还需留有足够的发展空间，为此地价的高低对布局规划有重要影响。此外，仓库的布局还要兼顾区域与城市规划用地的其他要素。

（2）环境保护要求。仓库的选址需要考虑保护自然环境与人文环境等因素，尽可能降低对城市生活的干扰。对于大型转运枢纽，应适当设置在远离市中心的地方，使得城市交通环境状况能够得到改善，城市的生态建设得以维持和增进。

（3）周边状况。由于仓库是火灾重点防护单位，不宜设在易散发火种的工业区（如木材加工、冶金企业）附近，也不宜设在居民住宅区附近。

▶ 典型案例7-1 ◀

平湖南国家物流枢纽布局的科学优化

深圳平湖南铁路货场是深圳市集规划、规模、用地等成熟条件于一体的综合物流枢纽。深圳平湖南铁路货场总用地2598亩，位于深圳市龙岗区平湖物流园区内，处于目前深圳已建成的"七横十三纵"快速路网核心地带。货场东端连接丹平快速路及互通立交设施，南可接入水官高速与南坪快速相通，北可进入机荷高速与莞深高速相连，是罗湖福田中心区直接辐射的第一圈层。

其核心功能区包括集装箱作业区、电商快运货物作业区、特货作业区、仓储配送作业区、海关监管区等。同时配套公海铁联运、城市配送、仓储服务、公路停车等功能区。并建设成集铁路办公、信息交易、海关办公、物流企业入驻、商务配套等一体的综合服务大楼等配套设施。

正如党的二十大报告中所强调的，加快发展物联网，建设高效顺畅的流通体系，降低物流成本。平湖南货场作为粤港澳大湾区中欧班列始发站之一，将推动物流线路和产业平台功能的拓展延伸。这对建设粤港澳大湾区多式联运的现代物流园区、深度参与"一带一路"亚欧物流新通道建设，打造粤港澳大湾区与东南亚、南亚和欧洲的联结起到重要的作用。

7.1.4 仓库选址策略

在仓库选址的设计中，合适的选址位置和建设数量是由供应方、需求方和储存物品的种类一起决定的，因此应该进行需求识别。在进行需求识别的时候，可以参考美国区位理论家埃德加·M.胡佛（Edgar M. Hoover）提出的生产定位、中间定位、市场定位3种策略。

1. 生产定位策略

生产定位策略是指将仓库选在接近产地的地方，这种类型的仓库通常用来存放和集中运输制造商的产成品。产品由制造商从工厂送到这样的仓库进行储存，然后仓库统一将全部种类的商品运送到客户的手中。这种类型的仓库的基本功能是支持制造商使用集中运输产成品。

对于生产商品种类多的制造企业，将多种不同种类的商品进行大规模的整车运输和集装箱运输较将不同商品进行单一的多批次零担运输在运输成本上有很大的优势；同时，制造企业可以利用这种仓库以单一订货单的运输费率为客户提供服务，还可以产生差别竞争优势。

这种类型的仓库在选址时的主要影响因素有原材料的保存时间、产成品的种类数和客户订单的产品种类等。

2. 中间定位策略

中间定位策略是指将仓库选在客户和制造商之间的中间地带。在对客户的服务能力上，中间定位策略的仓库虽然小于市场定位的仓库，但是其客户服务能力要高于生产定位策略的仓库。当企业需要提供多个供应商的产品而且提供较高的客户服务能力时，就需要采用中间定位策略，为客户提供库存补充和集运服务。

3. 市场定位策略

市场定位策略是指将仓库选在接近客户的地方，虽然市场定位策略的仓库会使供货商的运输距离增加，但是大大缩短了向客户运送的第二程运输的运输距离，由于该类仓库离客户最近，所以客户服务能力最强。

市场定位策略通常适用于食品分销仓库、零售仓库等的建设，这些仓库的服务对象是各超级市场，使多批次、小批量、多品种库存补充的经济性得到实现，以保证"适时供应"。

这种类型的仓库在选址时的主要影响因素有订单周期、订单规模和需提供的客户服务能力等。仓库选址时的考虑因素在一些情况下相对比较简单，但是对于某些特殊的情况却是非常复杂的。例如，关系到国家的战略储备物资仓库选址时，需要考虑各种各样的影响因素，复杂性就会更加地突出。

7.2 选址方法

7.2.1 选址的依据和基本思路

1. 选址的依据

（1）仓库中储存的货物的进货周期和批量及出库的周期和批量。
（2）集货半径和配送服务半径。
（3）仓库中货物的性质。
（4）仓库周边的环境（如水、电的供应情况，地理条件等）。
（5）货物集运的运输条件等。

2. 选址的基本思路

（1）国家的选择。随着全球化的一步步扩大，对于一些较大的跨国企业来说，在全球范围内选择建立仓库是必须要面临的问题，在全球范围内进行仓库的选址，应该考虑以下的一些因素。

① 各国的经济和相关政策，以及经济和相关政策的稳定性。
② 各国的文化和传统习俗。
③ 各国在全球的位置及重要程度。
④ 各国的商品供应能力、信息技术水平和基础设施情况。
⑤ 各国的劳动力情况，包括劳动力的成本、素质、专业水平等。
⑥ 各国的税收情况。

（2）地区的选择。在同一个国家中，不同的地区、不同的城市的经济情况有着非常大的差距，所以在进行选址时应该根据以下的因素来进行决策。

① 企业的目标。
② 当地政府的经济政策。
③ 当地劳动力的供应力及成本。
④ 当地的土地及建筑成本。
⑤ 该地区的吸引力，包括文化、税收和气候等方面。
⑥ 公用基础设施的建设情况。
⑦ 环境管理措施。

（3）具体位置的选择。在同一个城市中的不同方位也存在着差异，所以在选址时应将下列因素考虑进去。

① 场地的大小和建设成本。
② 公路、水路、航空、铁路的建设情况。
③ 劳动力情况。
④ 环境因素（地形、地址、污染等）。
⑤ 和客户的距离。

▶ **典型案例7-2** ◀

京东物流的海外仓布置

与传统贸易不同，跨境电商对商品的收集、储存、信息录入、上架销售、及时出货有很高的要求。因此，在原产地设立仓库成为许多跨境电商走向海外的第一步。比如京东物流在印尼就"复制"了一套完整的电商物流基础设施，通过搭建仓配一体化物流，在当地实现了配送服务覆盖7座大岛屿和483个城市，配送时效从5～7天缩短为85%的订单1天内配送完，这套系统和体系在泰国也得到了良好的发展与认可。目前，京东物流国际供应链已在五大洲设立了110多个海外仓，原产地覆盖率达到100%。通过海外仓进行供应链前置，能够避免增加商品不必要的物流成本，在原产地开启商品的溯源追踪，也为打击假货和用户的购物安全提供了保障。

除全球各地的自营商品通过海外仓发送到消费者手上，京东物流海外仓还对外开放，帮助商家全球备货。各大品牌通过京东物流海外仓进行统一存储、调拨、分拣。对于各大品牌来说，将京东物流海外仓作为主要集散地，不仅可以将商品送往国内，还可使从欧美来的商品通过京东物流海外仓转运发送至东南亚等地，形成国际供应链网络。有商家表示，"使用京东物流海外仓，不仅可以销售一个原产地的货，如日本产品可以通过日本仓进行订单生产，法国品牌可以直接在法国仓备货直邮，通过京东物流的海外仓服务，在线上可以做到全球品牌统一盘货，给消费者更多进口商品选择的同时，也更便于库存管理"。

目前，京东物流依靠覆盖全球的海外仓、十余个保税仓及跨境口岸、近千条全球运输链路以及中国全境的配送网络、强大的信息系统，使海外直邮的进口商品平均时效提升至3.9天，核心城市隔日达。而在"全球售"、中国品牌出口的大形势下，京东物流海外仓还将承担目的地"最后一公里"的仓配功能，形成一个辐射全球的仓储物流网络。

案例来源：https://www.sohu.com/a/234035833_99967243.[2021-12-10].

定性、定量
分析法

7.2.2 选址的具体方法

仓库的选址应综合运用定性和定量分析相结合的方法，在全面考虑选址影响因素的基础上，选出若干个可选的地点，进一步借助比较法、专家评价法、模糊综合评价等数学方法量化比较，最终得出较优的方案。

近年来，随着选址理论的发展，很多仓库选址及网点布局的方法被开发出来，但归结起来它们可以分为解析方法、最优化规划方法、启发式方法、仿真方法和综合因素评价法五种。

1. 解析方法

解析方法通常是指物流地理中心方法。这种方法通常只考虑运输成本对仓库选址的影响，而运输成本一般是运输距离、需求量以及时间的函数，所以解析方法根据距离、需求量、时间或三者的结合，通过坐标进行仓库选址，以仓库位置为因变量，用代数方法来求解仓库的坐标。解析方法考虑影响因素较少，模型简单，主要适用于单个仓库选址问题。对于复杂的选址问题，解析方法常常感到困难，通常需要借助其他更为综合的分析技术。

2. 最优化规划方法

最优化规划方法一般是在一些特定的约束条件下，从许多可用的选择中挑选出一个最佳的方案。运用线性规划技术解决选址问题一般需具备两个条件；一是必须有两个或两个以上的活动或定位竞争同一资源对象；二是在一个问题中，所有的相关关系总是确定的。随着计算机技术的发展，以最优化规划方法求解大型配送选址及网点布局逐渐成为可行。最优化规划方法中的线性规划技术以及整数规划技术是目前应用最为广泛，也是最主要的选址方法。最优化规划方法的优点是，它属于精确式算法，能获得精确最优解。不足之处主要在于，对一些复杂情况很难建立合适的规划模型；模型太复杂，计算时间长，难以得到最优解；有时得出的解虽然是最优解，但在实际中却不可行。

3. 启发式方法

启发式方法是一种逐次逼近最优解的方法。用启发式方法进行仓库选址，首先要定义计算总费用的方法，拟定判别准则，规定改进途径，然后给出初始方案，迭代求解。启发式方法与最优化规划方法的最大不同在于，它不是精确式算法，不能保证给出的解决方案是最优的，但只要处理得当，获得的可行解与最优解是非常接近的，而且启发式方法相对最优化规划方法计算简单，求解速度快。所以在实际应用中，启发式方法是仅次于最优化规划的选址方法。

4. 仿真方法

仿真方法是试图通过模型重现某一系统的行为或活动，而不必实地去建设并运转一个系统。在选址问题中，仿真技术可以使分析者通过反复改变和组合各种参数，多次试行来评价不同的选址方案。这种方法还可进行动态模拟。例如，假定各个地区的需求是随机变动的，通过一定时间长度的模拟运行，可以估计各个地区的平均需求，从而在此基础上确定仓库的分布。仿真方法可描述多方面的影响因素，因此具有较强的使用价值，常用来求解较大型的、无法手算的问题。其不足主要在于，仿真方法不能提出初始方案，只能通过对各种已存在的备选方案进行评价，从中找出最优方案，所以在运用这种方法时必须首先借助其他方法找出多个初始方案。初始方案的好坏会对最终决策结果产生很大影响。

5. 综合因素评价法

综合因素评价法是一种全面考虑各种影响因素，并根据各影响因素重要性的不同对方案进行评价、打分，以找出最优的选址方案。

目前，关于以上几种方法哪一种是最优的选址方法还有不同看法。鉴于各种方法各有优缺点，所以实际运用中通常以最优化规划方法为主，再综合其他方法以确定最终的选址方案。但无论应用哪种方法，获得准确的数据以及应用各种模型的技巧都是成功的必要前提，因为对于一个实际的选址问题，单独应用以上任何一种方法都难以获得最佳的方案。

7.2.3 仓库选址的基本步骤

仓库的具体选址程序如图 7-2 所示，可分为以下几个步骤。

1. 选址约束条件分析

仓库选址在明确建立仓库的必要性、目的和意义的基础上，应考虑以下约束条件。

（1）顾客条件。顾客作为仓库的服务对象，需要确定顾客当前及未来的区域分布情况，从而确定仓库的配送区域范围，还有各顾客的货物需求量以及增长率。

（2）运输条件。分析仓库是否靠近铁路货运站、港口和公路货车场站等运输节点，以及是否靠近运输业从业者的办公地点。

（3）配送服务条件。根据顾客对配送时间的要求，确定从仓库到顾客的配送距离和服务范围。

（4）用地条件。需要判断是否能够使用现有的土地，以及若需要重新取得地皮时，地价允许范围内的用地分布情况。

（5）法规制度条件。根据指定用地区域的法规制度，明确哪些地区不允许建立仓库。

（6）流通职能条件。需要判断商流职能是否要与物流职能分开，仓库是否要具备流通加工的职能。

（7）其他特殊条件。

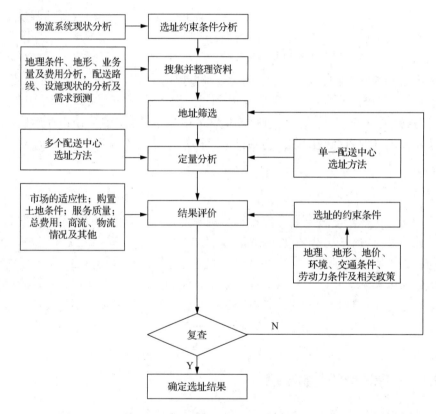

图 7-2 仓库的具体选址程序

2. 搜集并整理材料

由于各类选址方法一般都是将运输费用、配送费用及物流设施费用等约束条件，建立目标函数并求解选址总费用最小的方案，因此为确定模型参数，需要搜集和整理以下材料。

（1）掌握业务量。选址应掌握的业务量具体包括：工厂到仓库的货物运输量，仓库向顾客配送的货物数量，仓库保管的货物数量，以及各条配送路线的货物数量。

（2）掌握费用。选址应掌握的费用具体包括：工厂至仓库的运输费用，仓库到顾客的配送费用，与设施和土地相关的费用，以及仓库的人工费与业务费等。

（3）其他。用缩尺地图表示顾客、现有仓库及工厂的位置，并整理各仓库的候选地的配送路线及距离等资料。与成本分析结合起来考虑必要的运输车辆数、作业人员数、装卸方式、装卸机械费用等。

3. 地址筛选

在对所取得的上述资料进行充分的整理和分析，考虑各种因素的影响并对需求进行预测后，就可以初步确定选址范围，即确定初始候选地点。

4. 定量分析

针对不同情况选用不同的模型进行计算，得出结果。

5. 结果评价

结合市场适应性、购置土地条件、服务质量等，对计算所得结果进行评价，看其是否有现实意义及可行性。

6. 复查

分析其他影响因素对计算结果的相对影响程度，分别赋予它们一定的权重，采用加权法对计算结果进行复查。如果复查通过，则原计算结果即为最终结果；如果复查发现原计算结果不适用，则返回步骤3（地址筛选）继续计算，直至得到最终结果为止。

7. 确定选址结果

在用加权法复查通过后，则计算所得的结果即可作为最终的选址结果。但是所得解不一定为最优解，可能只是符合条件的满意解。

7.2.4 仓库选址的注意事项

不同类型的仓库，面临着不同的选址问题。例如，大中型城市的仓库应采用集中与分散相结合的方式选址。在中小城镇中，因仓库的数目有限且不宜过于分散，故宜选择独立地段；在河道（江）较多的城镇，商品集散大多利用水运，仓库可选择沿河地段。下面简要分析各类仓库在选址时的注意事项。

1. 不同类型仓库选址时的注意事项

（1）转运型仓库。

转运型仓库大多经营倒装、转载或短期储存的周转类商品，大多使用多式联运方式，因此一般应设置在城市边缘地区的交通便利的地段，以方便转运和减少短途运输。

（2）储备型仓库。

储备型仓库主要经营国家或所在地区的中、长期储备物品，一般应设置在城镇边缘或城市郊区的独立地段，且具备直接而方便的水陆运输条件。

（3）综合型仓库。

综合型仓库经营的商品种类繁多，应根据商品类别和物流量选择在不同的地段。例如，与居民生活关系密切的生活型仓库，若物流量不大又没有环境污染问题，可选择接近服务对象的地段，但应具备方便的交通运输条件。

2. 经营不同商品的仓库选址时的注意事项

经营不同商品的仓库对选址的要求不同，应分别加以注意。下面主要介绍果蔬食品、冷藏品、建筑材料、危险品等仓库的选址特殊要求。

（1）果蔬食品仓库。

果蔬食品仓库应选择设在入城干道处，以免运输距离拉得过长，商品损耗过大。

（2）冷藏品仓库。

冷藏品仓库往往选择设在屠宰场、食品加工厂、毛皮处理厂等附近。有些冷藏品仓库会产生特殊气味、污水、污物，而且设备及运输噪声较大，对所在地环境造成一定影响，故多选择设在城郊。

（3）建筑材料仓库。

通常建筑材料仓库的物流量大，占地大，有严格的防火等安全要求，应选择设在城市边缘对外交通运输干线附近。

（4）危险品仓库。

危险品（如石油、煤炭及其他易燃物品）仓库应满足防火要求，选择设在城郊的独立地段。在气候干燥、风速较大的城镇，还必须选择大风季节的下风位或侧风位。特别是油品仓库选址应远离居住区和其他重要设施，最好选在城镇外围的地形低洼处。

7.3 重心法选址模型

重心法选址模型属于单设施选址模型，即单个仓储设施的选址，简称重心法模型。其影响因素有运费的费率、运输的距离和运输货物的重量，是静态连续设施选址模型。

7.3.1 重心法模型解析

重心法模型是一种模拟方法，其原理是将物流系统的需求点看成是分布在某一平面范围内的物体系统,各点的需求量和资源量分别看成是物体的重量,物流系统的重心将作为物流网点的最佳设置点,利用确定物体重心的方法来确定物流网点的位置。

1. 重心法模型的求解步骤

如图 7-3 所示,设有 n 个顾客,他们各自的坐标是 (x_i, y_i)($i=1,2,3,\cdots,n$),配送中心的坐标是 (x_0, y_0)。

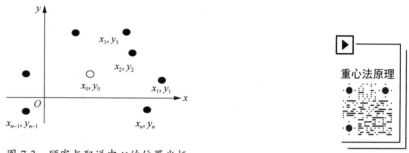

图 7-3 顾客与配送中心的位置坐标

$$H = \sum_{j=1}^{n} C_j \tag{7-1}$$

式中:
H——从配送中心到各顾客的总运输费用;
C_j——从配送中心到各顾客的运输费用。
C_j 也可以用下式来计算。

$$C_j = h_j w_j d_j \tag{7-2}$$

式中:
h_j——从配送中心到顾客 j 的运输费率;
w_j——从配送中心到零售店 j 的发送量;
d_j——从配送中心到顾客的运距。
d_j 也可以写成如下形式。

$$d_j = \left[(x_0 - x_j)^2 + (y_0 - y_j)^2 \right]^{\frac{1}{2}} \tag{7-3}$$

把式(7-2)代入式(7-1)中,得到

$$H = \sum_{j=1}^{n} h_j w_j d_j \tag{7-4}$$

从式(7-3)和式(7-4)可求出使 H 为最小的 x_0、y_0。

解决这个问题的方法是运用下面的计算公式,令

$$\frac{\partial H}{\partial x_0} = \sum_{j=1}^{n} h_j w_j (x_0 - x_j)/d_j = 0 \quad (7\text{-}5)$$

$$\frac{\partial H}{\partial y_0} = \sum_{j=1}^{n} h_j w_j (y_0 - y_j)/d_j = 0 \quad (7\text{-}6)$$

从式(7-5)和式(7-6)可分别求出最适合的 x_0^* 和 y_0^*,即

$$x_0^* = \frac{\sum_{j=1}^{n} h_j w_j x_j / d_j}{\sum_{j=1}^{n} h_j w_j / d_j} \quad (7\text{-}7)$$

$$y_0^* = \frac{\sum_{j=1}^{n} h_j w_j y_j / d_j}{\sum_{j=1}^{n} h_j w_j / d_j} \quad (7\text{-}8)$$

因式(7-7)和式(7-8)右边还含有 d_j,即还含有要求的未知数 x_0、y_0,而要从两式的右边完全消去 x_0 和 y_0,计算起来很复杂,故采用迭代法来进行计算。

2. 迭代法的计算步骤

(1)以所有顾客的重心坐标作为配送中心的初始地点(x_0^0, y_0^0)。

(2)利用式(7-3)和(7-4),计算与(x_0^0, y_0^0)相应的总运费 H^0。

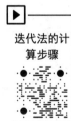
迭代法的计算步骤

(3)把(x_0^0, y_0^0)分别代入式(7-3)、式(7-7)和式(7-8)中,计算配送中心的改善地点(x_0^1, y_0^1)。

(4)利用式(7-3)和式(7-4),计算与(x_0^1, y_0^1)相应的总运费 H^1。

(5)把 H^1 和 H^0 进行比较,如果 $H^1 < H^0$,则返回步骤(3)的计算,再把(x_0^0, y_0^0)代入式(7-3)、式(7-7)和式(7-8)中,计算配送中心的改善地点(x_0^2, y_0^2)。如果 $H^1 \geq H^0$,则说明(x_0^0, y_0^0)为最优解。

这样反复计算下去,直至 $H^{k+1} \geq H^k$,求出最优解(x_0^k, y_0^k)为止。

由上述分析可知,应用迭代法的关键是给出配送中心的初始地点(x_0^0, y_0^0)。

重心法的基本假设条件

3. 重心法模型的假设条件

重心法模型是在理想条件下求出仓库位置,但模型中的假设条件在实际会受到一定的限制。重心法模型计算中简化的假设条件包括以下几方面。

(1)模型常常假设需求量集中于某一点,而实际上需求来自分散于广阔区域内的多个消费点。

(2)模型没有区分在不同地点建设仓库所需的资本成本,以及与在不同地点经营有关的其他成本的差别,而只计算运输成本。

(3)运输成本在公式中是以线性比例随距离增加的,而运费是由不随运距变化的固定的部分和随运距变化的可变部分组成的。

(4)模型中仓库与其他网络节点之间的路线通常假定为直线,而应该选用的是实际运输所采用的路线。

(5)模型未考虑未来收入和成本的变化。

从以上假设中可以看出模型存在诸多的限制条件,但这也并不意味着模型没有实用价值。重要的是选址模型的结果对事实问题的敏感程度。如果简化假设条件,对模型设施选址的建议影响很小或根本没有影响,那么可以证明简单的模型比复杂的模型更有效。

典型案例7-3

某企业配送中心选址

物流是企业的核心竞争力之一。因此,某企业建立了三级物流配送网,即区域配送中心、城市配送中心和转配点,完成长途到市、短途到店、零售到户的多元化物流配送。该企业有一个中央配送中心下设三个区域配送中心,分别在 A 市、B 市、和 C 市。其中,A 市配送中心主要负责中部和西部各城市的配送,B 市配送中心主要负责华北和东北各城市的配送,C 市配送中心主要负责华南各城市的配送。某企业配送中心多层次网络布局如图7-4所示。

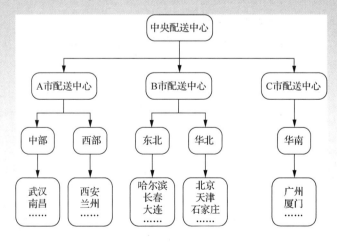

图7-4 某企业配送中心多层次网络布局

分析影响某企业配送中心选址的各种因素（表7-1），得出运输条件对配送中心选址的影响比较大。也就是说，在物流配送中心选址的诸因素中，运输成本所占的权重较大，降低运输成本，会使物流总成本显著减小。另外，现代化的配送中心配送的范围一般在300~500km，配送的客户在20家以上。鉴于此，配送中心运用重心法模型选址较为合适。

表7-1 配送中心选址的影响因素

因素	城市			权重
	A市	B市	C市	
运输条件	10	10	10	25%
进货	10	9	8	20%
劳动力获得	10	8	9	17%
劳动力成本	9	10	9	15%
出货	10	8	9	10%
税收	9	8	8	7%
土地成本	9	10	8	6%
合计	9.72	8.32	8.92	100%

已知：

A市1号店坐标为 $P1$（100, 113）；

A市2号店坐标为 $P2$（110, 116）；

A市3号店坐标为 $P3$（79, 112）；

A市4号店坐标为 $P4$（105, 113）。

假设新建的某企业配送中心为 P_0，对应的位置坐标为 $P_0(X_0, Y_0)$；各个门店的坐标为 $P_i(X_i, Y_i)$（$i=1,2,\cdots,n$）；配送中心 P_0 与各个门店 P_i 之间的距离为

$$D_i = k\sqrt{(X_i - X_0)^2 + (Y_i - Y_0)^2}$$（k 为比例系数）

总运费为

$$H = \sum_{i=1}^{n} C_i W_i k \sqrt{(X_i - X_0)^2 + (Y_i - Y_0)^2}$$

各个门店的配送量为 $W_1, W_2, \cdots, W_n$；单位间距运费为 C_i。

因为很难获得各个门店所需配送量的具体数据，一般情况下门店面积与配送量成正比，所以将配送量 W_n 简化为与门店面积有关的权重，权重分配结果如表7-2所示。

表 7-2　各门店坐标及权重设置

门店	坐标 (X_i, Y_i)	分配权重 (W_i)
P1	(100, 113)	2
P2	(110, 116)	3
P3	(79, 112)	3
P4	(105, 113)	2

计算过程如下（结果四舍五入保留两位小数）。

首先计算出配送中心的初始位置 $P_0(X_0^1, Y_0^1)$。

$$X_0^1 = \frac{\sum_{i=1}^{n} C_i W_i X_i}{\sum_{i=1}^{n} C_i W_i} = (100 \times 2 + 110 \times 3 + 79 \times 3 + 105 \times 2) / (2 + 3 + 3 + 2) = 97.7$$

$$Y_0^1 = \frac{\sum_{i=1}^{n} C_i W_i Y_i}{\sum_{i=1}^{n} C_i W_i} = (113 \times 2 + 116 \times 3 + 112 \times 3 + 113 \times 2) / (2 + 3 + 3 + 2) = 113.6$$

因此，配送中心的初始坐标为（97.7,113.6），然后用迭代法去完善。求出

$$D_1 = \sqrt{(X_1 - X_0^1)^2 + (Y_1 - Y_0^1)^2} \approx 2.38$$

$$D_2 = \sqrt{(X_2 - X_0^1)^2 + (Y_2 - Y_0^1)^2} \approx 12.53$$

$$D_3 = \sqrt{(X_3 - X_0^1)^2 + (Y_3 - Y_0^1)^2} \approx 18.77$$

$$D_4 = \sqrt{(X_4 - X_0^1)^2 + (Y_4 - Y_0^1)^2} \approx 7.32$$

$$H_0 = \sum_{i=1}^{n} C_i W_i D_i = 2.38 \times 2 + 12.53 \times 3 + 18.77 \times 3 + 7.32 \times 2 = 113.3$$

用迭代法继续进行迭代

第一次迭代：

$$X_0^2 = \frac{\sum_{i=1}^{n} C_i W_i X_i / D_i}{\sum_{i=1}^{n} C_i W_i / D_i} = (100 \times 2 / 2.38 + 110 \times 3 / 12.53 + 79 \times 3 / 18.77 + 105 \times 2 / 7.32) /$$

$$(2 / 2.38 + 3 / 12.53 + 3 / 18.77 + 2 / 7.32) \approx 100.27$$

$$Y_0^2 = \frac{\sum_{i=1}^{n} C_i W_i Y_i / D_i}{\sum_{i=1}^{n} C_i W_i / D_i} = (113 \times 2/2.38 + 116 \times 3/12.53 + 112 \times 3/18.77 + 113 \times 2/7.32)/$$

$$(2/2.38 + 3/12.53 + 3/18.77 + 2/7.32) \approx 113.37$$

$$D_1 = \sqrt{(X_1 - X_0^2)^2 + (Y_1 - Y_0^2)^2} \approx 0.46$$

$$D_2 = \sqrt{(X_2 - X_0^2)^2 + (Y_2 - Y_0^2)^2} \approx 10.08$$

$$D_3 = \sqrt{(X_3 - X_0^2)^2 + (Y_3 - Y_0^2)^2} \approx 21.31$$

$$D_4 = \sqrt{(X_4 - X_0^2)^2 + (Y_4 - Y_0^2)^2} \approx 4.74$$

$$H_1 = \sum_{i=1}^{n} C_i W_i D_i = 0.46 \times 2 + 10.08 \times 3 + 21.31 \times 3 + 4.74 \times 2 = 104.57$$

$H_1 < H_0$，继续迭代

第二次迭代：

$$X_0^3 = \frac{\sum_{i=1}^{n} C_i W_i X_i / D_i}{\sum_{i=1}^{n} C_i W_i / D_i} = (100 \times 2/0.46 + 110 \times 3/10.08 + 79 \times 3/21.31 + 105 \times 2/4.74)/$$

$$(2/0.46 + 3/10.08 + 3/21.31 + 2/4.74) \approx 100.41$$

$$Y_0^3 = \frac{\sum_{i=1}^{n} C_i W_i Y_i / D_i}{\sum_{i=1}^{n} C_i W_i / D_i} = (113 \times 2/0.46 + 116 \times 3/10.08 + 112 \times 3/21.31 + 113 \times 2/4.74)/$$

$$(2/0.46 + 3/10.08 + 3/21.31 + 2/4.74) \approx 113.14$$

$$D_1 = \sqrt{(X_1 - X_0^3)^2 + (Y_1 - Y_0^3)^2} \approx 0.43$$

$$D_2 = \sqrt{(X_2 - X_0^3)^2 + (Y_2 - Y_0^3)^2} \approx 10.01$$

$$D_3 = \sqrt{(X_3 - X_0^3)^2 + (Y_3 - Y_0^3)^2} \approx 21.44$$

$$D_4 = \sqrt{(X_4 - X_0^3)^2 + (Y_4 - Y_0^3)^2} \approx 4.59$$

$$H_2 = \sum_{i=1}^{n} C_i W_i D_i = 0.43 \times 2 + 10.01 \times 3 + 21.44 \times 3 + 4.59 \times 2 = 104.39$$

$H_2 < H_1$，继续迭代

第三次迭代：

$$X_0^4 = \frac{\sum_{i=1}^{n} C_i W_i X_i / D_i}{\sum_{i=1}^{n} C_i W_i / D_i} = (100 \times 2 / 0.43 + 110 \times 3 / 10.01 + 79 \times 3 / 21.44 + 105 \times 2 / 4.59) /$$

$$(2/0.43 + 3/10.01 + 3/21.44 + 2/4.59) \approx 100.40$$

$$Y_0^4 = \frac{\sum_{i=1}^{n} C_i W_i Y_i / D_i}{\sum_{i=1}^{n} C_i W_i / D_i} = (113 \times 2 / 0.43 + 116 \times 3 / 10.01 + 112 \times 3 / 21.44 + 113 \times 2 / 4.59) /$$

$$(2/0.43 + 3/10.01 + 3/21.44 + 2/4.59) \approx 113.14$$

$$D_1 = \sqrt{(X_1 - X_0^4)^2 + (Y_1 - Y_0^4)^2} \approx 0.42$$

$$D_2 = \sqrt{(X_2 - X_0^4)^2 + (Y_2 - Y_0^4)^2} \approx 10.02$$

$$D_3 = \sqrt{(X_3 - X_0^4)^2 + (Y_3 - Y_0^4)^2} \approx 21.43$$

$$D_4 = \sqrt{(X_4 - X_0^4)^2 + (Y_4 - Y_0^4)^2} \approx 4.60$$

$$H_3 = \sum_{i=1}^{n} C_i W_i D_i = 0.42 \times 2 + 10.02 \times 3 + 21.43 \times 3 + 4.60 \times 2 = 104.39$$

$H_3 = H_2$，停止迭代

配送中心的选址坐标为 (100.4,113.14)，其实我们可以看到，越往后迭代时配送中心的变化幅度越小，当计算复杂问题时，用迭代法求出使总成本最小、变化不大或不再变化时的坐标值，就是最佳的配送中心位置了。实际上，某企业 A 市配送中心的坐标为 (100.4,113.1)，与上述理论计算的位置偏很小。这证明在单物流配送中心选址规划中，运用重心法模型选址，方法是切实可行的。

7.3.2 重心法模型的优缺点

重心法模型适用于在计划区域内对单一物流配送中心进行选址，并且对物流配送中心初期的固定建设费用考虑较少的静态选址问题，如区域物流配送中心等。重心法模型通常只能找出物流配送中心的初步位置，为企业决策提供一种基本的决策依据。

关于重心法模型，尽管理论上能够求得比较精确的最优化结果，但是在现实的工作中，却不一定容易实现。首先，在精确的最优化解的位置上，由于其他因素的影响，决策者考虑其他因素后，通常不得不放弃这一最优化解的结果，而去选择现实中满意的其他方案。其次，在该模型中将距离用坐标来表示，这样就把运输费用看成是两点间直线距离的函数,这一点是与实际不相符的,虽然可通过在距离计算公式中增加一个调整系数来加以修正,但系数的合理选取还是有一定的难度。最后,当供给点和需求点同在一个系统中时,求得的"重心"的最优性是在供给点必须通过该"重心"再到达需求点的前提下取得的,而事实上,这个前提并不是真正必需的。在很多情况下,由于明显的不合理性而会对结果进行调整,调整的结果就难以保证其最优性。

求解配送中心最佳地址的模型有离散型和连续型两种。重心法模型是连续型模型,相对于离散型模型来说,其配送中心地点的选择是不加特定限制的,有自由选择的长处。可是从另一个方面来看,重心法模型的自由度过多也是一个缺点,因为由迭代法计算求得的最佳地点实际上往往很难找到,有的地点很可能在河流湖泊上或街道中间等。此外,迭代计算非常复杂,这也是连续型模型的缺点之一。

P-中值模型介绍

7.4 中值法选址模型

本节主要介绍 P-中值模型和交叉中值模型这两种中值法选址模型。

7.4.1 P-中值模型

P-中值模型是指在一个给定数量和位置的需求集合和一个候选设施位置集合,分别为 P 个设施找到合适的位置,并指派每个需求点到特定的设施,使设施点和各个需求点之间的运输费用最小,一般是用于仓库的选址问题,如图 7-5 所示。

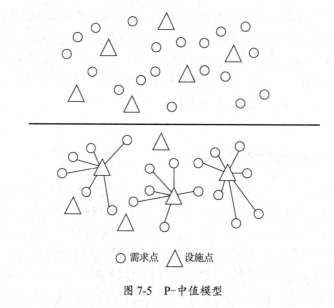

图 7-5 P-中值模型

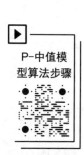
P-中值模型算法步骤

1. P-中值模型的建立

P-中值模型的目标函数为

$$\min \sum_{i \in N} \sum_{j \in N} d_i c_{ij} y_{ij} \quad (7\text{-}9)$$

约束条件有

$$\sum_{j \in M} y_{ij} = 1, \quad i \in N \quad (7\text{-}10)$$

$$\sum_{j \in M} x_j = P \quad (7\text{-}11)$$

$$y_{ij} \leq x_j, \quad i \in N, \ j \in M \quad (7\text{-}12)$$

$$x_j \in \{0,1\}, \quad j \in M \quad (7\text{-}13)$$

$$Y_{ij} \in \{0,1\}, \quad i \in N, \ j \in M \quad (7\text{-}14)$$

式中：

N——区域中的需求点集合，$N=\{1,2,3,\cdots,n\}$；

M——区域中的设施点集合，$M=\{1,2,3,\cdots,m\}$；

d_i——第 i 个需求点的需求量；

c_{ij}——从设施点 j 到需求点 i 的单位运输费用；

y_{ij}——0—1 变量，1 表示设施点 j 为需求点 i 提供服务，0 表示设施点 j 不为需求点 i 提供服务；

x_j——0—1 变量，1 表示在设施点 j 进行选址，0 表示不在设施点 j 进行选址。

约束条件的理解如下。

（1）保证每个客户（需求点）只有一个设施来提供相应的服务，式（7-10）；

（2）限制总的设施数目为 P 个，式（7-11）；

（3）有效地保证没有设施的地点不会有客户对应，式（7-12）。

目前 P-中值模型的求解有两种方式，一种是精确求解，另一种是启发式算法求解。其中由于 P-中值模型属于 NP 难问题，所以精确求解只能用来求解规模小的 P-中值问题，对于规模大的问题，一般选择使用贪婪取走启发式算法来求解该问题，其基本步骤如下。

（1）令当前选中的设施点数目为 $K=m$，即将所有 m 个候选位置都选中。

（2）将每个客户都指派给 K 个设施点中距离最近的一个设施点，求出总费用 W。

（3）若 $K=P$，则输出设施点以及各客户的指派结果；否则，转步骤（4）。

（4）从 K 个设施点中选择一个取走点，该点要满足将它取走并将它的客户指派给其他的最近设施点后总费用增加量最小。

（5）从候选集合中删去刚刚确定的取走点，令 $K=K-1$，转步骤（2）。

【例 7-1】 甲公司的仓库选址问题。

甲公司在开拓了 A 地区的市场，并得到了当地 10 家分销商（△表示分销商）的订单，由于 A 地区为新市场，所以甲公司在 A 地区并没有已建仓库，因此甲公司拟在 A 地区建立 3 个新仓库，希望可以在实现与 10 家分销商的合作的同时，运输成本可以降到最低。通过有关部门的实地调查，初步规划了 5 个候选点（○表示候选点），各候选点到不同的分销商的运输成本和各分销商的需求量如表 7-3 所示，分销商和候选点的相对位置图如图 7-6 所示。

表 7-3　各候选点到不同的分销商的运输成本和各分销商的需求量

分销商 (i)	候选点 (j)					d_i
	1	2	3	4	5	
	c_{ij}					
1	2	10	26	12	6	50
2	5	9	14	18	13	130
3	5	2	8	11	16	80
4	13	2	7	15	10	90
5	14	6	3	9	20	140
6	17	19	9	3	15	110
7	13	11	2	6	9	70
8	14	16	13	2	7	120
9	5	16	20	6	3	60
10	9	4	19	15	10	100

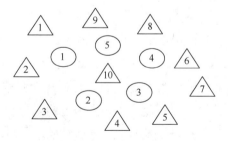

图 7-6　分销商和候选点的相对位置图

首先，让循环数 $K=m$，选中所有的候选点，然后将各个分销商都分配到距离其最近的候选点（图 7-7），并计算其总费用，为 2800。

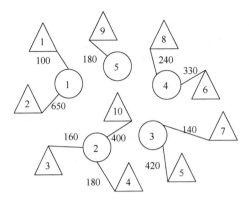

图 7-7　将各个分销商分配到距离其最近的候选点

然后选择并取走一个候选点,假设将这个候选点取走,并将所有的分销商重新分配后的总费用增加量是最小的,则令 $K=5-1=4$。取走一个候选点有如下几种情况(图 7-8 ~ 图 7-12)。

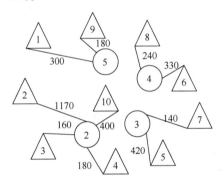

图 7-8　当取走候选点 1 时,总费用增加 720

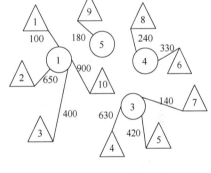

图 7-9　当取走候选点 2 时,总费用增加 1190

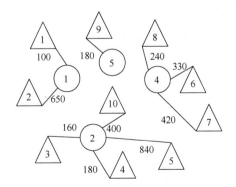

图 7-10　当取走候选点 3 时,总费用增加 700

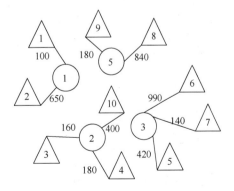

图 7-11　当取走候选点 4 时,总费用增加 1260

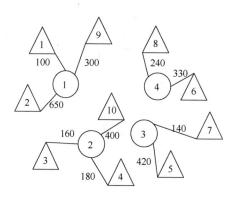

图 7-12 当取走候选点 5 时,总费用增加 120

可以看出,当取走候选点 5 时总费用最低,为 2920,此时令 $K=4-1=3$,然后重复上一步骤,有如下几种情况(图 7-13~图 7-16)。

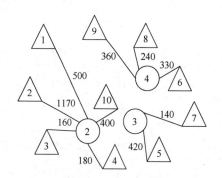

图 7-13 当取走候选点 1 时,总费用增加 980

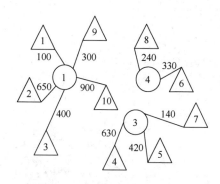

图 7-14 当取走候选点 2 时,总费用增加 1190

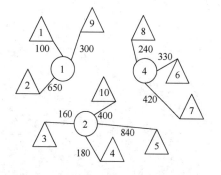

图 7-15 当取走候选点 3 时,总费用增加 700

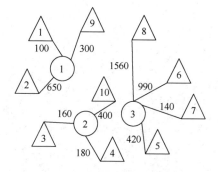

图 7-16 当取走候选点 4 时,总费用增加 1980

因此,当取走候选点 3 时总费用最低,为 3620,此时 $K=P$,计算结束。

2. P-中值模型的假设条件

P-中值模型中的假设条件在实际中会受到一定的限制，在计算中简化的假设条件包括以下几方面。

（1）需求点到设施点的距离以直线距离计算。

（2）需求点到设施点的运费和两点之间的距离成正比。

（3）各需求点的需求可以被服务它的设施点满足。

（4）各需求点和设施点需要当作几何上的点来看待。

7.4.2 交叉中值模型

连续性选址问题指的是在一条路径或者一个区域里面的任何位置都可以作为选址的一个选择。交叉中值模型是用于解决连续型选址问题的一种十分有效的模型，它是利用城市距离进行计算，通过交叉中值可以对单一的选址问题在一个单一平面上对移动距离进行最小化。例如，新建城镇区域内的物流服务设施的选址问题，该设施在城镇内的一条路径或一个区域里面的任何位置都可以作为选址的一个选择，因此该选址问题实质上是一种连续性选址问题。另外，在一个城镇区域内各种建筑分布比较密集，因此该城镇内任意两点之间大多无法取直线距离（欧几里得距离），而只能取折线距离（城市距离），在处理这类问题时，一般将需求点标注在坐标系中。

实际上，采用交叉中值模型选址时，重点考虑了折线距离和物流服务需求量这两个因素，目的是使总的行走距离最小。

交叉中值模型的目标函数可以表示为

$$W = \sum_{i=1}^{n} W_i \left\{ |X_i - X_s| + \lfloor Y_i - Y_s \rfloor \right\} \tag{7-15}$$

式中：

W_i——第 i 个点对应的权重（如物流需求权重）；

X_i、Y_i——第 i 个需求点的坐标；

X_s、Y_s——服务设施点 s 的坐标；

n——需求点的总数目。

在这个问题中，最优位置是由如下坐标组成的点。

X_s 是在 X 方向的对应所有的权重的中值点。

Y_s 是在 Y 方向的对应所有的权重的中值点。

考虑到 X_s、Y_s 两者可能同时是唯一值或某一范围，最优的位置可能是一个点，或者是线，或者是一个区域。交叉中值法的可能结果如表 7-4 所示。

表 7-4　交叉中值法的可能结果

X_s	Y_s	
	唯一值	某一范围
唯一值	点	线
某一范围	线	区域

【例 7-2】 现有一个仓储公司准备开发某城市开发区市场，该城市开发区主要有 6 个大型超市，各个大型超市的坐标位置及服务人口数量如表 7-5 所示。该快递公司需要在该城市开发区选址，在力求最低物流服务成本的同时，能够提供完善的快递配送服务。

表 7-5　各个大型超市的坐标位置及服务人口数量

超市	坐标	人口数量/人
A	（71, 83）	667
B	（42, 84）	1566
C	（45, 86）	555
D	（55, 77）	1023
E	（49, 75）	1780
F	（41, 67）	409
合计	—	6000

为了计算方便，将每个超市的服务人口数量作为需求量这一权重，从而利用交叉中值模型来解决该仓储公司的选址问题，以使得该仓储公司提供配送服务所行走的距离总和最小。

首先，需要确定服务人口数量这一权重的中值，

$$W = \frac{1}{2}\sum_{i=1}^{n} W_i$$

根据题目所给数据，得出

$$W = \frac{(667+1566+555+1023+1780+409)}{2} = \frac{6000}{2} = 3000$$

然后，分别从 X 轴和 Y 轴这两个方向上找出达到中值 $W=3000$ 时的坐标。其中，从 X 轴方向进行求解的过程如表 7-6 所示，从 Y 轴方向进行求解的过程如表 7-7 所示。

第 7 章
仓 库 选 址

表 7-6 X 轴方向的中值计算

超市	沿 X 轴的方向	$\sum W_i$
从左向右		
F	41	409
B	42	409+1566=1975
C	45	409+1566+555=2530
E	49	409+1566+555+1780=4310
D	55	
A	71	
从右向左		
A	71	667
D	55	677+1023=1690
E	49	667+1023+1780=3470
C	45	
B	42	
F	41	

表 7-7 Y 轴方向的中值计算

超市	沿 Y 轴方向	$\sum W_i$
从上向下		
C	86	555
B	84	555+1566=2121
A	83	555+1566+667=2788
D	77	5555+1566+667+1023=3811
E	75	
F	67	
从下向上		
F	67	409
E	75	409+1780=2189

续表

超市	沿 Y 轴方向	$\sum W_i$
D	77	409+1780+1023=3212
A	83	
B	84	
C	86	

综合考虑 X、Y 轴方向上的影响，于是根据交叉中值模型所确定的仓储公司位置，即 (X,Y) 的坐标应为（49,77）。

7.5 鲍摩-瓦尔夫选址模型

鲍摩-瓦尔夫选址模型（又称多节点单品选址模型，有的资料也译作鲍莫尔-沃尔夫模型）是一种成熟的仓库选址模型，以下简称鲍摩-瓦尔夫模型。鲍摩-瓦尔夫模型是一种非线性规划，目标是运输费用和仓储费用合计的总费用最小，以逐次求解运输问题的启发式算法，求解结果一般为满意解，而非最优解。只考虑租用仓库的情形，所以模型中不包含仓库的固定投资费用。

7.5.1 鲍摩-瓦尔夫模型概述

1. 仓库选址的目标函数

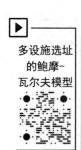

选址总费用函数的第一项是系统的总运输费用，第二项是仓库的可变费用（非线性的规模效应），第三项是仓库的固定投资费用。在租用仓库的情形下，第三项可记为零。

$$f(x_{ikj}) = \sum_{i=1}^{M}\sum_{j=1}^{N}\sum_{k=1}^{K}(c_{ik}+h_{kj})x_{ikj} + \sum_{k=1}^{K}V_k w_k^\theta + \sum_{k=1}^{K}G_k r(w_k)$$

式中：

M——工厂的总数量；

N——用户的总数量；

K——备选仓库的总数量；

c_{ik}——从工厂 i 到仓库 k 的单位运输费用，$(i=1,2,\cdots,M)$，$(k=1,2,\cdots,K)$；

h_{kj}——从仓库 k 到用户 j 的单位运输费用，$(k=1,2,\cdots,K)$，$(j=1,2,\cdots,N)$；

x_{ikj}——从工厂 i 通过仓库 k 向用户 j 发送的运量；

w_k——仓库 k 的货物通过量，$W_k = \sum_{i=1}^{M} \sum_{j=1}^{N} x_{ikj}$；

V_k——仓库 k 的单位仓储可变费用初始值；

θ——规模指数系数，$0 < \theta < 1$；

G_k——仓库 k 的投资建设费用（与通过量无关的固定费用）；

$r(w_k)$——是否建立仓库 k 的决策变量，$r(w_k) = \begin{cases} 0, & \text{当} w_k = 0 \text{时} \\ 1, & \text{当} w_k > 0 \text{时} \end{cases}$。

模型求解

2. 鲍摩–瓦尔夫模型的假设条件

（1）工厂到仓库的整车运输费用，以及仓库到用户的零担运输费用，都与运输量呈线性相关。

（2）各工厂的位置及供给量为已知，用户的位置及需求量为已知。

（3）仓库的容量可满足工厂的中转仓储需求。

（4）仓库的候选位置及其单位仓储可变费用初始值为已知。

（5）仓库的投资建设费用为零。

鲍摩–瓦尔夫模型在上述假设条件下，求解仓库的个数、货物通过量规模的大小及位置，以使运输费用及仓储费用之和最小。

3. 鲍摩–瓦尔夫模型的仓储可变费用与仓库货物通过量的非线性关系处理

与其他选址方法不同，鲍摩–瓦尔夫模型不再假设仓库的仓储可变费用随仓库货物通过量（以下简称"通过量"）的增加而呈线性变化，考虑到实际的仓储运作管理中存在规模效应，即仓库的单位仓储可变费用随通过量的增大而减小。

因此，鲍摩–瓦尔夫模型假设仓库的仓储可变费用 C_k 与该仓库的通过量 w_k 服从 $C_k = V_k w_k^{\theta}$。其中，规模指数系数 θ 通常取值为 0.5。

当规模指数系数 $\theta = 0.5$ 时，对于公式仓储可变费用公式 $C_k = V_k w_k^{\theta}$ 中的通过量 w_k 求导，可以得到当前条件下，仓库 k 在某特定仓储规模即仓库通过量为 w_k 时的边际仓储费用，即单位仓储费率 v_k。

$$v_k = V_k \sqrt{w_k} / 2w_k$$

由于 v_k 是在特定仓储规模 w_k 下的单位仓储费率，所以将它和单位运输费率直接相加，可以得到从工厂 i 通过仓库 k 向用户 j 发送的运量为 w_k 时的运输与仓储总费用，这样原问题就可以通过构建一般的运输规划模型并求解。

多设施选址的鲍摩–瓦尔夫模型

4. 鲍摩–瓦尔夫模型的基本步骤

（1）求初始方案。

令迭代次数 $L=0$。

首先设有 K 个备选仓库地点，令所有备选仓库地点上的初试运量均为 0，

即 $w_k^0=0$，所以各网点的仓储费率 $v_k^0=0$，仓库 $k=1,2,\cdots,K$，上角标表示迭代次数。

然后求各工厂和各用户之间的最低费率，用 C_{ij}^0 表示。$C_{ij}^0 = \min(C_{ik}^0 + C_{kj}^0 + v_k^0)$，工厂 $i=1,2,\cdots,M$；客户 $j=1,2,\cdots,N$。C_{ik}^0 和 C_{kj}^0 分别是从工厂 i 到仓库 k 的单位运费，以及从仓库 k 到用户 j 的单位运费，显然初始假设仓库 k 的仓储可变费率 $v_k^0=0$，该初试公式可简化为 $C_{ij}^0=\min(C_{ik}^0+C_{kj}^0)$。

由于各工厂的供给量和各用户的需求量已知，以 C_{ij}^0 为运价系数构建运输模型。

$$\min F = \sum_{i=1}^{M}\sum_{j=1}^{N}C_{ij}^0 x_{ij}^0 = \sum_{i=1}^{M}\sum_{j=1}^{N}\sum_{k=1}^{K}(C_{ik}^0+C_{kj}^0)x_{ikj}^0$$

$$\text{s.t.} \quad \sum_{k=1}^{K}\sum_{j=1}^{N}x_{ikj}^0 = a_i$$

$$\sum_{k=1}^{K}\sum_{i=1}^{M}x_{ikj}^0 = b_j$$

$$x_{ikj}^0 \geqslant 0$$

式中：

x_{ikj}^0——由工厂 i 经仓库 k 向用户 j 发送的运量；

x_{ij}^0——由工厂 i 向用户 j 发送的总运量；

a_i——工厂 i 的总供给量；

b_j——用户 j 的总需求量。

求解上述运输问题得到仓库 k 本次迭代更新的通过量 $w_k^1 = \sum_{i=1}^{M}\sum_{j=1}^{N}x_{ikj}^0$ 后，可求得该仓库更新的单位仓储费率 v_k^1，即计算该仓库的边际仓储费用。当 $\theta=0.5$ 时，

$$v_k^1 = V_k\sqrt{w_k^1}/2w_k^1$$

（2）更新迭代次数 $L=L+1$，求改进方案。用 C_{ij}^L 代替 C_{ij}^{L-1}，利用运输问题模型求出一组新的各仓库通过量 w_k^L。

（3）新旧方案比较。如果新方案的目标函数取值更小，则返回步骤（2），继续进行迭代计算与比较，如此反复进行步骤（2）和步骤（3），直到目标函数 F^L 与 F^{L-1} 完全相同，即获得最优解，停止迭代。

综上，鲍摩-瓦尔夫模型较好地解决了仓储费用非线性的问题，而且每次迭代都是沿着使仓储与运输的总费用不断下降的方向而进一步优化。鲍摩-瓦尔夫模型的主要缺点是不能最终保证最终解是最优解，而且该方案忽略了因新建仓库而产生的固定投资费用。

【例 7-3】F 公司需要在成都设 3 家工厂，客户分布在 6 个地方，F 公司的经理希望租用仓库来满足工厂到客户的中转仓储需要。经过考察，选出可租用仓库的备选地点共有 5 个。试运用鲍摩-瓦尔夫模型为该公司仓库进行选址（仓库的固定投资建设费用不予考虑）。

F公司的工厂生产能力和客户的需求量,以及各点间的单位运输费用如表7-8和表7-9所示。

表7-8 工厂至仓库间的单位运输费用及工厂的生产能力

工厂(i)	仓库(k)					生产能力
	1	2	3	4	5	
1	12	15	9	10	16	20
2	16	10	12	12	9	20
3	13	15	13	13	8	30

表7-9 仓库至客户间的单位运输费用及客户的需求量

仓库(k)	客户(j)					
	1	2	3	4	5	6
1	13	20	15	9	16	11
2	18	12	14	18	13	15
3	8	10	10	18	11	19
4	10	16	15	19	15	18
5	14	20	15	13	10	17
需求量	10	10	5	15	10	20

本例假设的总费用函数为

$$f(x_{ikj}) = \sum_{i=1}^{M}\sum_{k=1}^{K}\sum_{j=1}^{N}(c_{ik}+h_{kj})x_{ikj} + \sum_{k=1}^{K}V_k w_k^{\theta}$$

式中:

c_{ik}——从工厂i到仓库k的单位运输费用;

h_{kj}——从仓库k到用户j的单位运输费用;

x_{ikj}——从工厂i通过仓库k向用户j发送的运量;

w_k——仓库k的通过量, $w_k = \sum_{i=1}^{M}\sum_{j=1}^{N}x_{ikj}$;

V_k——仓库k的单位仓储可变费用;

M——工厂的总数量($i=1,2,\cdots,M$);

N——用户的总数量($j=1,2,\cdots,N$);

K——备选仓库的总数量$(k=1,2,\cdots,K)$。

θ——规模指数系数，$0<\theta<1$，本例中$\theta=0.5$。

已知各仓库的单位仓储可变费用初始值V_k如表7-10所示。

然后，可根据仓库k的通过量w_k，计算该仓库的仓储可变费用$V_k w_k^\theta$，以及仓储可变费率$v_k = V_k^0 \theta(w_k)^{\theta-1}$。

当$\theta=0.5$时，仓储可变费用可简化为$V_k\sqrt{w_k^1}$，仓储可变费率可简化为$v_k = V_k \dfrac{\sqrt{w_k}}{2w_k}$。

表7-10 各仓库的单位仓储可变费用初始值

仓库(j)	1	2	3	4	5
单位仓储可变费用初始值V_k	80	60	60	70	50

工厂与客户间的最小运输费用率C_{ik}^1如表7-11所示。

表7-11 工厂与客户间的最小运输费用率C_{ik}^1

工厂(i)	客户(k)					
	1	2	3	4	5	6
1	17	19	19	21	20	23
2	20	22	22	22	19	25
3	21	23	23	21	18	24

将表7-11所示问题作为运输问题，用表上作业法可求得初始解，如表7-12所示。

表7-12 初始解（调运对象和调运量）

工厂(i)	客户(k)						生产能力
	1	2	3	4	5	6	
1	10③	10③					20
2			5③			15②	20
3				15⑤	10⑤	5①	30
需求量	10	10	5	15	10	20	70

注：圆圈内数字表示所通过的仓库序号，空格处表示不发生调运，下同。

根据表7-12对应的初始解汇总各仓库的货物通过量w_k^1，并计算各仓库的仓储可变费用和仓储可变费率，如表7-13所示。

其实，各仓库的仓储可变费率就是该仓库在当前货物通过量w_k^1下的仓储可变费用$V_k\sqrt{w_k^1}$的一阶导数，即$v_k = V_k \dfrac{\sqrt{w_k^1}}{2w_k^1}$。

表7-13 初始解对应的仓库货物通过量、仓储可变费用和仓储可变费率

仓库(k)	1	2	3	4	5
仓库货物通过量 w_k^1	5	15	25	0	25
单位仓储可变费用初始值 V_k	80	60	60	70	50
仓储可变费率 $v_k = V_k \dfrac{\sqrt{w_k^1}}{2w_k^1}$	17.89	7.75	6	无穷大	5
仓储可变费用 $V_k \sqrt{w_k^1}$	178.89	232.38	300	0	250

因此,初始解对应的运输费用为1460,仓储可变费用为961,总费用为2421。

二次解对应的工厂与客户间的最小物流费率 $C_{ij}^2 = \min\limits_{k} \left\{ c_{ik} + h_{kj} + V_k \dfrac{\sqrt{w_k^1}}{2w_k^1} \right\}$,结果如表7-14所示。

表7-14 工厂与客户间的最小物流费率 C_{ij}^2

工厂(i)	客户(j)					
	1	2	3	4	5	6
1	23	25	25	33	26	34
2	26	28	28	27	24	31
3	27	29	28	26	23	30

将表7-14所示的问题作为运输问题,用表上作业法可求得二次解,如表7-15所示。

表7-15 二次解(调运对象和调运量)

工厂(i)	客户(j)						生产能力
	1	2	3	4	5	6	
1	10③	10③					20
2			5③			15⑤	20
3				15⑤	10⑤	5⑤	30
需求量	10	10	5	15	10	20	70

根据表7-15对应的二次解汇总各仓库的货物通过量 w_k^2,并计算各仓库的仓储可变费用和仓储可变费率,如表7-16所示。

表7-16 二次解对应的仓库货物通过量、仓储可变费用和仓储可变费率

仓库(k)	1	2	3	4	5
仓库货物通过量 w_k^2	0	0	25	0	45
仓储可变费率 $v_k = V_k \dfrac{\sqrt{w_k^2}}{2w_k^2}$	无穷大	无穷大	6	无穷大	3.73
仓储可变费用 $V_k\sqrt{w_k^2}$	0	0	300	0	335.41

因此，二次解对应的运输费用为1855，仓库变动费用为635，总费用为2490。二次解与初次解的仓储可变费用不同，即 $V_k\sqrt{w_k^2} \neq V_k\sqrt{w_k^1}$，继续迭代。

三次解对应的工厂与客户间的最小物流费率 $C_{ij}^3 = \min\limits_{k}\left\{c_{ik} + h_{kj} + V_k\dfrac{\sqrt{w_k^2}}{2w_k^2}\right\}$，计算结果如表7-17所示。

表7-17 工厂与客户间的最小物流费率 C_{ij}^3

工厂(i)	客户(j)					
	1	2	3	4	5	6
1	29.00	31.00	31.00	37.73	32.00	40.00
2	31.73	34.00	32.73	30.73	27.73	34.73
3	30.73	35.00	31.73	29.73	26.73	33.73

将表7-17所示的问题作为运输问题，用表上作业法可求得三次解，如表7-18所示。

表7-18 三次解（调运对象和调运量）

工厂(i)	客户(j)						生产能力
	1	2	3	4	5	6	
1	10③	10③					20
2					20⑤		20
3			5⑤	15⑤	10⑤		30
需求量	10	10	5	15	10	20	70

根据表7-18对应的三次解汇总各仓库的货物通过量 w_k^3，并计算各仓库的仓储可变费用和仓储可变费率，如表7-19所示。

表 7-19 三次解对应的仓库货物通过量、仓储可变费用和仓储可变费率

仓库(k)	1	2	3	4	5
仓库货物通过量 w_k^3	0	0	20	0	50
仓储可变费率 $v_k = V_k \dfrac{\sqrt{w_k^3}}{2w_k^3}$	无穷大	无穷大	6.71	无穷大	3.54
仓储可变费用 $V_k\sqrt{w_k^3}$	0	0	268.33	0	353.55

因此，三次解对应的运输费用为 2166，仓库变动费用为 622，总费用为 2788。三次解与二次解的仓储可变费用不同，即 $V_k\sqrt{w_k^3} \neq V_k\sqrt{w_k^2}$，，继续迭代。

四次解对应的工厂与客户间的最小物流费用率 $C_{ij}^4 = \min\limits_{k}\left\{c_{ik} + h_{kj} + V_k \dfrac{\sqrt{w_k^3}}{2w_k^3}\right\}$，计算结果如表 7-20 所示。

表 7-20 工厂与客户间的最小物流费率 C_{ij}^4

工厂(i)	客户(j)					
	1	2	3	4	5	6
1	35.71	37.71	37.71	41.26	38.26	45.26
2	35.26	40.71	36.26	34.26	31.26	38.26
3	34.26	40.26	35.26	33.26	30.26	37.26

将表 7-20 所示问题作为运输问题，用表上作业法可求得四次解，如表 7-21 所示。

表 7-21 四次解（调运对象和调运量）

工厂(i)	客户(j)						生产能力
	1	2	3	4	5	6	
1	10③	10③					20
2						20⑤	20
3			5⑤	15⑤	10⑤		30
需求量	10	10	5	15	10	20	70

根据表 7-21 对应的四次解汇总各仓库的货物通过量 w_k^4，并计算各仓库的仓储可变费用和仓储可变费率，如表 7-22 所示。

表7-22 四次解对应的仓库货物通过量、仓储可变费用和仓储可变费率

仓库(k)	1	2	3	4	5
仓库货物通过量 w_k^4	0	0	20	0	50
仓储可变费率 $v_k = V_k \dfrac{\sqrt{w_k^4}}{2w_k^4}$	无穷大	无穷大	6.71	无穷大	3.54
仓储可变费用 $V_k\sqrt{w_k^4}$	0	0	268.33	0	353.55

由于四次解和三次解的仓储可变费用相同,即 $V_k\sqrt{w_k^4} = V_k\sqrt{w_k^3}$,故而计算结束。本问题的最优方案为建设3号和5号仓库。此时,运输费用为2166,仓库变动费用为622,总费用为2788。

请思考一下,对问题进行分析建立合理的目标函数。

提示:在考虑现实情况下的选址问题时,我们要考虑的物流总费用=总运输费用+仓库变动费用+仓库固定费用。对本题而言,生产基地的生产能力大于实际的需求量,仓库的固定容量大于通过量,所以在此仓库固定费用的约束条件可以省略。

这里有一个关键的问题,单笔货物是否可以拆分。即从某一生产基地运到某一用户的单笔货物(如从A地运给B用户的48t货物)可否拆分成几份通过不同的仓库运送。如果不可拆分,那本题的解空间就是若干离散的点,数量有限。如果可以拆分,那货物运输量是连续的,解空间庞大,题目难度就大幅上升了。根据这一点,模型分解为货物可拆分模型和货物不可拆分模型,这类似于单分配枢纽站和多分配枢纽站问题。需要注意的是,即使是货物不可拆分模型,某一生产基地运到多个用户的多笔货物依然可以通过不同的仓库配送。

通过之前的学习我们明白,选址问题其实就是一个求函数最小值问题,但是在现实情况下,考虑的约束、备选地点和客户都不会像本例一样。这个问题属于NP难度,很难用数学方法直接求解,所以在使用鲍摩-瓦尔夫模型解决问题时往往需要借助计算机进行计算,有能力的读者可以自行求解。

7.5.2 鲍摩-瓦尔夫模型的优缺点

1. 鲍摩-瓦尔夫模型的优点

(1)计算过程相对简单。

(2)能评价流通过程的总费用(运输费用和存储费用之和)。

(3)通过计算可以得到仓库的通过量,为后面的仓库建设规模提供数据支持。

(4)在确定需要建设的仓库点的同时,还可以分析得出仓库服务的上下游对象、货物调运的数量和调运方向等信息。

2. 鲍摩-瓦尔夫模型的缺点

（1）没有考虑仓库的容量等限制条件，有可能会出现选定的仓库点个数过多的情况。

（2）鲍摩-瓦尔夫模型采用的是运筹学中的逐次逼近法，这种方法不能保证必然会得出最优解，需要仔细研究所求解是否为最优解。

（3）选择的备选地点的方法不同，可能会导致求出的结果里仓库建设数目过多的情况。

（4）模型变量和约束条件较多、形式复杂，求解模型时计算量依然很大。

7.6 仓库选址决策分析方法

7.6.1 层次分析法

美国运筹学家匹兹堡大学教授萨蒂在 20 世纪 70 年代初提出了多目标决策方法——层次分析法（Analytic Hierarchy Process，AHP）。层次分析法是对定性问题进行定量分析的一种简便、灵活而又实用的多目标决策方法。它的特点是把复杂问题中的各种因素划分为相互联系的有序层次，使之条理化，根据对一定客观现实的主观判断结构（主要是两两比较）把专家意见和分析者的客观判断结果直接而有效地结合起来，将每一层次元素两两比较的重要性进行定量描述。而后，将每一层次元素的相对重要性次序的权值通过数学方法反映出来，通过对层次之间的排列顺序，来确定所有元素的相对权重。层次分析法是一种定性与定量相结合的决策分析方法。常被运用于多目标、多准则、多要素、多层次的非结构化的复杂决策问题，特别是战略决策问题，具有十分广泛的实用性。

在仓库选址方面，AHP 能帮助决策者从种种因素中分析出最重要性的因素，并根据仓库建设本身要求做出正确的判断。

1. 层次分析法的基本原理与应用步骤

层次分析法的应用大体上可以分四个步骤。

（1）建立层次结构模型。

在应用层次分析法分析问题时，首先需要把问题条理化、层次化，构造一个有层次的结构模型。一般来说，一个决策问题可以分解为三个层次，即目标层、准则层、方案层。构造层次结构的层次数与问题的复杂程度、需要分析的详尽程度有关，一般的层次数不受限制。每一层次中各元素所支配的元素一般不要超过 9 个。

① 最高层（目标层）：决策的目的、要解决的问题。

② 中间层（准则层或指标层）：考虑的因素、决策的准则。

③ 最底层（方案层）：决策时的备选方案。

（2）构造判断矩阵。

在建立层次结构之后就确定了上层、下层之间的关系。判断矩阵表示上层和下层之间的两个因子之间的比较结果。通常是领域专家根据层次之间、要素之间的相对重要程度赋予 1∶9 的比例标度，如表 7-23 所示。

表 7-23　标度的含义

标度	含义
1	表示两个元素相比，具有相同的重要性
3	表示两个元素相比，前者比后者稍重要
5	表示两个元素相比，前者比后者明显重要
7	表示两个元素相比，前者比后者强烈重要
9	表示两个元素相比，前者比后者极端重要
2、4、6、8	表示上述相邻判断的中间值
倒数	元素 i 与 j 的重要性之比为 P_{ij}，与元素 j 与 i 的重要性之比 P_{ji} 互为倒数

（3）层次单排序及一致性检验。

① 计算一致性指标 CI（Consistency Index）。

$$CI = \frac{\lambda_{max} - n}{n - 1}$$，其中 λ_{max} 为判断矩阵的最大值。

② 查找一致性指标 RI（Research Index），如表 7-24 所示。

表 7-24　同阶平均随机一致性的指标

n	1	2	3	4	5	6	7	8	9	10	11	12	13	14
RI	0	0	0.52	0.89	1.12	1.24	1.36	1.41	1.46	1.49	1.52	1.54	1.56	1.58

③ 计算一致性比例 CR（Consistency Ratio）。

当 $CR = \frac{CI}{RI} < 0.1$ 时，表明计算的判断矩阵具有令人满意的一致性，并且计算的权重是适用的。

（4）层次总排序及一致性检验。

最终要得到各个元素对目标的排序权重，尤其是那些最底层中的各元素。对层次总排序也需要进行一致性检验，计算各层要素对系统总目标的合成权重，并对各备选方案进行排序。

2. 层次分析法权重向量 W 的计算方法

层次分析法权重向量 W 的计算方法分为几何平均法、算术平均法、特征向量法和最小二乘法四种。

（1）几何平均法。

$$W_i = \frac{\left(\prod_{j=1}^{n} a_{ij}\right)^{\frac{1}{n}}}{\sum_{i=1}^{x}\left(\prod_{j=1}^{n} a_{ij}\right)^{\frac{1}{n}}}, \quad i=1,2,\cdots,n$$

计算步骤如下。

① A 的元素按行相乘得一新向量。
② 将新向量的每个分量开 n 次方。
③ 将所得向量归一化即为权重向量。

（2）算术平均法。

由于判断矩阵 A 中的每一列都近似地反映了权值的分配情形，故可以采用全部列向量的算术平均值来估计权向量。即

$$W_i = \frac{1}{n}\sum_{j=1}^{n}\frac{a_{ij}}{\sum_{k=1}^{n}a_{kj}}, \quad i=1,2,\cdots,n$$

计算步骤如下。

① A 的元素按列归一化，即求 $\dfrac{a_{ij}}{\sum_{k=1}^{n}a_{kj}}$。

② 将归一化后的各列相加。
③ 将相加后的向量除以 n，即得权重向量。

（3）特征向量法。

将权重向量 W 右乘权重比矩阵 A，有

$$AW = \lambda_{\max} W$$

同上，$\lambda_{\max}$ 为判断矩阵的最大特征值，存在且是唯一的，W 的分量均为正分量。最后，将求得的向量进行归一化处理即为权重向量。

（4）最小二乘法。

用拟合方法确定权重向量，使残差平方和为最小，求解模型如下。

$$\min Z = \sum_{i=1}^{n}\sum_{j=1}^{n}\left(a_{ij}w_j - w_i\right)^2$$

$$\text{s.t.} \quad \sum_{i=1}^{n} w_i = 1$$

$$w_i > 0, \quad i = 1, 2, \cdots, n$$

【例7-4】现实情况下如何使用层次分析法进行选址。

某仓储公司预在京津冀地区建立农畜产品仓库，通过前期调研，公司决定在 A、B、C 和 D 四个城市中的一个城市建立该仓库，通过层次分析法确定该农产品仓库的位置，步骤如下。

（1）构建递阶层次结构图。

目标层为 G，即农产品仓库选址。

判断层为 $C = \{C_1, C_2, C_3\}$，即交通因素、成本因素和政策因素。

方案层为 $P = \{P_1, P_2, P_3, P_4\}$，即 A、B、C 和 D 四个城市，如图 7-17 所示。

（2）构造判断矩阵。

根据前文的步骤②，参考表 7-25，构造判断矩阵。表 7-26 ～ 表 7-28 为通过专家打分对各因素进行两两判断与比较所构造出的判断矩阵。

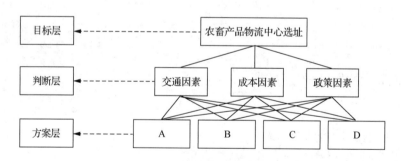

图 7-17 递阶层次结构图

表 7-25 判断矩阵 S

G	C_1 交通因素	C_2 成本因素	C_3 政策因素
C_1 交通因素	1	2	3
C_2 成本因素	1/2	1	2
C_3 政策因素	1/3	1/2	1

表7-26 判断矩阵 C_1-P

C_1交通因素	P_1A市	P_2B市	P_3C市	P_4D市
P_1A市	1	2	1/3	2
P_2B市	1/2	1	1/4	2
P_3C市	3	4	1	6
P_4D市	1/2	1/2	1/6	1

表7-27 判断矩阵 C_2-P

C_2成本因素	P_1A市	P_2B市	P_3C市	P_4D市
P_1A市	1	1/4	1/6	1/2
P_2B市	4	1	1/2	2
P_3C市	6	2	1	2
P_4D市	2	1/2	1/2	1

表7-28 判断矩阵 C_3-P

C_3政策因素	P_1A市	P_2B市	P_3C市	P_4D市
P_1A市	1	1/2	2	1/4
P_2B市	2	1	5	1/2
P_3C市	1/2	1/5	1	1/6
P_4D市	4	2	6	1

3. 计算并判断矩阵G-C的特征根、特征向量和一致性检验

（1）求解特征根：

$$\overline{W_1} = \sqrt[3]{M_1} = \sqrt[3]{1 \times 2 \times 3} = 1.8171$$

$$\overline{W_2} = \sqrt[3]{M_2} = \sqrt[3]{\frac{1}{2} \times 1 \times \frac{1}{2}} = 1.0000$$

$$\overline{W_3} = \sqrt[3]{M_3} = \sqrt[3]{\frac{1}{3} \times 2 \times 1} = 0.5503$$

（2）求解特征向量：

对向量 $\overline{W} = \left[\overline{W_1}, \overline{W_2}, \overline{W_3}, \cdots, \overline{W_n}\right]^{\mathrm{T}}$ 进行规范化为：

$$W_1 = \frac{\overline{W_1}}{\sum_{i=1}^{n} \overline{W_i}} = \frac{1.8171}{1.8171 + 1 + 0.5503} = 0.5396$$

$$W_2 = \frac{\overline{W_2}}{\sum_{i=1}^{n}\overline{W_i}} = \frac{1}{1.8171+1+0.5503} = 0.2970$$

$$W_3 = \frac{\overline{W_3}}{\sum_{i=1}^{n}\overline{W_i}} = \frac{0.5503}{1.8171+1+0.5503} = 0.1634$$

所以求得特征向量为 $\overline{W} = [0.5596, 0.2970, 0.1634]^{\mathrm{T}}$

特征根为

$$AW = \begin{bmatrix} 1 & 2 & 3 \\ \frac{1}{2} & 1 & 2 \\ \frac{1}{3} & \frac{1}{2} & 1 \end{bmatrix} \begin{bmatrix} 0.5396 \\ 0.2970 \\ 0.1634 \end{bmatrix} = \begin{bmatrix} 1.6238 \\ 0.8936 \\ 0.4918 \end{bmatrix}$$

最大特征向量为 $\lambda_{\max} = \sum_{i=1}^{n} \frac{(AW)_i}{nW_i} = 3.0092$

（3）求解一致性检验：

第一，计算一致性指标 CI，$CI = \frac{\lambda_{\max} - n}{n-1} = 0.0046$

第二，计算与平均随机一致性指标的比例 CR，$CR = \frac{CI}{RI} = 0.0079 < 0.1$，表明计算的判断矩阵具有令人满意的一致性，并且计算的权重是适用的（RI 为同阶平均随机一致性的指标，其值如表 7-29 所示）。

表 7-29 同阶平均随机一致性的指标

N	1	2	3	4	5	6	7	8	9	10	11
RI	0	0	0.58	0.9	1.12	1.24	1.32	1.41	1.45	1.49	1.52

4. 同理计算矩阵 C_1-P、C_2-P、C_3-P 的特征根、特征向量和一致性检验

（1）矩阵 C_1-P 的特征根、特征向量和一致性检验。

特征根：$\overline{W_1} = 1.0746$、$\overline{W_2} = 0.7071$、$\overline{W_3} = 2.9130$、$\overline{W_4} = 0.4518$

特征向量：$\overline{W} = [0.2088, 0.1374, 0.5660, 0.0878]^{\mathrm{T}}$

一致性检验：$CR = \frac{CI}{RI} = 0.0169 < 0.1$

（2）矩阵 C_2-P 的特征根、特征向量和一致性检验。

特征根：$\overline{W_1} = 0.3799$、$\overline{W_2} = 1.4142$、$\overline{W_3} = 2.2134$、$\overline{W_4} = 0.8409$

特征向量：$\overline{W} = [0.0784, 0.2917, 0.4565, 0.1734]^{\mathrm{T}}$

一致性检验：$\mathrm{CR}=\dfrac{\mathrm{CI}}{\mathrm{RI}}=0.0169<0.1$

（3）矩阵 $C_3\text{-}P$ 的特征根、特征向量和一致性检验。

特征根：$\overline{W}_1=0.7071$、$\overline{W}_2=1.4953$、$\overline{W}_3=0.3597$、$\overline{W}_4=2.6321$

特征向量：$\overline{W}=[0.1361,0.2879,0.0691,0.5068]^\mathrm{T}$

一致性检验：$\mathrm{CR}=\dfrac{\mathrm{CI}}{\mathrm{RI}}=0.0091<0.1$

求出总排序。

从表 7-30 中显示的层次总排序可知，在综合了交通因素、成本因素、政策因素之后的候选址：A、B、C 和 D 四个城市的评价顺序为 C 市、D 市、B 市和 A 市。所以选择在 C 市建设农产品仓库为最佳方案。

表 7-30　方案层 P 总排序计算结果

P 层次	C 层次			层次 P 总排序权重
	交通因素	成本因素	政策因素	
	0.5396	0.2970	0.1634	
A 市	0.2088	0.0784	0.1361	0.1582
B 市	0.1374	0.2917	0.2876	0.2078
C 市	0.5660	0.4565	0.0691	0.4523
D 市	0.0878	0.1734	0.5068	0.1817

7.6.2　加权评分法

在解决选址问题时，对于很多因素很难精确地用数值将其表达出来（如政治、历史等）。在这种情况下，对于难以回避又难以量化的因素与指标需要用特殊的方法进行分析。其中最常见的就是加权评分法。加权评分法就是选定几个因素并给出权重，对备选地点进行分析后统计出最后的评分，以评分高低确定方案的优劣。

常需考虑的因素有建设成本、运输成本、能源情况、劳动力环境、生活条件、交通情况、供水、气候和政策等。

（1）给出初始的备选点。

将所有可以考虑进来的备选点都纳入考察范围中，各个地点的情况务必真实、详尽。

（2）筛选主要影响因素。

列出影响选址的各个因素，选出其中最主要的因素列出来，并对每一个因素都规定出一个统一的度量等级。绝大部分问题都采用 5 级指标进行度量，如表 7-31 所示。

表 7-31 5 级指标进行度量

5 级指标	最差	较差	一般	较好	最好
对应分数	1	2	3	4	5

（3）确定定性因素的权重。

确定每一个列出的主要影响因素的权数 ω_i，并进行归一化处理，权重之和为 100%（或者采用 1），具体公式如下。

$$\omega_i = \frac{\omega_i}{\sum_i \omega_i}$$

式中：

ω_i——第 i 个影响因素的初始权数；

$\sum_i \omega_i$——对所有的影响因素初始权数求和。

（4）对每个选址方案进行评分。

基于调查问卷或其他形式，发动评分人（一般为相关领域的专家）对各个选址方案的每个因素进行评分。

（5）将每个备选点的方案的得分相加，求出所有方案的总分后进行优劣排序，评分最高的点为最优点。

【例 7-5】加权评分法选址实例。

D 超市计划建立一个新的仓库来满足周边连锁店的运营，现在有 A、B、C 三个备选点。总经理组织运营、财务等部门收集整理了三个地点的信息，并请来了仓储领域的专家一起分析建设费用、商品因素、交通情况等影响因素的权重并进行了评分。计算出三个备选点的总分并进行排序，如表 7-32 所示，最后选择 A 点作为新仓库的建设地。

表 7-32 超市仓库选址表

编号	影响因素	权重	超市仓库选址方案		
			A	B	C
1	建设费用	0.2	70	50	80
2	商品因素	0.18	100	70	90
3	交通情况	0.16	90	60	90
4	地理因素	0.14	80	40	75
5	经营规模	0.1	80	100	50
6	竞争对手	0.08	80	70	75
7	协作条件	0.08	85	75	80
8	政治因素	0.06	100	80	90
	总分		84.8	64.2	79.9
	排序		1	3	2

第7章
仓库选址

练习题

1. 重心法模型是一种（　　）。
   A. 连续型选址模型　　　　　　B. 离散型选址模型

2. 现假设有五个工厂，坐标分别为 $P_1(1,2)$，$P_2(7,4)$，$P_3(3,1)$，$P_4(5,5)$，$P_5(2,6)$。现要建立一个中心仓库为五个工厂服务。工厂到中心仓库的运输由载货汽车来完成，运量按车次计算，分别为每天 3、5、2、1、6 次。求这个中心仓库的位置。

3. 某超市要在江西省南昌市建立一所地区级中央配送中心，要求该配送中心能够覆盖该地区五个连锁店，连锁店坐标及月销售量数据如表 7-33 所示。求一个理论上的配送中心的位置。

表7-33　连锁店坐标与月销售量

位置	坐标	月销售量
连锁店 A	（325,75）	1500
连锁店 B	（400,150）	250
连锁店 C	（450,350）	450
连锁店 D	（350,400）	350
连锁店 E	（25,450）	450

4. 仓储设施选址实施方案评价的原则有哪些？
5. 影响仓储设施选址决策的外部因素有哪些？
6. 在用 P-中值模型计算时是否要保证每个需求点只有一个设施来提供服务？

第8章 仓储与库存绩效管理

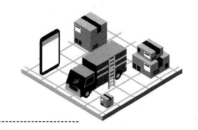

📖【本章学习目的与要求】

1. 了解仓储与库存绩效管理的意义。
2. 掌握仓储与库存绩效评价指标制定应遵循的原则。
3. 理解仓储与库存绩效评价指标体系架构。
4. 掌握仓储与库存绩效评价的常用指标。
5. 了解仓储与库存绩效评价中横向或者纵向比较的注意事项。

第8章
仓储与库存绩效管理

【思维导图】

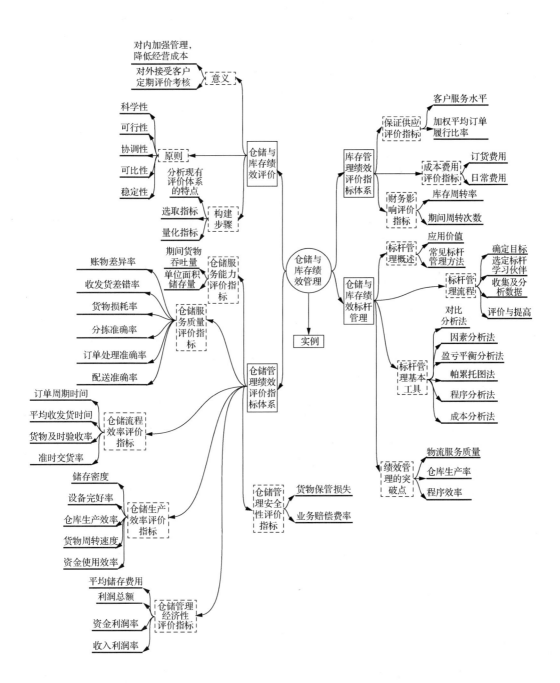

📦【导入案例】

A 公司为 8 家企业提供分销物流服务，服务包括库存管理、配送和用户服务。这些企业每两年对第三方合同进行再审核和重新谈判。年底有 3 家企业与 A 公司进行重新谈判。此刻是 5 月，A 公司启动全面内审，为重新谈判做好准备。

A 公司在全国有 4 个仓库，给仓库经理们下达了任务，对 3 家企业的全部库存绩效进行分析，以获得更准确的成本数据。

如果你是仓库经理，请列出此次任务的工作清单。

8.1 仓储与库存绩效评价

面对不断变化的客户需求、不断增长的市场竞争以及不断增加的成本压力，仓储与库存经理必须不断努力提高其组织的工作绩效。

8.1.1 仓储与库存绩效评价的意义

库存管理与控制在物流管理中占据着非常重要的地位，仓储管理是供应链管理的核心环节之一。仓储总是出现在物流各环节的接合部，如采购与生产之间，生产的初加工与精加工之间，生产与销售之间，批发与零售之间，不同运输方式转换之间，等等。这些活动对于货主企业是否能够按计划完成生产经营目标、控制仓储成本和物流总成本至关重要。因此企业有必要建立起系统科学的仓储与库存绩效评价指标体系。

仓储与库存绩效是检验和衡量企业物流管理水平高低的尺度之一，是仓库生产管理成果的集中体现。利用指标考核仓储与库存管理绩效，不仅可以对内加强管理，降低经营成本，还可以对外接受客户定期评价考核。

1. 降低物流成本

通过仓储与库存绩效评价，能正确把握仓储成本的大小并从时间序列上看清仓储成本的发展趋势，以便与预期情况进行纵向对比。绩效评价有利于将一些不合理的物流活动从仓储作业中分离出来，使得仓储成本降低。绩效评价还能正确区分各部门对仓储管理的贡献，为高层管理者提供有效的物流管理决策依据，有利于企业在保证供应的同时控制相应的费用。

2. 提高员工工作效率

通过仓储与库存绩效评价，能发现员工工作中存在的问题，扬长避短，持续改进提高工作绩效,将员工工作目标与企业战略目标以及个人绩效相结合,确保员工工作目标与企业目标保持一致。仓储与库存绩效评价有助于建立和完善人力资源绩效评价体系和激励与约束机制,对员工业绩进行客观、公平、公正地评价,并通过此评价合理地进行价值分配。

3. 准确把握库存商品信息

仓储与库存管理除了对商品的实体进行保管外,还要对商品信息进行管理。信息流和物流是密不可分的,信息流是物流的前提。仓储商品的信息管理,主要包括各种原始单据、报表、凭证、图纸和资料的填制、整理、保存、传递、分析和运用。通过仓储与库存绩效管理可以清楚分析出实物和信息是否一致,还可以提高库存作业的水平。

4. 加快仓储管理的现代化建设

仓储与库存绩效评价可以促进企业改进仓储技术装备和作业方法,提高劳动生产率,对消耗高、效率低、质量差的仓储设备进行改造和更新,合理利用和规划仓储设备,充分发挥现代化物流设备对提高企业生产效率的作用,有计划、有步骤地采用先进技术,提高仓储管理的机械化、自动化和现代化水平。

5. 提高现代仓储的经营管理水平

仓储与库存绩效评价有助于企业了解仓储部门的经营运作情况,找出自身与行业内领先企业的差距,清晰看出库存管理中存在的问题,针对这些问题提出改进措施,提供管理决策的依据。同时,通过绩效评价把一些成功的管理经验用规章制度的形式确定下来,建立健全有关规章制度,如岗位责任制、经济责任制和奖惩制度等。

6. 开拓市场,满足客户评价需求

仓储与库存绩效评价可用于对外进行市场开发和客户关系维护。货主企业在仓储市场中寻找供应商时,在价格相同的基础上,服务水平是重要的考虑因素之一。如果物流服务商能提供令客户信服的服务指标体系和数据,则可以在竞争中获得有利的地位,并且这也有利于稳定客户关系。

8.1.2 仓储与库存绩效评价指标制定应遵循的原则

1. 科学性

科学性原则要求所设计的指标体系能够客观真实地反映仓储所有环节和活动要素,反映仓储与库存管理的基本运作情况。

2. 可行性

可行性原则要求所设计的指标便于工作人员掌握和运用,数据容易获得,

某物流公司年度运营质量报告(样例)

便于统计计算，便于分析比较。

3. 协调性

协调性原则要求各项指标之间相互联系、互相制约，但是不能相互矛盾和重复。

4. 可比性

在对指标的分析过程中很重要的一点是对指标进行比较，如实际完成与计划相比，现在与过去相比，自身与同行相比等，所以可比性原则要求指标在时间、内容等方面要一致，使指标具有可比性。

5. 稳定性

稳定性原则要求指标一旦确定之后，应在一定时期内保持相对稳定，不宜经常变动、频繁修改。在执行一段时间后，经过总结再进行改进和完善。

8.1.3 仓储与库存绩效评价指标体系的构建步骤

仓储与库存绩效评价是一项系统工程，涉及因素众多，且过程复杂，在设计评价指标体系时应尽可能客观、准确地反映仓储与库存管理各个方面的实际情况。首先，合理的绩效指标集应符合绩效评价目的和评价内容的要求，选取的指标应具有明确的含义，能够从不同侧面反映库存绩效的实质，指标集从整体上能够涵盖绩效评价内容的所有方面。其次，在指标集中各项指标相互间应具有较高的独立性，指标之间若存在较大的相关性，就必然造成指标内容所反映的信息重叠。最后，信息的冗余度要低，较高的信息冗余会导致评价对象之间差异显示不灵敏。

一般按如下步骤构建仓储与库存绩效模型。

1. 分析现有评价体系的特点

仓储与库存绩效评价已经有一定的研究基础，其普遍采用的评价指标必有可取之处，但仍存在需要改善的地方，通过分析研究，力求提高指标的评价能力，使指标能更准确地反映管理的真实情况。

2. 选取指标

构建仓储与库存绩效评价指标体系。根据所评估对象的特点，建立具体绩效评价指标，分析指标，然后量化指标。

3. 量化指标

指标选取的一个重要原则是可量化，并且简便易操作。对定量的指标应给出具体公式和计算方法，对定性指标则应提出衡量评价方法。

8.2 库存管理绩效评价指标体系

从库存的基本概念可以看出,库存是企业为了保证生产或销售的需要而储备的资源,因此库存管理的绩效指标表现为保证供应、成本费用和财务影响三个方面。

8.2.1 保证供应评价指标

库存管理的首要目标是保证一定时期内客户期望的产品(商品)有现货供应。通常的绩效判断标准是现有存货满足需求的能力,即订单履行比率的高低,这一比率也常常被称为客户服务水平。

对于单一产品而言,客户服务水平计算公式为

$$客户服务水平 = 1 - \frac{每年产品缺货件数的期望值}{年需求总量}$$

客户服务水平以 0 到 1 之间的数值表示,不同产品的客户服务水平大多数情况下是不同的,同种产品在不同地区的客户服务水平也会有一定的差别。

单一产品的客户服务水平计算简便,但来自众多客户的大量订单中,任何一张订单都可能是多个品种的组合,因而更好的客户服务水平衡量指标为加权平均订单履行比率。加权平均订单履行比率等于订单上每种产品组合出现的频率乘以订单完全履行的概率。

8.2.2 成本费用评价指标

无论以哪种方式储存货物都是要产生费用的,库存管理的绩效管理无疑要尽力控制相关费用,相关费用主要分为订货费用和日常费用两类。

1. 订货费用

订货费用是由订货活动产生的一系列费用,是从需求的确认到最终的到货,通过采购或其他途径获得物品或原材料的时候产生的费用。它包括订货手续费、催货跟踪费(如有关催促、跟踪所订货物的电话费、传真费、差旅费及押运费等)、收货费(如有关货物的验收费、入库费和货款支付的手续费等)等。

2. 日常费用

日常费用与库存的物理储存活动有关,也常称为库存持有成本,包括资金成本、空间成本、库存服务成本和库存风险成本四类。

(1)资金成本。资金成本是指库存占用资金的成本。该项成本可占到总库存成本的 80%,同时也是各项库存持有成本中最捉摸不定的、最具主观性的一项。其原因有两个:

第一，库存是短期资产和长期资产的混合，有些库存仅为满足季节性需求服务，而另一些则为迎合长期需求；第二，从优惠利率到资金的机会成本，资金成本差异巨大。

（2）空间成本。空间成本是因占用存储建筑内立体空间所支付的费用。如果是租借的空间，存储费用一般按一定时间内存储商品的重量来计算，如元/吨/月。如果是自有仓库或合同仓库，则空间成本取决于分担的运营成本，这些运营成本都是与存储空间相关的，如供暖和照明；同时还取决于与存储量相联系的固定成本，如建筑和存储设施成本。

（3）库存服务成本。库存服务成本主要指保险费等相关支出。保险作为一种防护性措施，帮助企业预防火灾、风暴或偷盗所带来的损失。

（4）库存风险成本。库存风险成本主要包括与商品变质、短少（偷窃）、破损或报废相关的费用支出。在库存过程中，一部分商品会被污染、损坏、偷盗，或由于其他原因不适合或不能用于销售。与之相关的成本可用商品价值的直接损失来估算，也可用重新生产商品或从备用仓库供应的成本来估算。

计算库存持有成本需要计算整个供应链上的所有企业或仓库中全部库存的存储成本。这个成本与库存量、平均库存量密切相关。

库存量指仓库内所有纳入仓库经济技术管理范围的全部本单位和代存单位的物品数量，不包括待处理、待验收的物品数量。月初库存量等于上月末库存量，月末库存量等于月初库存量加上本月入库量再减去本月出库量。

无论是月平均库存量，还是年平均库存量，实质都是"日平均库存"，该指标同时也反映仓库平均库存水平和库容利用状况。其计量单位为"吨"，计算公式为

$$月平均库存量 = \frac{月初库存量 + 月末库存量}{2}$$

$$年平均库存量 = \frac{各月平均库存量之和}{12}$$

8.2.3 财务影响评价指标

库存管理绩效直接影响公司的净收益率和投资回报率，这两项指标的高低都与资产周转率正相关。对于许多公司而言，库存是最大的资产。

1. 库存周转率

库存量指标反映出的是一组相对静止的库存状态，而库存周转率更能体现仓库空间的利用程度和流动资金的周转速度，库存周转率越快，在同额资金下的收益率也就越高。因此，周转的速度代表了企业利益的测定值。对库存周转率，没有绝对的评价标准，通常是同行业相互比较，或与企业内部的其他周期相比分析。在库存绩效评价与分析中，库存周转率是着重评价的内容。其计算公式如下。

$$库存周转率 = \frac{使用数量}{库存数量} \times 100\%$$

或

$$库存（存货）周转率 = \frac{库存（存货）销售成本}{库存（存货）平均余额} \times 100\%$$

存货平均余额为年初数加年末数除以 2。

规定某个期限来研究金额时，需用下列公式计算。

$$库存周转率 = \frac{该期间的出库总金额}{该期间的平均库存金额} \times 100\% = \frac{该期间出库总金额 \times 2}{期初库存金额 + 期末库存金额} \times 100\%$$

2. 库存周转次数

库存周转次数是商品的年销售额与同期库存平均投资额的比率，周转次数也可以直接由库存周转率求得。计算公式如下。

$$库存周转次数 = \frac{某库存成本下的年销售额}{平均库存投资额}$$

8.3 仓储管理绩效评价指标体系

仓储活动担负着生产经营所需各类库存的收发、储存、保管、保养、控制、监督和保证生产需要等多项业务职能，而这些活动与生产经营及其经济效益密切相关。仓储活动的各项考核指标，是仓储管理成果的集中反映，是衡量仓储管理水平高低的尺度，也是考核、评估仓库各方面工作和各作业环节工作成绩的重要手段。这里把仓储管理绩效评价指标分为仓储服务能力、仓储服务质量、仓储流程效率、仓储生产效率、仓储管理经济性和仓储管理安全性六大类指标。

8.3.1 仓储服务能力评价指标

这是一类反映仓库容量、能力及货物储存数量的指标。核算这类指标的作用在于从总量上掌握仓储管理水平，衡量仓库的能力，促进保管人员挖掘潜力、提高仓库使用效能。这类指标是仓储部门最基本的经济指标，其包括的具体指标及公式如下所述。

1. 期间货物吞吐量

期间货物吞吐量是反映仓库工作的数量指标，是仓储工作考核中的主要指标之一，也是计算其他指标的基础和依据。货物吞吐量也称货物周转量，它是指期间内进出库货物的总量，一般以吨或者 TEU（Twenty-feet Equivalent Units，即指 20 英尺相等的换算单位，也就是 20 英尺换算箱，现在习惯被称为标准箱，1 英尺 ≈ 30.48cm）表示。其计算公式为

期间货物吞吐量 = 期间货物总入库量 + 期间货物总出库量 + 期间货物直拨量

入库量是指经仓库验收入库的数量，不包括到货未验收、不具备验收条件、验收发

现问题的数量。

出库量是指按出库手续已经点交给客户或承运单位的数量，不包括备货待发运的数量。

直拨量是指在车站、码头、机场、供货单位等提货点办理完提货手续后，直接将物品从提货点分拨转运给客户的数量。

2. 单位面积储存量

单位面积储存量反映的是仓库的平面利用效率，也反映仓库的收储能力。它一方面与仓库规划有关，另一方面也与货物的储位规划和堆放方式有关。其计算公式如下。

$$单位面积储存量 = \frac{日平均储存量}{库房或货场使用面积}$$

8.3.2 仓储服务质量评价指标

这是一类反映仓储各作业环节工作质量的指标。通过这类指标的核算，可以全面反映储存工作质量、货品损耗情况、费用高低和仓储经济效益。其包括的具体指标及公式如下所述。

1. 账物差异率

账物差异率也称库存精度，是指在货物盘点时，仓库货物保管账面上的货物储存数量与相应库存实有数量的相互符合程度。一般在对仓储货物进行盘点时，要求逐笔与保管账面数字相核对。账物差异率的计算公式如下。

$$账物差异率 = \frac{账物不相符笔数}{储存货物总笔数} \times 100\%$$

或

$$账物差异率 = \frac{账物不相符件数（重量）}{储存货物总件数（重量）} \times 100\%$$

通过此项指标的核算，可以衡量仓库账面与货物的真实差异程度，反映保管工作的管理水平。

2. 收发货差错率

收发货差错率是以收发货所发生差错的累计笔数占收发货累计总笔数的百分比来计算的，此项指标反映收发货的准确程度。收发货差错率的计算公式如下。

$$收发货差错率 = \frac{收发货差错累计笔数}{收发货累计总笔数} \times 100\%$$

或

$$收发货差错率 = \frac{账货差错件数（重量）}{期间储存总件数（重量）} \times 100\%$$

它是仓储管理的重要质量指标，可用于衡量收发货的准确性，以保证仓储的服务质量。仓库的收发货差错率应控制在 0.005% 以下。

3. 货物损耗率

货物损耗率是指保管期中货物自然减量的数量占原来入库数量的比率，该指标主要用于反映货物保管与养护的实际状况。货物损耗率的计算公式如下。

$$货物损耗率 = \frac{货物损耗额}{货物保管总额} \times 100\%$$

或

$$货物损耗率 = \frac{货物损耗量}{期间货物库存总量} \times 100\%$$

货物损耗率指标主要用于对那些易挥发、失重或破碎的货物，制定一个相应的损耗限度，凡是超过限度的意味着无谓损失。为了提高仓库管理的成效，应使货物的自然损耗率降到最低点。

4. 分拣准确率

分拣活动是仓储服务的一个基本活动，分拣的准确性影响着仓储服务绩效。采用分拣准确率评价仓储服务水平。

$$分拣准确率 = \frac{分拣准确数量}{分拣总量} \times 100\%$$

5. 订单处理准确率

订单处理出错将导致分拣、运输等诸多环节出错，订单处理准确率是仓储管理的重要评价指标。

$$订单处理准确率 = \frac{订单准确数量}{总订单数量} \times 100\%$$

6. 配送准确率

配送活动是仓储管理的重要一环，可用配送准确率衡量配送活动的绩效。

$$配送准确率 = \frac{配送准确数量}{总配送数量} \times 100\%$$

8.3.3 仓储流程效率评价指标

1. 订单周期时间

订单周期时间是指从客户下订单开始计算到货物被分拣、包装并准备运送时所经历的时间。

2. 平均收发货时间

平均收发货时间是指仓库收发每笔货物（即每张收发货单据上的货物）平均所用的时间。它既能反映仓储服务质量，同时也能反映仓储的劳动效率。平均收发货时间的计算公式如下。

$$平均收发货时间 = \frac{收发货时间总和}{收发货总笔数}$$

收发货时间的一般界定标准为：收货时间指自单证和货物到齐后开始计算，经验收入库后，到入库单送交会计入账为止；发货时间自仓库接到发货单（调拨单）开始，经备货、包装、填单等，到办妥出库手续为止。一般不把在库待运时间纳入发货时间计算。

制定和考核平均收发货时间指标的目的是缩短仓库收发货时间，提高仓库利用率，加速货物与资金的周转，促进货物购销，扩大经济效益。

3. 货物及时验收率

货物及时验收率表明仓库按照规定的时限执行验收货物的情况。其计算公式如下。

$$货物及时验收率 = \frac{期内及时验收笔数}{期内收货总笔数} \times 100\%$$

4. 准时交货率

准时交货率是指在一定时间内准时交货的次数占其总交货次数的百分比。准时交货率低，说明其生产能力达不到要求，或者是对生产过程的组织管理跟不上客户的要求；准时交货率高，说明其生产能力强，生产管理水平高。其计算公式如下。

$$准时交货率 = \frac{准时交货次数}{总交货次数} \times 100\%$$

> **Tips**
>
> 提高准时交货率的方法如下。
> （1）合理的计划（产能评估、合理接单、外协能力、材料到位）。
> （2）各部门之间的有效衔接。
> （3）明确责任和奖惩制度。

5. 作业量系数

作业量系数反映仓库实际发生作业与任务之间的关系，计算公式如下。

$$作业量系数 = \frac{装卸作业总量}{进出库货物数量}$$

作业量系数为1是最理想的，表明仓库装卸作业组织合理。

8.3.4 仓储生产效率评价指标

1. 储存密度

储存密度也称仓库利用率，是衡量和考核仓库利用程度的指标，可以用仓库面积利用率和仓库容积利用率来表示。仓库面积利用率的计算公式如下。

$$仓库面积利用率 = \frac{仓库的有效堆放面积}{仓库总面积} \times 100\%$$

仓库的面积利用率越大，表明仓库面积的有效使用情况越好。

$$仓库容积利用率 = \frac{报告期平均库存量}{库房的总容量} \times 100\%$$

仓库的容积利用率越大，表明仓库的利用效率越高。

考核这项指标，可以判断仓库空间的利用是否合理，也可以为挖潜多储、提高仓库的有效利用率提供依据。

2. 设备完好率

设备完好率是指处于良好状态并能随时投入使用的设备占全部设备的百分比。设备完好率的计算公式如下。

$$设备完好率 = \frac{完好设备台日数}{设备总台日数} \times 100\%$$

完好设备台日数是指设备处于良好状态的累计台日数，其中不包括正在修理或待修理设备的台日数。处于良好状态设备的标准是：①设备的各项性能良好；②设备运转正常，零部件齐全，磨损腐蚀程度不超过技术规定的标准，计量仪器仪表和润滑系统正常；③原料、燃料和油料消耗正常。

案例：德国卡迪斯智能仓储如何使人工、空间、设备利用率都得到提高

3. 仓库生产效率

仓库生产效率可以用平均每人每天完成的出入库货物量来表示。出入库货物量是指吞吐量减去直拨量。仓库生产效率的计算公式如下。

$$仓库生产效率 = \frac{全年货物出入库总量}{仓库全员年工日总数}$$

当然，考核仓库生产率也可以用仓库员工平均每日收发货物的笔数、员工平均保管货物的吨数等指标来评价。

4. 货物周转速度

库存货物的周转速度是反映仓储工作水平的重要评价指标。在货物的总需求量一定的情况下，如果能降低仓库的货物储备量，则其周转的速度就加快。从降低流动资金占用和提高仓储利用效率的要求出发，应当减少仓库的货物储备量。但是，若一味地减少

库存，就有可能影响到货物的供应。因此，仓库的货物储备量应建立在保证供应需求的前提下，尽量地降低库存量，从而加快货物的周转速度，提高资金和仓储的效率。

货物的周转速度可以用年周转次数和周转天数两个指标来反映，两者的计算公式如下。

$$货物年周转次数 = \frac{全年货物消耗总量}{全年货物平均储存量}$$

$$货物周转天数 = \frac{360}{货物年周转次数}$$

或

$$货物周转天数 = \frac{全年货物平均储存量}{全年货物消耗总量} \times 360$$

$$货物周转次数 = \frac{全年货物平均储存量}{货物平均日消耗量}$$

其中，全年货物消耗总量是报告年度仓库中发出货物的总量；全年货物平均储存量常采用每月月初货物储存量的平均数。货物年周转次数越少，则周转天数越多，表明货物的周转越慢，周转的效率就越低；反之亦然。

5. 资金使用效率

资金使用效率主要用于考核仓库资金的使用情况，反映资金的利用水平、资金的周转及资金使用的经济效果。这类指标包括单位货物固定资产平均占用量、单位货物流动资金平均占用量、流动资金周转次数和流动资金周转天数等，它们的计算公式如下。

$$单位货物固定资产平均占用量 = \frac{报告期固定资产平均占用量}{报告期平均货物储存量}$$

$$单位货物流动资金平均占用量 = \frac{报告期流动资金平均占用量}{报告期平均货物储存量}$$

报告期固定资产和流动资金平均占用量可以用期初数和期末数的平均数计算得出。

$$流动资金周转次数 = \frac{年仓储业务总收入}{全年流动资金平均占用额}$$

$$流动资金周转天数 = \frac{360}{流动资金周转次数}$$

或

$$流动资金周转天数 = \frac{全年流动资金平均占用量}{年仓储业务总收入} \times 360$$

当然，这里的流动资金周转天数和周转次数指标主要是针对进行独立核算的仓储企业或要求进行独立核算收入和支出的企业仓储部门。若不能单独核算仓库的业务收入，则无法计算这两项指标。

8.3.5 仓储管理经济性评价指标

仓储管理经济性评价指标主要是指有关存货的成本和效益的指标,它可以综合反映仓库经济效益水平。具体来说,它包括以下一些指标。

1. 平均储存费用

平均储存费用是指保管每单位货物 1 个月平均所需要的费用开支。货物保管过程中消耗的一定数量的活劳动和物化劳动的货币形式即为各项仓储费用,这些费用包括在货物出入库、验收、存储和搬运过程中消耗的材料、燃料、人工工资和福利费、固定资产折旧、修理费、照明费、租赁费及应分摊的管理费等。这些费用的总和构成仓库总的费用。平均存货费用的计算公式如下。

$$平均存货费用 = \frac{每月储存费用总额}{月平均储存量}$$

平均存货费用是仓库经济核算的主要经济指标之一。它可以综合地反映仓库的经济成果、劳动生产率、技术设备利用率、材料和燃料节约情况和管理水平等。

2. 利润总额

利润是企业追求的目标,仓储企业也不例外。利润总额是利润核算的主要指标之一,它表明利润的实现情况,是反映企业经济效益的综合指标。利润总额的计算公式如下。

$$利润总额 = 报告期仓库总收入额 - 同期仓库总支出额$$

或

$$利润总额 = 仓库营业收入 - 储存成本和费用 - 税金 + 其他业务利润 \pm 营业外收支净额$$

3. 资金利润率

资金利润率是指仓库所得利润与全部资金占用之比。它可以用来反映仓库的资金利用效果。资金利润率的计算公式如下。

$$资金利润率 = \frac{利润总额}{固定资产平均占用额 + 流动资金平均占用额} \times 100\%$$

4. 收入利润率

收入利润率是指仓库实现的利润总额与实现的仓库营业收入之比。收入利润率的计算公式如下。

$$收入利润率 = \frac{利润总额}{仓库营业收入} \times 100\%$$

8.3.6 仓储管理安全性评价指标

仓储管理安全性评价指标用来反映仓库作业的安全程度。一般用发生的各种事故的损失大小和次数来表示，如人身伤亡事故，仓库失火、爆炸、被盗事故，机械损坏事故等。这类指标一般不需计算，只根据损失的大小来划分为不同等级，以便于考核评价。产生的费用可在营业外支出账户查找。

磅差损失行

1. 货物保管损失

货物保管损失是仓库的一项直接损失。货物保管损失的计算范围包括因保管养护不善造成的霉变残损，丢失短少，超定额损耗及不按规定验收、错收、错付而发生的损失等。有保管期的货物，经仓库预先催办调拨，但存货部门未及时调拨出库而导致的损失，不算做仓库的保管损失。

通过核算货物保管损失，可以进一步追查损失的事故原因，核实经济责任，使损失减少到最低。平均保管损失是按货物储存量中平均每单位货物的保管损失金额来计算的。平均保管损失的计算公式如下。

$$平均保管损失 = \frac{保管损失金额}{平均储存量}$$

商业仓库消防安全管理办法

2. 业务赔偿费率

业务赔偿费率是以仓库在计划期内发生的业务赔罚款占同期业务总收入的百分比来计算，此项指标反映仓库履行仓储合同的质量。业务赔偿费率的计算公式如下。

$$业务赔偿费率 = \frac{业务赔罚款总额}{业务总收入} \times 100\%$$

业务赔偿款是指在入库、保管、出库阶段，由于管理不严、措施不当而造成库存货物损坏或丢失所支付的赔款和罚款，以及为延误时间等所支付的罚款，意外灾害造成的损失不计。业务总收入指计划期内仓储部门在入库、储存、出库阶段提供服务所收取的费用之和。

以上六大类评价指标构成了仓储管理比较完整的绩效评价指标体系，从不同方面反映了仓储部门经营管理、工作质量及经济效益的水平。仓储生产绩效考核指标的运用会由于各个仓储服务对象的不同而使管理的重点产生较大的差异。以下列举的是某仓储企业生产绩效考核质量指标说明书，如表 8-1 所示。

表 8-1　某仓储企业生产绩效考核质量指标说明书

序号	指标名称	指标定义	达标标准数 A类客户	达标标准数 B类客户	达标标准数 C类客户	计算方法 按票	计算方法 按件	备注
1	物品破损率	在集货、配送和仓库管理中总的物品破损率					（集货破损件数+配送破损件数+仓库中破损件数）/总件数×100%	避免同一件物品多次记录，收发差错不计在内
2	在途物品破损率	在集货、运输和配送中总的破损率，以票数计算				（集货货损票数+运输和配送货损票数）/总票数×100%		避免同一件物品多次记录，收发差错不计在内
3	物品丢失率	物品在仓储部控制期间丢失的比率					（所有的物品丢失件数/总件数）×100%	由于含有仓库内丢失的物品，所以不按票数计算
4	物品收发差错率	在收货和发货过程中，错发、少发和错送物品占总物品的比率				（发错物品票数+少发物品票数+错送物品票数）/总票数×100%	（发错物品件数+少发物品件数+错送物品件数）/总件数×100%	
5	集货延误率	未按合同约定时间到达指定地点的比率				（集货延误票数/总票数）×100%	（集货延误件数/总件数）×100%	
6	配送延误率	未按合同约定时间到达指定配送地点的比率				（配送延误票数/总票数）×100%	（配送延误件数/总件数）×100%	
7	签收率	城际运输、市内配送单据签收的比率				（城际运输签收票数+市内配送签收票数）/总票数×100%		
8	签收单返回率	城际、市内运输签收单返回比率				（已签收单返回票数/总票数）×100%		返回但未签收按未返回处理
9	通知及时率	到货、货损、延误等信息及时告知率				（1-所有未通知信息数/总信息数）×100%		所有未通知信息=未通知到货信息次数+未能预先通知延误信息次数+未能预先通知货损信息次数可重复记录，总信息数是应该通知的信息总数

续表

序号	指标名称	指标定义	达标标准数 A类客户	达标标准数 B类客户	达标标准数 C类客户	计算方法 按票	计算方法 按件	备注
10	信息准确率	各部门信息的准确率				（1-信息失误数/总信息数）×100%		集货、发货、运输发运、到货、配送信息及跟踪中发现的投诉信息
11	客户满意度	客户对本仓储企业的整体满意比率				（满意的客户反馈/所有调查个数）×100%		每月定期向客户及收货人进行抽查，随机抽查或重点检查

8.4 仓储与库存绩效标杆管理

8.4.1 标杆管理概述

标杆管理是指企业将自己的产品、服务和经营管理方式同行业内或其他行业的领袖企业进行比较和衡量，并在此基础上进行一种持续不断的学习过程，学习的对象可以是行业中的强手，也可以是本行业内的先锋单位，从而提高自身产品质量和经营管理水平，增强企业竞争力。简而言之就是"找出差距、制定目标、对照基准点、学习无止境"。

标杆管理按行业最佳实践和最佳流程来计划与建立，以获取极具竞争力的绩效。应用标杆管理有一系列的目标，其中包括评估组织绩效、设定流程改进的优先次序以及寻求某个特定商业领域的改善，如客户服务、订货管理、需求预测等。

标杆管理并不限于瞄准同类企业，还可以瞄准在一些商务过程中表现卓越的公司。由于执行标杆管理需要深入探究如何完成和改善商务过程，所以涉及公司各个层面的流程，也是企业管理的一个重要工具。

常见标杆管理方法有 4 种，即竞争者标杆管理、过程标杆管理、客户标杆及财务标杆。

（1）竞争者标杆管理是以竞争对象为基准的标杆管理。通常在同一行业内，以几家提供相似产品或服务的公司中的佼佼者作为标杆。竞争标杆管理的目标是与同行业的企业产品、服务和工作流程等方面的绩效与实践进行比较，直接面对竞争者。这类标杆管理的实施较困难，原因在于除了公共领域的信息容易获得外，其他关于竞争企业的信息不易获得。

（2）过程标杆管理也称流程标杆管理，是以最佳工作流程为基准进行的标杆管理。过程标杆管理类似工作流程，而不是某项业务。由承担可比较业务流程（如采购或销售）的组织设立标杆。这类标杆管理可以跨不同类组织进行，一般要求企业对整个工作流程和操作有很详细的了解。

（3）客户标杆是以顾客的期望值为标杆。

（4）财务标杆是以标准财务比率（可从公开账目上获取）测评的杰出组织的绩效为标杆。

8.4.2 标杆管理流程

标杆管理的规划实施有一整套逻辑严密的实施流程，大体可分为以下四个阶段。

第一阶段是确定什么过程需要标杆管理；第二阶段是选定标杆学习伙伴；第三阶段是收集及分析信息；第四阶段是评价与提高。

1. 确定目标

确定什么过程需要标杆管理是标杆管理的第一流程。这个阶段的主要内容是：决定向标杆学习什么；组成标杆管理小组（团队）。

2. 选定标杆学习伙伴

第二阶段是选定标杆学习伙伴，即谁做得最好，从而确定比较目标。比较目标就是能够为公司提供值得借鉴信息的公司或个人，比较目标的规模不一定同自己的公司相似，但它应是业界一流的领袖企业，即最佳者。但是，当个人或团队对别的公司特别是其他行业的公司了解有限时，找出"最佳者"是相当困难的。

标杆学习伙伴可以在组织内部，也可以在组织外部。不同商业领域、不同国家有分支的大型跨国公司里，宜采用内部标杆管理。外部标杆伙伴是那些致力于持续改进的其他组织。这些伙伴们为了获得双方组织的共同改进，应该在流程和活动等方面交换信息。不管选择什么流程，都需要考虑以下因素。

（1）需要与竞争者接洽吗？如果需要，怎样处理机密性问题？竞争者具有明显优势的活动和操作流程吗？

（2）那些"最佳"组织很容易确认吗？提供什么样的诱因让这些组织合作呢？

（3）对主要流程的检查需要多少标杆伙伴？

（4）哪些组织有相似的需求或操作流程，并且可能已经开发出处理这些方面的更好流程？

（5）怎样照顾到伙伴间兴趣不同的问题？你可能对伙伴的库存系统感兴趣，而伙伴对你的产品开发感兴趣。

在标杆学习伙伴寻找过程中，其优先次序如下。

（1）先在一个大的组织内部寻找。

（2）在被认为处于行业领导地位的外部公司中寻找。

（3）在竞争对手中寻找。

3. 收集及分析数据

第三阶段是收集与分析数据。分析最佳实践和寻找标杆是一项比较烦琐的工作，这对标杆管理的成效非常关键。在这个阶段，标杆小组必须选择明确的数据收集方法，而负责收集数据的人必须对这些方法很熟悉。标杆小组在联络标杆伙伴之后，依据既定的规范收集数据，然后再分析数据摘要。接下来是依据最初的顾客需求，分析标杆数据，从而提出行动建议。

4. 评价与提高

第四阶段是通过对比分析绩效差距，对现有流程进行评价，制定目标实施改进（这也是实施标杆管理的关键）。影响这个阶段的因素是顾客的需求及标杆学习信息的用途。团队可能会采取的行动有很多种，从制作一份报告或发表成果，到提出一套建议，甚至根据收集到的信息具体落实一些变革。

（1）绩效差距。

通过上述的对比分析研究，可能会发现你的公司和标杆公司之间存在着差距，差距的大小可用下列公式计算。

$$差距 = 1 - \frac{本公司的绩效}{标杆公司的绩效}$$

（2）对现有流程进行评价和改进。

应该把现有流程作为基线备案，然后在此基础上不断改进。

8.4.3 标杆管理基本工具

利用绩效考核指标体系的统计数据对指标因素的变动趋势、原因等进行分析是一种比较传统的分析方法。使用这类方法时必须注意以下问题。

第一，指标本身必须是正确的，也就是说，统计数据必须是准确、可靠的，指标计算方法也必须是正确的。

第二，在进行指标比较时，必须注意指标的可比性。

第三，对指标应进行全面的分析，不能以偏概全。

第四，在分析差距，查找原因的过程中，将影响指标变动的因素分类，并在生产技术因素、生产组织因素和经营管理因素中找出主要因素。

第五，一定要正确运用每项指标的计算公式。

1. 对比分析法

对比分析法是将两个或两个以上有内在联系的、可比的指标（或数量）进行对比，从对比中寻找差距、查找原因。对比分析法是指标分析法中使用最普遍、最简单和最有效的方法。

根据分析问题的需要，主要有以下几种对比方法。

（1）计划完成情况的对比分析。计划完成情况的对比分析是将同类指标的实际完成数或预计完成数与计划数进行对比分析，从而反映计划完成的绝对数和程度，然后可以通过帕累托图法、工序图法等进一步分析计划完成或未完成的具体原因。

（2）纵向动态对比分析。纵向动态对比分析是将同类有关指标在不同时间上进行对比，如本期与基期（或上期）比、与历史平均水平比、与历史最高水平比等。这种对比，反映事物的发展方向和速度，表明事物是增长还是降低，然后再进一步分析产生这样结果的原因，提出改进措施。某仓库2020年成本和费用对比分析示例如表8-2所示。

表8-2 某仓库2020年成本和费用对比分析示例　　　　　　　单位：万元

指标	本期		上年实际	同行先进	差距（增+）（减-）		
	实际	计划			比计划	比上年	比先进
仓储总成本							
单位仓储成本							
进出库总成本							
进出库单位成本							
运输总成本							
运输单位成本							
配送总成本							
配送单位成本							
……							

（3）横向类比分析。横向类比分析是将有关指标在同一时期相同类型的不同空间条件下进行对比分析。类比单位的选择一般是同类企业中的先进企业，它可以是国内的，也可以是国外的。通过横向对比，可以发现自身在各项关键绩效指标上与先进水平的差距。图8-1中的辐射线代表衡量仓储绩效的关键指标，外圈代表标杆企业的高水平仓储绩效。该类比分析可评价仓库各项基础资源（劳动力、空间、系统）在满足仓储任务（完美的订单装运和高效的产品储存）方面的利用效率。

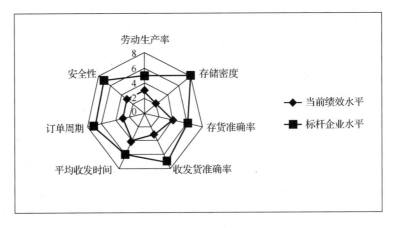

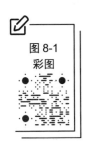
图 8-1 彩图

图 8-1 仓储绩效活动差异分析

按流程划分的主要仓储活动绩效指标如表 8-3 所示。

表 8-3 主要仓储活动绩效指标

流程	财务绩效指标	劳动生产率绩效指标	利用率绩效指标	质量指标	周转时间绩效指标
收货	平均每项产品的收货成本	每人时收货量	卸货平台通道利用率	准确收货所占百分比	平均每次收货作业时间
入库	平均每项产品的入库成本	每人时入库量	入库操作员或设备利用率	无差错入库所占百分比	平均每次入库作业时间
储存	单位产品的存储空间成本	每单位面积存货	平面区位或空间体积利用率	无误差存货所占百分比	在库产品库存时间
订单拣选	平均每项产品的拣选成本	每人时订单拣选量	拣选员或设备利用率	无差错拣选作业所占百分比	订单拣选周转时间
装运出库	平均每项订单的装运成本	每人时准备装运出库量	装运平台利用率	无差错装运作业所占百分比	仓库订单周转时间
合计	每项订单、每项产品、每件产品的合计成本	每人时装运的产品种类	全部吞吐量以及存储容量的利用率	无差错订单完成所占百分比	总的仓储周转时间=进存出时间+仓库订单周转时间

应用对比分析法进行对比分析时，需要注意以下几点。

首先，要注意所对比的指标或现象之间的可比性。在进行纵向对比时，主要考虑指标所包括的范围、内容、计算方法、计量单位、所属时间等的相互适应，彼此协调；在进行横向对比时，主要考虑对比的单位之间必须经济职能或经济活动性质、经营规模基本相同，否则就缺乏可比性。

其次，要结合使用各种对比分析方法。每个对比指标只能从一个侧面来反映情况，只做单项指标的对比，会得出片面，有时甚至是误导性的分析结果。把有联系的对比指标结合运用，有利于全面、深入地研究分析问题。

最后，要正确选择对比的基数。对比基数的选择，应根据不同的分析目的进行，一般应选择具有代表性的数据作为基数。例如，在进行指标的纵向动态对比分析时，应选择企业发展比较稳定的年份作为基数，这样的对比分析才更具有现实意义，否则与过高或过低的年份所做的比较，都达不到预期的目的和效果。

2. 因素分析法

因素分析法用来分析影响指标变化的各个因素以及它们对指标各自的影响程度。因素分析法的基本做法是，在影响指标变化的诸因素之中，在分析某一因素变动对总指标变动的影响时，假定只有这一个因素在变动，而其余因素都必须是同度量因素（固定因素），然后逐个替代某一项因素单独变化，从而得到每项因素对该指标的影响程度。

在采用因素分析法时，应注意各因素按合理的顺序排列，并注意前后因素按合乎逻辑的衔接原则处理。如果顺序改变，各因素变动影响程度之积（或之和）虽仍等于总指标的变动数，但各因素的影响值会发生变化，得出不同的答案。某仓库 2 月份燃料消耗情况分析如表 8-4 所示。

表 8-4　某仓库 2 月份燃料消耗情况分析

指标	单位	计划	实际	差数
装卸作业量	吨	300	350	+50
单位燃油消耗量	升/吨	0.9	0.85	−0.05
燃油单价	元/升	2.8	3.3	+0.5
燃油消耗额	元	756	981.75	+225.75

装卸作业量变化使燃油消耗额变化：$+50 \times 0.9 \times 2.8 = +126$（元）
单位消耗量变化使燃油消耗额变化：$-0.05 \times 350 \times 2.8 = -49$（元）
燃油单价变化使燃油消耗额变化：$+0.5 \times 350 \times 0.85 = +148.75$（元）
合计：+225.75（元）

3. 盈亏平衡分析法

盈亏平衡分析法

盈亏平衡分析法又称保本点分析法或本量利分析法，是一种根据产品的业务量（产量或销售量）、成本、利润之间的相互制约关系的综合分析，来预测利润，或控制成本、判断经营状况的数学分析方法。一般说来，企业收入=成本+利润，如果利润为零，则收入=成本=固定成本+变动成本，而收入=销售量×价格，变动成本=单位变动成本×销售量，这样由销售量×价格=固定成本+单位变动成本×销售量，可以推导出盈亏平衡点的计算公式为

$$盈亏平衡点（销售量）=\frac{固定成本}{每计量单位的贡献差数}$$

4. 帕累托图法

帕累托图法是基于 19 世纪经济学家帕累托的工作而形成的。帕累托图法虽然简单，却能找到问题及其解决的途径。仓库也可以通过这种方法寻找影响仓库服务质量，或作业效率等方面的主要原因。例如，某仓库全年共发生 40 次配送延迟，其中配送车辆不足造成 27 次，备货人员不熟练造成 7 次，货主单据传输有误造成 4 次，卡车司机私自改变路线造成 2 次。图 8-2 显示 67.50%的延迟是由配送车辆不足造成的，因此，仓库重点要加强与配送部的协调工作，其次要加强职工的业务培训，与货主建立更快捷的通信联系，加强对卡车司机的监督和奖惩。

图 8-2
彩图

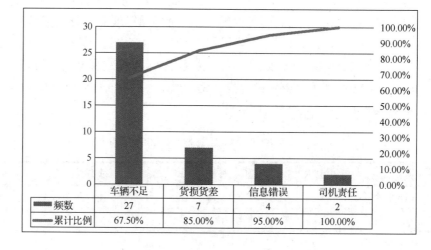

图 8-2 配送延迟原因分析

5. 程序分析法

程序分析法是使人们懂得流程如何开展工作以便找出改进的方法。仓库生产就是一个比较典型的流程控制过程，所以，这些方法非常适合在仓库绩效管理中使用。

（1）工序图法。

工序图法是一种通过一件产品或服务的形成过程来帮助理解工序的分析方法，用工序流程图标示出各步骤以及各步骤之间的关系。

仓库可以在指标对比分析的基础上，运用这种方法进行整个仓储流程或某个作业环节的分析，将其中的主要问题分离出来，并进行进一步分析。例如，经过对比分析发现物品验收时间出现增加的情况，那么就可以运用工序图法，对验收流程"验收准备—核对凭证—实物检验—入库堆码上架"进行分析，以确定导致验收时间增加的主要问题出

现在哪一个环节上，然后采取相应的措施。

工序图分析可以应用标准的图示符号来进行，美国机械工程师学会的标准工序符号为：○代表操作，⇩代表运输，□代表检验，D代表延误，▽代表储存等。

（2）因果分析图法。

因果分析图也称石川图或鱼刺图，每根鱼刺代表一个可能的差错原因，一张鱼刺图可以反映企业或仓储部质量管理中的所有问题。因果分析图可以从物料（material）、机器设备（machinery）、人员（manpower）和方法（methods）四个方面进行，这四个"M"即为原因。4M 为开始分析提供了一个良好的框架，当系统地将此深入进行下去时，能很容易地找出可能的质量问题，并设立相应的检验点进行重点管理。例如，一些客户对仓库服务的满意度下降，仓库管理部门可以在以上四个方面分析原因，以便改进服务体系，如图 8-3 所示。

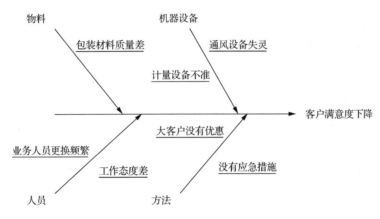

图 8-3 仓库客户满意度因果分析图

6. 成本分析法

（1）传统的成本分析。

在传统的仓库成本分析中，经常采用的方法是把成本总金额分摊到客户或渠道的单位货物上，但是，实际上客户或渠道上库存的货物通常并不按金额或重量的比例消耗仓储资源。例如，仓库中经常有从低价值到高价值的货物混存的情况，仓库接收、存储和发送货物时不仅有价值方面的差别，还会出现单个物品、托盘货物到大宗货物的差别，因此，传统的仓库成本计算系统会扭曲真实的成本。

（2）以活动为基准的成本分析。

以活动为基准的成本计算法是一种相对有效的方法。这种方法将正常成本之外的成本直接分摊在产品或服务上，资源被分摊到活动中，活动又被分摊到成本对象上。这种分摊分两步进行，第一步是确定仓库等组织内的成本活动，第二步是将活动成本追溯到对服务所做的工作上（图 8-4），这种方法能够提高对间接费用的管理和控制。

但是，成本分摊中依然存在许多问题，因为客户需求和市场竞争会使物流资源的供求矛盾不断发生变化,所以使用任何成本分析法都要注意那些成本分摊中的潜在问题。

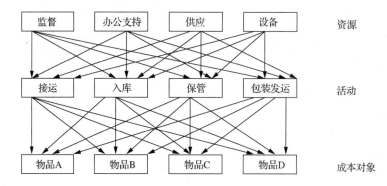

图 8-4 基于仓库生产活动的成本分摊

8.4.4 绩效管理的突破点

从物流服务质量、仓库生产率和程序效率等方面的测定考核入手,可以有效地促进仓库绩效的提高。

1. 物流服务质量

物流服务质量的测定考核可以通过识别、追踪、消除仓库作业流程中不稳定、不合理的问题和环节,整合流程以降低不确定因素的干扰和影响来实现。

要测定考核仓库服务质量,提高服务水平,可以采用以下方式来进行。

(1)通过结果观察仓库现有服务质量,要回答"目前做得怎样?"等问题。

(2)通过诊断进一步观察服务低于(或高于)目标的原因。

(3)通过产生的影响追溯服务质量的直接成本和间接成本。

2. 仓库生产率

仓库生产率是仓库实际产出与实际投入的比率,以此可以测定仓库生产过程满足需求的效率。仓库运作中可以运用的生产率计算方法如下。

$$仓库生产率 = \frac{同时期装运的订单数}{某时期接受的订单数} \times 100\%$$

$$仓库生产率 = \frac{某时期装运的订单数}{某时期装运的平均订单数} \times 100\%$$

$$仓库生产率 = \frac{同时期装运的订单数}{某时期的直接工时数} \times 100\%$$

在许多世界一流企业中,仓库生产率通常被称为仓储绩效指数(Warehouse Performance Index,WPI),是仓库一系列绩效指标的综合反映,应用数据包络分析(Data Envelopment Analysis,DEA)根据一系列要素投入量(如劳动时间、仓储面积、系统投资）和产出量（如装运的订单数、存储的物料等）计算出仓储绩效指数。

提高仓库生产率可以采用三种途径。

（1）重新设计程序。

程序的选择在很大程度上决定了生产率水平，仓库可以在现有设计内进行某些调整，如重新分配仓库的空间。但是，重新设计会导致用于改装设备和重新分配或培训人员的支出增大。

（2）更好地利用现有资源。

许多仓库的设计都远远大于需求，当在一个设计存储 2 万个托盘的仓库中，实际只最多存放 1 万个托盘时，多余空间的成本必须分摊到这些物品上去，从而使每一个通过仓库的物品的成本增加。因此，要使仓库容量更好地得到利用，计划非常关键，仓库空间管理追求的是满库存的目标。

（3）致力改进问题突出的工作环节。

在一些仓库中，某些工作环节的绩效常常与目标相去甚远，如分拣差错、包装破损等情况，仓库管理者就需要分析这些情况出现的原因，以提高仓库生产率。

3．程序效率

程序效率也是一种测定考核内部顾客服务的方法，在仓库绩效管理中运用广泛。只要有形产品或信息从一个人或部门传到另一个人或部门，接受者就是内部顾客。这种供应商与内部顾客之间的关系是很重要的，它会直接影响公司对最终顾客的服务。内部服务失败发生得越多，最终顾客看到这种绩效为劣质服务的可能性就越大。因此，运用程序分析工具既能巩固物流程序满足顾客需求的效率（物流的服务质量方面），又能提高程序的效率（物流的生产率方面），最终结果是顾客将得到更超值的服务。

8.5 仓储与库存绩效管理的实例

美国仓储物流教育和研究理事会曾对相关企业做过调查，获得了使用最多的 10 个度量指标，如表 8-5 所示。其中，准时装运是使用率最高的度量指标，86.2%的被访问者表示，他们采用准时装运指标去衡量自身库存运作的操作表现。

表 8-5　使用最多的 10 个度量指标

度量指标	使用率（%）
准时装运	86.2
库存盘点准确率	76.8

续表

度量指标	使用率（%）
订单分拣准确性	74.3
仓储平均使用容量	70.9
订单周期	69.4
产品线订单履约率	61.4
仓库最大使用容量	58.6
年度劳动力流动比例	57.1
月台到月台的周期时间，按小时计算	56.9
订单履约率	55.9

然而，评价仓储与库存管理绩效的好坏，并没有一种绝对的标准能适应所有的企业，通常是进行横向或者纵向比较来判断其库存管理绩效优劣。

以库存周转率指标为例，理论上该指标越高越好，代表着公司存货转为收入的速度非常快。但不同行业由于生产方式的不同，库存周转率存在很大的差异，使用库存周转率对比分析时一般选择同行业对比分析。表 8-6 是 2018 年我国乳制品、啤酒和白酒三大行业上市公司的年末存货余额和库存周转率。

表 8-6 2018 年我国乳制品、啤酒、白酒行业上市公司存货余额及存货周转率

行业类型	企业名称	存货余额/亿元	库存周转率/次
乳制品	伊利股份	55.07	9.68
	光明乳业	20.33	7.31
	天润乳业	1.69	7.11
啤酒	青岛啤酒	26.51	6.56
	珠江啤酒	5.01	4.47
	重庆啤酒	3.37	4.30
	惠泉啤酒	1.53	2.66
	燕京啤酒	38.60	1.82
白酒	泸州老窖	32.30	0.97
	五粮液	117.95	0.94
	洋河股份	138.92	0.47
	水井坊	13.45	0.45
	酒鬼酒	8.22	0.31
	贵州茅台	235.07	0.29

从乳制品行业看，伊利股份、光明乳业、天润乳业的存货余额分别为 55.07 亿元、20.33 亿元和 1.69 亿元，伊利股份远远高于其他两家乳企，余额无法比较优劣。看库存周转率，2018 年伊利股份的库存周转率为 9.68 次，高于同行业的光明乳业和天润乳业的 7.31 次和 7.11 次，伊利股份更优秀。这意味着即使同等规模 10 亿元存货，伊利股份一年可以卖出去 96.8 亿元，而光明乳业和天润乳业只能卖出去 73.1 亿元和 71.1 亿元，自然是伊利股份确认的营业收入更多。

从啤酒行业看，各公司库存周转率差异明显，青岛啤酒 2018 年库存周转率为 6.56 次，而燕京啤酒的库存周转率只有 1.82 次，这也意味着青岛啤酒一年 26.51 亿元的库存周转了 6.56 次，卖出去 174 亿元成本的啤酒，而燕京啤酒一年 38.60 亿元的库存周转了 1.82 次，卖出 70 亿元成本的啤酒，这也意味着燕京啤酒的库存创造收入能力低于青岛啤酒。

从白酒行业看，由于白酒的生产周期很长，包括粮食采购、酿造、窖藏、蒸馏、勾兑等工艺环节，而酿造和窖藏的时间长短，跟酒的品质有非常大的关系，好酒需要时间，行业整体库存周转率都偏低。对比来看，贵州茅台 2018 年库存周转率 0.29 次，明显低于洋河股份、五粮液和泸州老窖的 0.47 次、0.94 次和 0.97 次，但是贵州茅台毛利率高达 90%，远高于五粮液和洋河股份的 69%。

总之，在制定和评估仓储与库存管理绩效标准时，最好参考企业的历史数据，即做好企业内部的纵向比较。一般而言，不宜拿过去的平均值来做准绳。库存周转率这个指标应采用库存周转率较大时的值作为目标或者评价的标准，这是因为实际库存周转率往往低于目标值，定的目标越低，就越容易造成更低的实际值。另外，库存周转率会因物品种类不同而各异，所以，除了参考过去的数据外，还应考虑以下影响因素。

（1）保管中，容易发生损耗的商品，需要加大库存周转率。
（2）购入手续复杂的物品，需要延长周转时间。
（3）体积较大而造成占用存储面积过多的物品，需要缩短周转时间。
（4）期间出库金额越大的物品，库存周转率也要越大。
（5）在变更作业流程时，耗费工时越多的物品，越需要延长周转时间。

需要注意，不同时期的数据不可混用。例如，刚起步运营时期，只经营几种商品而在发展到一定阶段后经营几十种商品时，就要慎重用以前的数据进行比较。

练习题

1. 你认为自用型仓库的绩效评价体系应该如何构建。
2. 你认为营业型（公用型）仓库的绩效与哪些因素相关。
3. 仓储经理怎样才能提高生产率水平？
4. 调查一家仓库并完成对其绩效状况的简单分析和评价。

5. 仓库采用以活动为基础成本计算法有哪些好处？
6. 仓库服务质量应如何提高？应采取哪些措施实现改进？
7. 哪些问题可能阻碍管理层改进物流绩效？
8. 假设你是一名顾问，受雇于 E 公司。你的任务是为 E 公司仓储管理系统进行绩效评估，并且提出使 E 公司更具有竞争性、能够更好地满足它的客户需求的方案。

下列数据是从最近的调查中收集来的。

（1）响应时间是 5 天，而客户希望响应时间是 3 天。

（2）定价没有竞争性。

（3）销售和工厂之间缺乏交流和支持。

（4）货运跟踪性很差，由于不正确的运输信息引起了客户的库存紧缺。

（5）由于不正确的搬运使 4%的货物损坏。

（6）1%的货运出现不正确的零件数量。

（7）客户和仓库职员都不能提供有关原材料或制成品的准确信息。

参 考 文 献

陈明星，2017. 仓储主管实操范例[M]. 北京：中国经济出版社.

崔介何，2015. 物流学概论[M]. 5版. 北京：北京大学出版社.

邓雪，李家铭，曾浩健，等，2012. 层次分析法权重计算方法分析及其应用研究[J]. 数学的实践与认识，42(7):93-100.

方春艳，2019. ABC分类法在制版企业库存管理中的应用研究[J]. 物流工程与管理，41(6):39-40.

耿富德，2016. 仓储管理与库存控制[M]. 北京：中国财富出版社.

龚国华，李旭，2010. 生产与运营管理：制造业与服务业[M]. 3版. 上海：复旦大学出版社.

何平，龚中华，2010. 用友ERP培训教程 财务核算/供应链管理/物料需求计划[M]. 北京：人民邮电出版社.

黄君麟，熊正平，马艳秋，2019. 库存管理[M]. 2版. 北京：机械工业出版社.

吉安，王东，2012. ABC分类法技术应用于A企业运输管理的探索[J]. 物流工程与管理，34(4):67-68.

蹇令香，李东兵，2020. 采购与库存管理[M]. 3版. 大连：东北财经大学出版社.

金鑫，王胜囡，2014. 交叉中值模型在物流设施选址中的应用研究[J]. 物流科技，37(4):98-99.

金跃跃，刘昌祺，杨玮，2015. 物流仓储配送系统设计技巧450问[M]. 北京：化学工业出版社.

孔继利，2019. 物流配送中心规划与设计[M]. 2版. 北京：北京大学出版社.

梁晨，2013. 配送中心规划与设计[M]. 北京：中国财富出版社.

门田安弘，2001. 新丰田生产方式[M]. 王瑞珠，译. 保定：河北大学出版社.

沈家骅，2011. 现代物流运筹学[M]. 2版. 北京：电子工业出版社.

唐连生，李滢棠，2011. 库存控制与仓储管理[M]. 北京：中国物资出版社.

王成林，2014. 配送中心规划与设计[M]. 北京：中国财富出版社.

王延章，郭崇慧，叶鑫，2010. 管理决策方法：问题、模型与决策[M]. 北京：清华大学出版社.

许良，2012. 物流信息技术[M]. 2版. 上海：立信会计出版社.

伊桥宪彦，2017. 库存消减术：高效库存管理实务[M]. 李莹，译. 广州：广东经济出版社.

张楠，2016. 基于遗传算法的汽车零部件集配中心选址问题的研究[D]. 长春：吉林大学.

张鹏，徐廷学，王鑫，等，2013. 基于AHP的舰船器材仓库选址方法研究[J]. 舰船电子工程，33(12):120-122.

周青浮，乔瑞，2015. 物流仓储与配送[M]. 延吉：延边大学出版社.

周兴建，张北平，2012. 现代仓储管理与实务[M]. 北京：北京大学出版社.

周媛，2018. H公司物料分类及供应商管理研究[D]. 武汉：华中科技大学.